GLAUBE DER SPRUNG INS LICHT

Reinhard Bonnke.

Reinhard Bonnke

Glaube
Der Sprung ins Licht

Titel der Originalausgabe: *Faith – the Link with God's Power*

ISBN 3-935057-06-7

1. Ausgabe, 1. Druck
Auflage: 5.000

Bibelzitate mit * sind Übersetzungen, Mischungen, Varianten des Übersetzers.

Übersetzung und Lektorat: Kurt-Jürgen Gleichmann
Umschlaggestaltung: Isabelle Brasche
Satz & Layout: Roland Senkel
Fotos: Peter van den Berg, Rob Birkbeck, Roland Senkel

Druck: Schönbach-Druck, Erzhausen

Full Flame GmbH
Postfach 60 05 95
60335 Frankfurt am Main
Deutschland

info@fullflame.de
www.fullflame.de

Vorwort

Bei Menschen werden Geschäfte mit Geld gemacht, bei Gott aber mit Glauben! Glaube ist die Währung im Reich Gottes. Man kann den Glauben mit einem Stromnetz vergleichen. Er ist nicht selbst die Energie, verbindet uns aber mit dem Kraftwerk des Himmels.

Strom kann man einschalten – ganz gleich, wer man ist. In unseren Wohnungen knipsen wir z. B. das Licht an oder nehmen Haushaltsgeräte in Betrieb. Niemand kommt zum Kontrollieren: „Wer sind Sie? Welches Recht haben Sie, unseren Strom zu benutzen?" Geistlich ist es ebenso. Gottes Kraft, Segen und Verheißungen stehen allen offen, ohne Fragen nach Status, Qualifikation oder dergleichen. Das Einzige, was wir brauchen, ist Glaube. Mit diesem Buch erschließt sich uns das Thema Glaube erfrischend neu. Es bietet tiefe Einblicke in Prüfungen und Triumphe, aber auch in Gottes Charakter und Wort.

Als der Blindgeborene mit Jesu Brei auf den Augen zum Teich Siloah kam, sprang er, wie ich meine, Christi Wort vertrauend ins Wasser. Es war nicht ein Sprung in die Dunkelheit, sondern ein Sprung aus der Dunkelheit ins Licht – ein Glaubenssprung!

Kapitel für Kapitel erhalten wir hier Anleitung zu ähnlichen Glaubenssprüngen. Segnungen warten, und immer wieder geht der Blick zu Jesus, unserem *„Anfänger und Vollender des Glaubens"* (Hebräer 12,2).

Mein Wunsch ist, die in Gottes Wort offenbarten, unveränderlichen Glaubensprinzipien darzustellen. Seit über fünf Jahrzehnten bewähren sie sich in meiner eigenen Jesus-Nachfolge und an der weltweiten Evangelisationsfront. Die gleichen Prinzipien erprobte auch mein britischer Kollege George Canty. Für seine qualifizierte Unterstützung bei der Erstellung meines Manuskripts bin ich sehr dankbar.

Reinhard Bonnke
Frankfurt am Main, September 2004

Inhalt

Teil 1

Kapitel 1

Glaube vom Minus zum Plus

Die Bibel ist für Menschen ohne echten Glauben geschrieben worden. Wir alle beginnen im Minus.

Wenn wir keinen Glauben haben, erzeugt Bibellesen ihn; haben wir etwas Glauben, wächst er auf gleiche Weise. Wir erwerben uns nicht zuerst Glauben und bringen ihn zur Heiligen Schrift, sondern umgekehrt: Die Bibel ermutigt zum Glauben. *„Der Glaube kommt aus der Botschaft, die Botschaft aber aus dem Wort Christi."* (Römer 10,17*)

Viele, die nicht glauben, lesen die Bibel nicht. Sie sind wie Kranke, die die Arzneiflasche verkorkt halten. Glaubenslose Menschen sollte man vor dem Öffnen der Bibel „warnen" – am Ende könnten sie zu Gläubigen werden.

Die Bibel bringt uns zum Kreuz. Niemand wird je Berge versetzen, ehe er zum Berg Golgatha kommt. Er bewegt nicht mal einen Maulwurfshügel oder den Maulwurf selbst.

Echter Glaube beginnt nicht an der Universität. Wir werden dort mit weniger Glauben herauskommen, wenn wir keine Substanz mitbrachten! Wer nicht dort war, wo Christus rettet, dem hilft auch kein Doktor der Theologie.

Der Startschuss ertönte an jenem Hügel vor der Stadtmauer. Von da aus jagen wir hin zum hohen Ziel, dem *„Kampfpreis der Berufung Gottes in Christus Jesus"* (Philipper 3,14).

Mit Zweifel laufen ist wie Fliegen im Nebel; man braucht Radar. Unser Radar in dieser unsicheren Welt heißt: Glaube. *„Gottes Gerechtigkeit wird … offenbart aus Glauben zu Glauben, wie geschrieben steht: ‚Der Gerechte aber wird aus Glauben leben.'"* (Römer 1,17). Vertraue Gott!

Kapitel für Kapitel möchte ich zum Stichwort Glauben so viel Erkenntnis und Praxis wie möglich vorlegen. Ob jemand schon prima unterwegs ist, ob in der Anfangsphase oder noch gar nicht gestartet: Gern würde ich mich dazugesellen und Gutes aus meinem Lebensschatz beisteuern. Mit diesem Kapitel hole ich das erste Sortiment hervor.

Das Leben im Plus

Eines Morgens ging Jesus am silberglänzenden See Genezareth entlang, winkte ein paar Fischern und sagte: „Folgt mir!" (Matthäus 4,19) Damit begann alles für sie. Bestand dieses „alles" bisher hauptsächlich aus Fisch, so richtete sich ihr Blick jetzt auf Menschen, Taten und Weltgeschichte. Ihr Glaube – mit den entsprechenden Auswirkungen, wuchs dabei stetig.

Dabei hat Jesus weder diese Jünger noch dich und mich dazu berufen, unser Lächeln abzuschalten, Sacktuch zu tragen und den Kopf in den Sand zu stecken. Er selbst war ja auch nicht besonders konventionell. Seinen sprühenden Geist hingegen, der die muffige Gesellschaft herausforderte, haben die Jünger bekommen. Jesus zeigte ihnen etwas ganz Neues – vor allem Glauben und Liebe. Damit eroberten sie die Welt.

Gott der Befreier

Glaube an Gott macht das Leben zum Abenteuer.

Die Grundwahrheit über Gott lautet: Er ist der Befreier, Emanzipator, Retter – der Gott der Freien! An ihn zu glauben macht das Leben zum Abenteuer.[1]

Zweifel bringen uns nirgendwohin; sie sind wie Haltetaue. Gott glauben heißt aber, abzulegen wie ein Schiff, das zur Hochseefahrt bestimmt ist und ein Ziel hat. Glaube inspiriert, Zweifel lähmt. Der Glaube sagt: *„Ich vermag alles durch Christus, der mich stärkt"*, Unglaube ist antriebslos.[2] Der Glaube bringt Spannung, der Unglaube deprimiert. Beim Weiterlesen wird das deutlicher werden.

Das, wofür wir geboren sind, können wir nur werden, wenn wir „wiedergeboren" wurden durch Glauben an Christus Jesus. Er sagt: *„Wenn der Sohn euch frei macht, dann seid ihr wirklich frei."* (Johannes 8,36)

Der Welt größtes Buch über Freiheit ist die Bibel. Die Idee vom Frieden kommt aus der Bibel, nicht von Griechen oder Römern. Gott, der die erste freie Nation der Erde, Israel, schuf, will Freiheitssinn in jede Seele geben und widersteht aller Tyrannei. Das Evangelium macht uns zu frei geborenen Söhnen und Töchtern Gottes!

Man sagt, Menschen würden „sich durch Religion selbst zu Grabe tragen". Für die Religion mag das stimmen, aber im Christentum geht es um Christus, und der ist keine Religion! Er ist die Auferstehung und das Leben. Christus sagt: *„Wenn ihr euch an meine Worte haltet, seid ihr wirklich meine Jünger; und ihr werdet die Wahrheit erkennen, und die Wahrheit wird euch frei machen."* (Johannes 8,31f*) Jesus ist kein Betrüger. Millionen wissen sich durch das Evangelium herrlich befreit. Seine Worte ersticken uns nicht mit Regeln und Verboten. Sein Joch ist sanft und seine Last leicht. Auch die Bergpredigt zeigt, welcher Natur die Christen sind, nicht, wie sie gern handeln würden oder wie man sein sollte.

Gebundenheit durch verfälschte Wahrheit

Mehrmals gab uns Christus eine Warnung, die zu Beginn des Christenlebens oder bei irritierenden Situationen besonders wichtig ist: die Warnung vor falschen Propheten. Diese gibt es nicht nur in den Kulten, obwohl schon allein Amerika Tausende von klassischen Sekten hat und viele von ihnen eine Bedrohung der freiheitlichen Ordnung darstellen.

Zur Definition einer Sekte gehört die Kontrolle. Jesus erklärt: *„An ihren Früchten werdet ihr sie erkennen!"* (Matthäus 7,20) Wenn sie dich erstmal haben, halten sie den Daumen drauf, kontrollieren dein Geld, was du tust, meinst und sagst, wohin du gehst und wer deine Freunde sind. Die Selbstständigkeit wird zerstört und Abhängigkeit erzeugt. Ihre Leiter sind keine Hirten, sondern Wärter – eine Art Religionspolizei.

Einige von ihnen lehren Bibelworte, machen aus ihnen aber Ketten mit der Aufschrift „Wahrheit", wie einst Schriftgelehrte und Pharisäer. Sie benutzen das Evangelium der Freiheit, um ihre Bekehrten zu binden, und verfälschen damit Geist und Ziel der Botschaft. Doch leider akzeptieren viele traurige Seelen ohne wahren Glauben im Drang nach Sicherheit sogar Handschellen.

Jesus war kein geistlicher Gendarm. Er schulmeisterte seine Schüler nicht, kommandierte sie nie herum, mischte sich nicht in ihre Angelegenheiten. Sie kamen und gingen, wie und wann sie wollten, hatten Freiraum für das eigene Urteils-, Einfühlungs- und Lernvermögen. So behandelt Christus auch uns. Geben wir ihm unser Leben, macht er es zu unserem Eigentum!

Wenn wir blind einem Kirchenführer gehorchen, sind wir zwar dennoch vor Gott für unser Tun verantwortlich, aber niemand sollte sich Macht über andere aneignen. 1. Petrus 5,3 untersagt Leitern, sich in ihrem Verantwortungsbereich als Herren aufzuführen. Denn *„einer ist euer Meister, der Christus!“* (Matthäus 23,10) Die Wahrheit kommt aus Gottes freimachendem Wort. Gott ist der Befreier! Gesetze wie der Sabbat wurden für uns gemacht, nicht wir für die Gesetze.

Die Eine-Million-Kerzen-Kraft

Als der Apostel Paulus in Troas predigte, gab es in jenem Obergeschoss *„viele Lampen“* (Apostelgeschichte 20,8). Mit solchen Formulierungen verbinden die Bibelschreiber gern eine geistliche Botschaft; ich entdecke hier folgende: Es gab zweierlei Leuchten, nämlich die Öllampen und den Raum voller Christen. Letztere waren die eigentlichen *„vielen Lampen“*.

Genau das sind die Gläubigen: *„Einst wart ihr Finsternis, jetzt aber seid ihr Licht im Herrn!“* (Epheser 5,8) Ungläubige Menschen sind wie schwarze Löcher, denen nie Licht entweicht; Gläubige aber sind Sterne! Der Glaube an Jesus macht aus uns *„unbescholtene Kinder Gottes inmitten eines verdrehten und verkehrten Geschlechts …* [leuchtend] *wie Himmelslichter in der Welt.“* (Philipper 2,15)

„Viele Lampen“: Der gläubige Christ braucht eine Gemeinde wie die Kerze den Kerzenhalter, der Baum die Erde und die elektrische Birne die Fassung. Ohne Erde wächst kein Baum, ohne Fassung erstrahlt keine Glühbirne. Das gilt auch für dich und mich. Ohne Gemeinschaft kann ein Christ weder stehen noch wachsen noch scheinen.

Jesus stellt dich nicht ins Abseits, sondern hat für jeden von uns einen Sonderplatz. Sein Wort: *„Ihr seid das Licht der Welt“* meint ebenso

Einzelleuchten wie viele Lichter zusammen. Eine einzelne Lampe war es, von der Jesus betonte: *„Man stellt sie auf den Ständer, so dass sie allen im Haus leuchtet."* (Matthäus 5,15*) Die Kraft einer Kerze für ein Haus. Doch Jesus sagte auch: *„Ihr seid das Licht der Welt. Eine Stadt auf dem Berge kann nicht verborgen bleiben."* (Matthäus 5,14*) Eine Stadt ist keine Eine-Kerze-Kraft, sondern eine Millionen-Kerzen-Kraft. Christus gebraucht den Plural: *„Ihr seid das Licht der Welt."* Er vereint viele Lichter, indem er Menschen zusammenfügt und Flamme mit Flamme mischt.

Der gläubige Christ braucht eine Gemeinde wie die Kerze den Kerzenhalter, der Baum die Erde und die elektrische Birne die Fassung.
Ohne Erde kann ein Baum nicht wachsen, ohne Fassung erstrahlt keine Glühbirne.
Das gilt auch für dich und mich.
Ohne Gemeinschaft kann ein Christ weder stehen noch wachsen noch scheinen.

Jede Gemeinde ist solch eine *„Stadt auf dem Berge"*. In Troas waren *„viele Lampen"* beisammen, denn das Zimmer war groß. Die Welt ist ein riesiger Raum und braucht eine Menge Lampen. Die Lieder vom kleinen Plätzchen, an das jeder gestellt ist, mögen stimmen. Aber es gibt nicht nur dunkle Ecken, sondern einen dunklen Planeten – der ganze Globus braucht Licht! Licht wiederum gibt es nicht, wenn es keinen Glauben an Gott gibt.

Geistlich sieht die heutige Welt aus wie in 1. Mose 1,2: *„Die Erde … war wüst und wirr."* Doch *„Gott sprach: Es werde Licht! Und es wurde Licht"* (Vers 3). Gott sagt auch heute: „Es werde Licht!" Wir lesen: *„Gott, der sprach, aus der Finsternis solle Licht aufleuchten, hat es auch in unseren Herzen aufleuchten lassen, damit Gottes Herrlichkeit im Antlitz Christi erkennbar wird."* (2. Korinther 4,6*)

Als Christus von den Toten auferstanden war, begannen seine Jünger, die Welt mit dem Licht des Evangeliums zu erhellen. Wir sollten dasselbe tun. Die damaligen Religionsführer beklagten, dass die Christen Jerusalem mit ihrer Lehre erfüllt hatten (Apostelgeschichte 5,28), und wenig später heißt es: *„Diese Leute, die die ganze Welt in Aufruhr gebracht haben, sind jetzt auch hier!"* (Apostelgeschichte 17,6) Genau das war von Gott längst angekündigt worden: *„Den Weg der Frevler aber bringt er durcheinander."* (Psalm 146,9*) Der Unglaube stellt alles auf den Kopf, aber Gott will es wieder auf die Beine stellen. Dies ist mein und dein Auftrag! Wir sind Gottes Agenten, um eine im Wirrwarr befindliche Welt wieder ins Lot zu bekommen.

Handel auf großen Wassern

Als Christus seine ersten Gefährten berief, waren sie unbekannte Männer, die ruhig ihrem Geschäft nachgingen, der Fischerei auf einem See. Er aber sandte sie aus, *„auf großen Wassern Handel zu treiben"* (Psalm 107,23) – *„bis ans äußerste Ende der Erde"* (Apostelgeschichte 1,8). Das Meer ist in der Bibel auch ein Bild für die tosende, aufgewühlte Völkerwelt: Christus, der einst den Sturm auf den Wassern stillte, sendet uns, in jeder Nation zu fischen, auch wenn die Wasser der Welt *„tosen und schäumen"* (Psalm 46,4). Der Herr kann auch Nationen Ruhe gebieten.

Jesus hat uns nicht berufen in der Kirche herumzusitzen, als wären wir im Erholungsheim. Wir haben eine Arbeit zu tun, kein Hobby. Die gewaltigste aller Arbeiten ist, die Welt zu verändern. Das ist eine Gemeinschaftsaufgabe, miteinander und mit Christus. Er hat gesagt: *„Ich werde meine Gemeinde bauen!"* (Matthäus 16,18)

Die Axt

> Jesus hat uns nicht berufen in der Kirche herumzusitzen, als wären wir im Erholungsheim. Wir haben eine Arbeit zu tun, kein Hobby. Die gewaltigste aller Arbeiten ist, die Welt zu verändern.

Die Gemeinde ist Christi Streitaxt. Jede Axt hat einen Stiel, einen Kopf und eine Schneide. Der Stiel ermöglicht das Greifen, der Kopf bringt das Gewicht, und mit der Schneide wird die Arbeit verrichtet. Ob wir Gottes Arbeit nun durch tausend nötige Handgriffe ermöglichen, ihr die materielle Substanz geben oder als evangelistische Schneide vordringen – wir alle sind dringend nötig.

Ich selbst, Reinhard Bonnke, bin nicht Pastor einer Gemeinde, aber auf Gemeinden angewiesen; sie geben meinem Tun das Gewicht. Und mein Team kümmert sich um die endlosen organisatorischen Dinge. Doch in den Augen des Meisters sind wir alle eins.

Das Orchester

Ich nehme nie etwas allein in Angriff. Ein Solist braucht Begleitung, vielleicht ein ganzes Orchester. Unsere gesamte Arbeit muss arrangiert werden, seien es Großeinsätze, Literatur, Fernsehen, Filme oder was sonst noch alles. Hunderte, nein, Zehntausende von unterstützenden „Spielern“ bringen sich, im Gleichklang mit meinen Zielen, samt ihren besonderen Gaben, Fähigkeiten, Gebeten oder Spenden ein; ich wiederum arbeite in Berücksichtigung ihrer Ziele und Absichten. Jede Melodie braucht Harmonien, wird durch die Qualitäten anderer Instrumente, musikalischer Talente oder choreographischer Strukturen bereichert und ergänzt. Darum gehe ich nur dann in ein Land, wenn Gruppen oder Gemeinden mich darum gebeten haben. Wir müssen alle zusammenarbeiten!

Wohl keiner erscheint uns glaubensstärker als der Apostel Paulus. Aber als er hörte, dass sich Christen in Rom niedergelassen hatten, schrieb er ihnen: *„Ich sehne mich danach, euch zu sehen; ich möchte euch geistliche Gaben vermitteln, damit ihr dadurch gestärkt werdet, oder besser: damit wir, wenn ich bei euch bin, miteinander Zuspruch empfangen durch euren und meinen Glauben.“* (Römer 1,11) Gegenseitiger Glaube! Jeder von uns ist wie ein Blatt Papier, das allein nicht auf seiner Kante stehen kann. Aber im Packen von 500 Stück sind alle dazu bequem in der Lage, weil sie, eins das andere stützend, zusammen stehen. Jeder Gläubige braucht Unterstützung. Die Welt wird sie ihm kaum geben, da sie kein Freund der Freunde Jesu ist.

Das kostbare Öl

Wenn die Bibel von wechselseitiger Unterstützung spricht, gebraucht sie ein eindrucksvolles Bild – Öl! Mit Öl wiederum symbolisiert sie immer den Heiligen Geist. Wenn also von Lampenöl, Salböl, kosmetischem oder Duftöl die Rede ist, sind es bildhafte Ausdrücke für das Wirken des Geistes.

Diese Vorstellung entspringt Psalm 133,1f: *„Seht doch, wie gut und schön es ist, wenn Brüder in Eintracht beisammen leben! Das ist wie köstliches Salböl auf dem Haupt …“** Der Psalmist meint die Einsetzungszeremonie für den israelischen Hohenpriester, bei der spezielles, parfümiertes Salböl auf sein Haupt gegossen wurde.

Warum ist Einheit wie Öl? Weil der Heilige Geist das Öl ist und die Einheit bringt. Diese Verbindung wird in zwei weiteren Bibelstellen aufgegriffen. Epheser 4,3 rät eindringlich zur Wahrung der *„Einigkeit des Geistes durch das Band des Friedens“*, und die Verse 12–13 nennen als Ziel die *„Ausrüstung der Heiligen für das Werk des Dienstes ... bis wir alle hingelangen zur Einheit des Glaubens ...“* Auch der Glaube spielt also mit hinein. Glaube, Heiliger Geist und Einheit – sie alle haben ihren Anteil.

Allerdings sagt die Schrift nicht: „Vereinigt euch, seid eins!“, sondern: *„Haltet die Einheit!“* Man kann nicht halten, was nicht da ist. Die Einheit aber ist da; man muss sie nur aufrechterhalten. Es ist die Gegenwart des Heiligen Geistes in jedem Gläubigen. Diese Tatsache sollten wir leben. Mit dem Augenblick unseres Gläubigwerdens sind wir eins in Ihm.

Verbindlichkeit

Keiner kann für sich allein „eins sein“. Hat etwa schon jemand für sich allein geheiratet? Nein, so etwas wie „unabhängige Gläubige“ gibt es nicht. Man kann keine Einheit haben, ohne irgendwohin zu gehören. Etliche sagen, sie gehörten zur „universellen“ Gemeinde, „speziell“ sind sie aber nirgends verbindlich. Das heißt, niemand kann sich auf sie verlassen. Auf Wanderdünen aber lässt sich kein Haus errichten und mit Hüpfern keine Gemeinde bauen.

Keiner kann für sich allein „eins sein“. Hat etwa schon jemand für sich allein geheiratet? Nein, so etwas wie „unabhängige Gläubige“ gibt es nicht. Man kann keine Einheit haben, ohne irgendwohin zu gehören.

Jeder von neuem geborene Gläubige ist *„in Christus“*, zusammen mit allen anderen. *„Ein Leib und ein Geist“*, nennt es Epheser 4,4 – der großartige Leib der Gläubigen im Himmel und auf Erden. Alles im Neuen Testament weist auf Einheit. Zum Beispiel sollen wir einander die Lasten tragen. Wie können wir das tun, wenn wir nichts mit anderen Christen zu tun haben?

Das Neue Testament setzt immer voraus, dass alle Gläubigen vor Ort in konkreter gemeindlicher Einbindung leben. Der Lehrbrief an die Epheser handelt nur von der Gemeinde und wendet sich auch nur an sie, nicht an abgesonderte Einzelne. Diese ganze Gemeinde braucht auch *„die ganze Waffenrüstung Gottes"* (Epheser 6,11), denn sie ist eine Kampftruppe, eine Armee.

Der Heilige Geist ist der Geist der Einheit, das verbindende Element. Diese Verbundenheit ist eine wunderbare Frucht des Glaubens an Christus. Sie ist schöpferisch und kreiert eine neue Art von Einheit, die man nicht einmal in engsten irdischen Familien kennt.

Viele Lichter

Öl bedeutet Verbindung, aber auch Licht. Der große Nationaltempel in Jerusalem hatte einen berühmten goldenen Leuchter, die siebenarmige „Menorah", näher beschrieben im zweiten Buch Mose, ab Kapitel 25. Als die Römer im Jahr 70 n. Chr. Jerusalem plünderten, nahmen sie auch den Leuchter mit. Auf dem Titusbogen in Rom ist er mit abgebildet und wird täglich von Touristen angeschaut. Die „Menorah" ist sogar ein Wahrzeichen des modernen Israel geworden.

Der Heilige Geist ist der Geist der Einheit, das verbindende Element. Diese Verbundenheit ist eine wunderbare Frucht des Glaubens an Christus. Sie ist kreativ.

Dieser Leuchter hatte weder Gelenk noch Naht, sondern war aus einem einzigen Stück Gold getrieben – ein Meisterwerk. Jeder Arm hatte als Brennstelle einen bloßen Docht. Sein Öl bezog er aus einer einzigen Quelle, dem zentralen Schaft. Die sieben Lampen strahlten wie ein Licht und warfen keine eigenen Schatten.

Was sagt uns das?

Jesus erwähnt das Öl in den Lampen als Gleichnis für den Heiligen Geist. Und in Offenbarung steht Christus mitten unter sieben goldenen Leuchtern, von denen jeder eine Gemeinde darstellt. Die sieben Flammen jedes Leuchters hatten eine einzige Nahrungsquelle – Gottes Geist, der auch nur ein einziges Licht wirft. Es gibt nur einen Geist, der sich aber in vielen Gaben, Diensten und Wirksamkeiten erweist (siehe 1. Korinther 12,4-11).

Wenn Gläubige leuchten und Helligkeit in unsere trostloseste Welt bringen, geschieht das durch den Heiligen Geist. Andernfalls sind sie tote Dochte. Ohne Brennstoff kann ein Docht nicht leuchten, wie sehr er sich auch bemüht. Dank Christus, der die Herzen entzündet, können wir für Gott lodern! Niemand glaubt einfach nur. Wenn wir glauben, leuchten wir auch.

> Dank Christus, der die Herzen entzündet, können wir für Gott lodern. Niemand glaubt einfach nur. Wenn wir glauben, leuchten wir auch.

Die Welt wird diese Realität hinter den Christen nie begreifen, und aus ihrer Unwissenheit heraus sieht sie in ihnen nur „religiöse Enthusiasten", „Glaubensdealer", „Bibelfanatiker" oder „fromme Spinner". Das ist alles, was die Welt mitbekommt. Ungläubige sind wie Schafe, die nicht begreifen, warum sich Menschen Musik anhören. Jesus sagt, dass der Heilige Geist nicht der gottlosen Welt gegeben werden kann[3]. Im Hinblick auf Gott und gesunden Glauben sind Weltmenschen so „unterbelichtet" und anders, als wären sie vom Mars.

> Vielleicht beginnen wir ohne Glauben, im Minus. Aber am Kreuz springt die Flamme des Glaubens in unsere Herzen und bringt den Heiligen Geist, Vergebung, Heil. Dort wurde Christi unendliches Werk vollbracht, und der Glaube macht es uns zu Eigen. Wir glauben und nehmen, und der Heilige Geist übersetzt alles, was Jesus für uns tat, in unsere persönliche Erfahrung.

Dennoch: Eine Kerze kann eine andere entzünden, und so wird das Feuer, Gottes Licht, übertragen. Darum sind wir hier! Paulus erklärte den Thessalonichern das Evangelium in nur wenigen Tagen, aber kurz darauf konnte er sie brieflich für ihre Begeisterung beglückwünschen: *„Euer Glaube an Gott ist überallhin gedrungen!"* (1. Thessalonicher 1,8*) Glaube erleuchtet die Lampen, die den Weg zeigen. „Herr, send' das Licht des Evangeliums!" ruft ein Lied.

Vielleicht beginnen wir ohne Glauben, im Minus. Aber am Kreuz springt die Flamme des Glaubens in unsere Herzen und bringt den Heiligen Geist, Vergebung, Rettung. Christus hat sein unendliches Werk vollbracht und der Glaube macht es uns zu Eigen. Wir glauben und nehmen, und der Heilige Geist überträgt alles, was Jesus für uns tat, in unsere persönliche Erfahrung.

Wir sind die Lichter der Welt. Die Welt meint gern, dass der Glaube ausstirbt. Aber genau umgekehrt ist in weiten Teilen der Erde das Todesröcheln der Weltlichkeit zu vernehmen. Gottlosigkeit bedeutet Tod, Christus das Leben. Immer mehr Menschen erkennen, dass ihnen die politische Welt keine Befriedigung verschaffen kann, und öffnen sich dem Wirken des Heiligen Geistes.

So ist die Situation. Habe Glauben, werde geisterfüllt und brenne für Gott! Lass den siebenarmigen Leuchter entzündet sein!

Glaube – der 6. Sinn?

Es gibt merkwürdige Vorstellungen vom Glauben – so merkwürdig, dass wir einmal klären müssen, worüber wir reden.

Glaube heißt keineswegs, Erkenntnis abzulehnen und Unbeweisbares zu schlucken. Das wäre albern. Mit Hilfe der Bibel, des dicken Glaubensbuchs, werden wir viele wichtige Fakten über den Glauben notieren.

Glaube allgemein

Der erste Grundsatz heißt: Glaube ist uns „eingebaut". Wir sind geborene Gläubige. Wer denkt, er hätte keinen Glauben, soll einmal versuchen, niemandem und nichts zu vertrauen – dem Ehegatten, Arzt, Chef, Bankangestellten, Bäcker, Koch. Obwohl wir keine Garantien haben, legen wir unser Leben in die Hände von Chirurgen, Lokführern, Busfahrern, Piloten, ohne dabei an Glauben zu denken. Aber genau das ist es! Der Glaube ist eine Art Immunsystem und filtert Ängste heraus, die unsere Tatkraft lähmen würden. Wenn es versagt, entwickeln wir allerlei Phobien und Zwänge, bis hin zum Nervenzusammenbruch. Jesus wünscht uns aber keine Phobien, sondern Glauben (vgl. Lukas 8,50).

> Der Glaube ist eine Art Immunsystem und filtert lähmende Ängste heraus. Wenn es versagt, entwickeln wir Phobien und Zwänge.

Wenn du deine Glaubensfähigkeit nicht mehr betätigst, kommst du morgens weder aus dem Bett noch sonst wohin, weil ja vielleicht der Himmel einstürzen oder etwas anderes passieren könnte. Es stimmt, in dieser Welt winden sich Millionen Probleme wie angriffslustige Kobras, aber normalerweise gehen wir doch unbeeindruckt und zuversichtlich weiter. Laut Bibel hat Gott *„einem jeden das Maß des Glaubens zugeteilt"* (Römer 12,3). Christus sagt nicht von ungefähr: *„Glaube nur!"* (Markus 5,36); denn wir sind dazu fähig.

Heiraten ist die beste Glaubensillustration, die ich kenne. Bilden sich gesunde Brautleute jemals ein, der andere sei perfekt? Und doch vertraut sich eins dem andern fürs Leben an – durch dick und dünn. Irgendwo, so wird erzählt, weigerte sich eine Braut, die Worte zu wiederholen: „Ich nehme dich für gute wie für schlechte Tage!", und sagte stattdessen: „Ich nehme ihn nur für die schlechteren Tage; denn nie könnte er besser sein!" Sie ging nicht optimistisch, aber zuversichtlich an die Sache!

> Glaube ist keine eigenartige Psychologie, von Höhlenheiligen bei Wasser und Brot mühsam entwickelt. Glaube ist überhaupt nicht sonderbar – er ist natürlich.

Glaube ist nichts Mystisches. Kleine Kinder sind wohl die besten Gläubigen. Schon oft habe ich ein Kind hoch in die Luft gehoben, aber noch keins hat aus Angst vor dem Fallen losgeschrien. Jesus selbst nahm ein Kind als bildhafte Predigt auf den Arm (Markus 9,36) und erklärte, dass es einen Pass zum Himmel habe. Glaube kommt nicht, indem man die Vernunft tötet. Er ist keine eigenartige Psychologie, von Höhlenheiligen bei Wasser und Brot mühsam entwickelt. Glaube ist überhaupt nicht sonderbar – er ist natürlich! Zweifel ist sonderbar, geradezu irrational. Er ist das Einzige, worüber sich Jesus wunderte.

Sünder können glauben

Zum Zweiten wollen wir über die Heiligen sprechen. Glaube und Tugend werden ständig verwechselt. Glaube ist da. Glaube ist einfach Glaube, Tugend hingegen wird entwickelt. Der Glaube steigert sich nicht Stufe um Stufe wie beim Klavierunterricht.[4] Man redet über „große Gläubige", als ließe sich in Konfektionsgrößen glauben. Nein, wir können selbst dann glauben, wenn wir uns nicht sehr gut vorkommen. Sünder sind zum Glauben fähig, sonst wären sie nie zu erretten. Keiner ist „gut", aber Christus lehrt uns, dass alle glauben können. Er lobte einige Menschen für ihren Glauben, und das waren sogar Fremde, die von Religionslehre kaum Ahnung hatten.

Die Bibel tut das Gleiche. In einer Ehrenliste (Hebräer 11) nennt sie Helden und Heldinnen, derer man sich nicht wegen ihrer Tapferkeit oder Freundlichkeit erinnert, sondern weil sie sich völlig auf Gott verließen. Glaube ist eine ganz gewöhnliche Sache, die uns in Gottes Augen ungewöhnlich macht. *„Ohne Glauben ist es unmöglich, ihm wohlzugefallen"*, konstatiert die Schrift (Hebräer 11,6). **Mit** Glauben aber ist es möglich, Gott zu gefallen, und Glaube wiederum ist möglich für jeden.

Glauben? Woran?

Weiter muss uns klar sein: Wir sind, was wir glauben! Man sollte darauf achten, was man glaubt. Maßnahmen, die wir ergreifen, ergreifen auch uns. Manche glauben an Ufos, an Totenstimmen oder daran, dass die Erde lebt. Vielleicht wollen sie einfach nur anders sein. Man kann an Millionen Dinge glauben, aber Gott thront über allem. Dieses Buch handelt nur vom Glauben an Gott. Ich sage hier, was ich über den Glauben glaube.

Untersuchungen zeigen, dass praktisch jeder an Gott glaubt – irgendeinen Gott, irgendwo. Die Frage ist nur, an welchen? Damit werden wir uns gründlich und in aller Ruhe befassen.

> Glaube ist eine ganz gewöhnliche Sache, die uns in Gottes Augen ungewöhnlich macht.

Glaube – ein Charaktertest

Was einer glaubt, stellt ihm auch ein Zeugnis aus. Die Wahl unseres Gottes gibt Einblick in unsere Seele. Wir sind, was wir glauben. Es ist z. B. ein Unterschied, ob wir Christus oder Karl Marx Glauben schenken. Und was verrät es, wenn wir einem Glauben folgen, der nur ein paar Gebete abverlangt? Religionen mit minimalem Einsatz mögen populär sein, sind aber billig und wertlos.

> Was jemand glaubt, stellt ihm ein Zeugnis aus. Die Wahl unseres Gottes gibt Einblick in unsere Seele. Es ist z. B. ein Unterschied, ob wir Christus oder Karl Marx Glauben schenken.

Jesus Christus bittet uns um alles: „Sohn, gib mir dein Herz!“ Eine weite Religion gleicht dem bequemen Weg, der immer enger wird und nach Nirgendwo führt. Glaube an Jesus aber ist ein schmaler Weg, der sich erweitert und ans Ziel bringt. *„Der Pfad der Gerechten ist wie das Morgenlicht; es wird heller und heller bis zum vollen Tag.“* (Sprüche 4,18*)

Glaube macht die Hoffnung fest

Ferner meint Glaube nicht nur bewegte Hirnzellen – es sollte eine Reaktion erfolgen. Tun wir, was wir glauben? Wenn wir an Samen glauben, pflanzen wir ihn ein. Ein Flugzeugbesitzer, der keinen Start

> Jeder Amerikaner glaubt, dass Präsident Abraham Lincoln 1809 in Kentucky geboren und 1865, während seiner zweiten Amtszeit als republikanischer Präsident, ermordet wurde.
> Die meisten amerikanischen Frauen finden es aber nützlicher, ihre Ehemänner zu kennen.
> Das ist ordentlicher Glaube.

riskiert, ist in sich selbst widersprüchlich. Die Maschine wird ihn nirgendwohin bringen. Wir können genauso gut an Mickymaus glauben wie an den Allmächtigen, wenn wir nicht erwarten, dass er etwas tut. Gottesglaube ohne Erwartung widerspricht der gesamten biblischen Botschaft.

Jakobus, ein Halbbruder Jesu mit gradlinigem Charakter, bemerkt in seinem Hirtenbrief drastisch: *„Du glaubst, dass nur Einer Gott ist? Gut! Das glauben die Dämonen auch – und zittern.“* (Jakobus 2,19*) Die Theologie der Angesprochenen war intakt, aber nutzlos. Ihr Glaube war unecht, so dass Jakobus sie väterlich zurechtweisen musste: Er spricht ihre Geldliebe an, die Ungeduld gegen Gott, die Missachtung des Nächsten, die frommen Worte und bösen Reden, und empfiehlt ihnen Gottes Weisheit und Barmherzigkeit. Kernaussage bei Jakobus ist: Untätiger Glaube ist kein Glaube!

Jeder Amerikaner glaubt, dass Präsident Abraham Lincoln 1809 in Kentucky geboren und 1865, während seiner zweiten Amtszeit als republikanischer Präsident, ermordet wurde. Die meisten amerikanischen Frauen aber finden es nützlicher, ihre Ehemänner zu kennen. Das nenne ich ordentlichen Glauben, wie ihn sich auch Gott wünscht! Denn er ist keine vergangene historische Person. Er ist und bleibt *„ein bewährter Helfer in allen Nöten“* (Psalm 46,2).

Glaube, nicht wissenschaftliche Meinung

Viele sagen: „Ich glaube es, wenn ich es sehe.“ Nein, das werden sie nicht; sie können es gar nicht. Man kann nur glauben, was man nicht sieht. Was du siehst, ist unmittelbare Tatsache und nichts für den Glauben. Wenn man etwas beweisen kann, spielt kein Glaube hinein. Keiner „glaubt“, dass zwei plus zwei vier ist. Er weiß es.

Gott aber wünscht Glauben. Ohne Glauben findet man sein Wohlgefallen nicht (Hebräer 11,6). Seine Segnungen bekommen wir auf dem

Glaubenswege, nicht indem wir so superschlau sind, nichts zu glauben, bevor wir unser Maßband darum legen können.

Dies war, worauf Paulus in Korinth den Finger legte. Er war vertraut mit den großen griechischen Denkern. Sie hatten unter anderem die Regeln der Mathematik erkundet. Da bei Zahlen der bloße Verstand ausreichte, meinten sie, das gelte auch für alles Übrige – den Alltag, Lebenssinn und -qualität, Existenz, Wahrheit, Gott. Dadurch gerieten viele Denker aller Zeiten auf ein fatales Nebengleis. Paulus wusste, was geschehen war, und zeigte den gelehrten Köpfen von Korinth das Dilemma der Welt, dass sie *„durch ihre Weisheit Gott nicht erkannte."* (1. Korinther 1,21)

Glaube ist eine persönliche Beziehung, kein mathematisches Zahlenverhältnis. Selbst wenn wir wissen, was Gott bisher tat, müssen wir ihm auch für morgen neu vertrauen.

Der Glaube ist eine persönliche Beziehung, kein mathematisches Zahlenverhältnis. Selbst wenn wir wissen, was Gott bisher tat, müssen wir ihm auch für morgen neu vertrauen. Es gibt keine Standard-Garantien.

Glaube ist, ähnlich wie Liebe, eine Herzenssache. Wir beschließen nicht, uns zu verlieben, nachdem wir alles Für und Wider abgewogen haben. Paare heiraten auf Vertrauen, nicht auf wissenschaftliche Beweise oder logische Schlussfolgerung hin.

Glaube ist, ähnlich wie Liebe, eine Herzenssache. Wir beschließen nicht, uns zu verlieben, nachdem wir alles Für und Wider abgewogen haben. Paare heiraten auf Vertrauen, nicht auf wissenschaftliche Beweise oder logische Schlussfolgerungen hin.

Glauben und Sehen

Damit kommen wir zur nächsten Feststellung: Glaube ist unser Auge, um das Unsichtbare zu entdecken. Optische Geräte sind kein Mittel, um Gott wahrzunehmen. Er ist Geist! Sterbliche Augen sind zu schwach, um ihn zu sichten, den *„unsterblichen, unsichtbaren Gott"* und *„ewigen König"* (1. Timotheus 1,17; Kolosser 1,15). Wir haben mit ihm so umzugehen, wie er ist. *„Denn wer Gott naht, muss glauben, dass er ist und denen, die ihn suchen, ein Belohner sein wird."* (Hebräer 11,6)

Aber es gibt noch eine bessere Art des Sehens. Die Augen können uns irreleiten. Der große griechische Philosoph Plato sagte, nichts sei wirklich so, wie es uns erscheine. Nun, Mose jedenfalls *„hielt standhaft aus, als sähe er den Unsichtbaren“* (Hebräer 11,27). Wenn wir nur glauben, was wir sehen, was will dann ein Blinder glauben? Radiowellen erfüllen ein Zimmer, aber wer erkennt das ohne Empfänger? Einer von Gottes großen biblischen Namen lautet: „Der Herr ist da“.

Gott ist unsichtbarer Geist, daran ist nicht zu rütteln.[5] Zu streiten und Gott haben zu wollen, wie er nicht ist, wäre widersinnig. Jesus gratuliert Menschen, *„die nicht sehen und doch glauben!“* (Johannes 20,29); sie sind auf der Wahrheitsspur. So kann man Gott kennen lernen. Einen sichtbaren Gott zu wollen, hat schon viele zu großen Fehlern verleitet. Menschen schufen sich Gott nach ihrem Bilde, was der Gott der Bibel aber keineswegs ist! Das führte zu Götzendienst und Bilderverehrung. Die „lebendige Erde“ z. B. wird heute von etlichen als Gott behandelt, denn die können sie sehen. Damit haben sie einen recht großen Gott, aber der Gott der ganzen Erde ist noch ein bisschen größer.

> Glaube ist das Auge, um das Unsichtbare zu entdecken. Optische Geräte sind kein Mittel, um Gott wahrzunehmen. Er ist Geist.

Hier jedenfalls tritt das Evangelium auf den Plan und sagt: Dieser Gott ist sichtbar geworden! Er *„wurde Fleisch und wohnte unter uns, und wir sahen seine Herrlichkeit, die Herrlichkeit des einzigen Sohnes vom Vater“* (Johannes 1,14*). Dieser Vers kommt aus dem Johannesevangelium, das durchgängig vom Sehen spricht; schon im ersten Kapitel gibt es 18 solcher Stellen. Johannes bezeichnet vor allem das Erkennen als Sehen. Sein bedeutendster Brief beginnt so: *„Wir schreiben euch von dem, was wir gehört, mit eigenen Augen gesehen und mit unseren Händen betastet haben … vom Wort des Lebens.“* (1. Johannes 1,1*) In Christus erkannte Johannes das Wort des Lebens, andere erkannten das nicht und kreuzigten Jesus.

Leider verpassen auch viele Gläubige die Fülle des Glaubens, weil sie ihren eigenen Sinnen mehr trauen als der Schrift. Doch nicht zu sehen ist kein Grund, nicht zu glauben. Auch Strahlen sieht man nicht, erwartet aber ihre Wirkung. Niemand sieht Gott, doch Millionen stellen sein

Wirken in ihrem Leben fest. Es geschehen Dinge, die nur von ihm sein können. Schon ein einziges erhörtes Gebet, eine Heilung, ein Wunder, eine Befreiung von Sucht, weisen auf ihn hin. Dabei sind es keine Einzelfälle. Millionen werden geheilt, Millionen Gebete beantwortet, Millionen Erfahrungen gemacht, die nur dem vom Tode auferstandenen Jesus Christus zugeschrieben werden können.

Wenn ich ein Podium in Afrika, Indien oder anderswo betrete, geschieht es oft ohne eine Berührung von mir, dass Blinde zu sehen beginnen, Taube hören können, Stumme sprechen, Krüppel gehen und von bösen Geistern zum Wahnsinn Getriebene frei werden. Das ist kein psychologischer Dreh, denn auch Babys werden geheilt, sogar im Mutterleib. Die größte aller Wirkungen aber ist, dass Menschen von Sünde und Schuld befreit werden und sich als ganze Person verändern.

Glaube oder Chaos?

Gehen wir zur nächsten Tatsache: Es gibt keinen Ersatz für den Glauben an Gott! Die Geschichte gibt warnende Beispiele: Ohne Kenntnis von Gott hat nie etwas einen richtigen Sinn ergeben. Die Antike z. B. – selbst ihre brillantesten Denker produzierten wildeste Ideen, Aberglauben und Spekulation. Die Natur war ihnen geheimnisvoll, abgründig. Um die Sonne zum Aufgehen zu bewegen, beteten sie sie an. Um es regnen zu lassen, gaben sie ihr göttliche Verehrung. Flüsse, so meinten sie, müsse man überreden, zu fließen und nicht auszutrocknen. Jeder hatte seinen eigenen Gott. Dagegen erhoben sich die Propheten, von Gottes Realität beseelt und mit dem brennenden Wunsch, seinen Willen hineinzusprechen.

> Nicht zu sehen ist kein Grund, nicht zu glauben. Auch Strahlen sieht man nicht, erwartet aber ihre Wirkung. Niemand sieht Gott, aber Millionen stellen sein Wirken in ihrem Leben fest.

Die Vorstellung von Gott als Vater von allen war der Welt unbekannt. Konflikte und blutige Familienfehden fanden statt, und Krieg galt als Ruhm der Menschen. Israels Propheten dagegen lehrten ihr Volk zu arbeiten und keine Himmelszeichen zu fürchten oder Kriege zu führen. Gott würde sich treu um all seine Geschöpfe kümmern; sie sollten sich nicht um die Ernte ängstigen wie die Heiden rings um sie her.

Es gibt keinen Ersatz für den Glauben an Gott. Die Geschichte läutet Alarm: Ohne Kenntnis von Gott hat nie etwas einen richtigen Sinn ergeben.

Es ist einfach, vor dem Fernseher zu sitzen und beiläufig zu sagen, man glaube nicht an Gott. Die Konsequenzen aber sind ewig. Zudem düngt man damit Verfall und Korruption, Gewalt, Terror und sonstige Verbrechen. Atheisten behaupten, sie könnten auch ohne Glauben an Gott ein anständiges Leben führen. Sie übersehen aber, dass schon der Sinngehalt von „Anständigkeit" aus dem Christentum stammt. Vor Christus war er völlig anders und die ganze Welt viel grausamer. In Wirklichkeit wissen wir ohne Glauben an Gott nicht recht, was gut und was böse ist. Darüber hat man sich sonst nie einigen können. Eine total ungläubige Welt wäre wie ein Irrenhaus, das von den Patienten übernommen wurde. Wenn wir Gott nicht vertrauen, trauen wir bald keinem mehr.[6]

Glaube ist Entscheidung

Eine völlig ungläubige Welt wäre wie ein Irrenhaus, das von den Patienten übernommen wurde. Wenn wir Gott nicht vertrauen, trauen wir bald keinem mehr.

Der große Schweizer Theologe Dr. Emil Brunner fasste seine Gedanken in vier Worten zusammen: „Glaube ist eine Entscheidung!" Das hatte er von Jesus, der sich durchweg so geäußert hat. Jesus lobte Gläubige und tadelte Ungläubige. So, wie wir sehen, hören, tasten, riechen, schmecken können, können wir auch glauben. Die Fähigkeit zu glauben ist sozusagen unser „sechster Sinn", das geistliche Augenlicht, ein Ohr zum Hören, eine Hand, um Gottes Segnungen zu ergreifen.

Glaube ist für keinen außer Reichweite. „So bin ich nicht gestrickt!", hört man oft, doch wir **alle** sind es! Manche sehen Glauben wie Geld an: gut, wenn du etwas davon besitzt. Aber Glaube ist nicht, was du **hast**, sondern was du **tust**. Wir alle können die Höhen erreichen – wenn wir wollen.

Wer will denn schon den Unglauben? Er ist eine Sackgasse, ein Weg zum Ort „Kein Land, kein Wasser, keine Liebe". Wenn du da herauskommen willst, kehre um! In der Bibelsprache heißt das „Buße",

Sinnesänderung – die Entscheidung, zu glauben, statt nicht zu glauben. Zweifel ist tödlich. Wähle das Leben. *„Tut Buße und glaubt an das Evangelium!“* (Markus 1,15)

Glaube, eine geistliche Kraft

Der Glaube
erzeugt gute Werke,
aber gute Werke erzeugen
keinen Glauben –
wie Milch zu Butter wird,
nicht aber Butter zu Milch.

Noch ein letzter Faktor bedarf der Erklärung, besonders für Christen: Sogar geheiligte, geistliche Personen können leider Zweifler sein. Nicht immer spazieren Glaube und Frömmigkeit Hand in Hand. Es geht ja die Vorstellung um, dass man ein geistlicher Riese sein muss, um großen Glauben zu haben. Doch da wird etwas durcheinander geworfen: genau umgekehrt sind glaubensstarke Männer und Frauen geistliche Riesen. Glaube ist geistliche Stärke!

Der Glaube erzeugt gute Werke, aber gute Werke erzeugen keinen Glauben – wie Milch zu Butter wird, nicht aber Butter zu Milch. Doch davon wird noch in über zwanzig weiteren Kapiteln zu sprechen sein.

Kapitel 3

Glaube - die Sicherung

Und die Apostel sprachen zum Herrn: „Mehre uns den Glauben!“ (Lukas 17,5). Christen haben sich das seither immer gewünscht – haufenweise Glauben!

Aber wie lautet Jesu Antwort? *„Wenn ihr Glauben wie ein Senfkorn habt, könnt ihr zu diesem Maulbeerbaum sagen: Entwurzele dich, pflanze dich ins Meer! – und er wird euch gehorchen.“* (Lukas 17,6*)

Dies muss die Apostel verwirrt haben. Sie wollten großen Glauben, er aber sprach vom kleinsten Ding, das sie kannten. Auf die Winzigkeit des Senfkorns bezog sich Jesus allerdings weniger. Es ging ihm um den Kontrast zwischen „massigem“ Glauben und dem kleinen, aber lebendigen Samen! Jesus wollte den Jüngern einschärfen, dass Glaube nie eine Frage der Größe ist. „Größe“ ist das falsche Wort.

Glaube kennt weder Masse noch Gewicht.

Glaube kennt weder Masse noch Gewicht. Welche Gestalt hat denn ein Gedanke? „Glauben“ ist, was man tut, kein „Ding“. Vielleicht wünschten sich die Apostel Glauben für größere Aufträge. Doch er kommt nicht im Voraus. Die Heilige Schrift spricht vom *„Verhältnis des Glaubens“* (Römer 12,6): Er ist proportional zur anstehenden Aufgabe, bedarfsgebunden. Wie man beim Laufen automatisch mehr Luft aufnimmt, so erweitert sich auch der Glaubensumfang beim Tun.

Die Heilige Schrift spricht vom *„Verhältnis des Glaubens“*. Er ist proportional zur anstehenden Aufgabe, bedarfsgebunden. Wie man beim Laufen automatisch mehr Luft aufnimmt, so erweitert sich auch der Glaubensumfang beim Tun.

Selbst die „Größe“ einer Herausforderung relativiert sich, während man sie gläubig angeht. Die Höhenunterschiede eines Hangs, Hauses oder Maulwurfshügels sind dem darüberfliegenden Vogel einerlei. Im Glauben können auch wir *„auffahren mit Flügeln wie Adler“* (Jesaja 40,31), und nichts ist unüberwindbar.

Aktiver Glaube braucht das „Unmögliche". Religiöser Glaube allein in der Kirche hat nicht genug „Unmöglichkeiten". Im Freien muss kräftiger Glaube heranwachsen, sonst wird er eine kränkliche Pflanze.

Leitfähigkeit, nicht Größe

Aktiver Glaube braucht das „Unmögliche". Religiöser Glaube allein in der Kirche hat nicht genug „Unmöglichkeiten". Glaube muss im Freien heranwachsen, um kräftig zu werden. Sonst wird er eine kränkliche Pflanze.

Vielleicht hast du nie ein Senfkorn gesehen? Mancher braucht dazu sogar eine Lupe. Aber die Zuhörer Jesu wussten über Samen Bescheid. Ihre Welt war stark landwirtschaftlich geprägt, also bediente sich Jesus auch ihrer bäuerlichen Sprache. In der heutigen, hochtechnisierten Gesellschaft mit wissenschaftlichen Ausdrücken würde Jesus zweifellos auch unsere Alltagssprache benutzen.

Wie beim Senfkorn ist der Wert einer Sicherung nicht ihre Breite oder Länge; ihr Geheimnis ist die „Leitfähigkeit": Glaube leitet die Kraft Gottes überall dorthin, wo sie benötigt wird.

Vor 2.000 Jahren sprach Jesus über das „Senfkorn", ein winziges Ding mit mächtigem Potenzial. Heute würde der Herr vielleicht einen Mikrochip oder eine Sicherung als Lehrbeispiel verwenden: „Wenn ihr Glauben hättet wie eine kleine Elektrosicherung, könntet ihr Bäume vom Boden ins Meer verpflanzen!" Wie beim Senfkorn ist der Wert einer Sicherung nicht ihre Breite oder Länge; ihr Geheimnis ist die „Leitfähigkeit": Glaube leitet die Kraft Gottes überall dorthin, wo sie benötigt wird.

Eine Sicherung besteht aus Metall, etwa einem Silberdraht, der dem Stromfluss wenig Widerstand bietet. Wenig Widerstand bedeutet hohe Leitfähigkeit. Ins Geistliche übertragen: Je geringer unser Widerstand zu Gottes Wort, desto mehr Kraftausbeute. Je höher unser Widerstand beim Gehorsam, desto niedriger Gottes „Betriebskraft".

Niedriger Wortwiderstand

Eine Sicherung mit hohem Widerstand würde entweder gar keine Kraft übertragen oder bald durchbrennen. Wenn wir dem Wort Gottes durch Unglauben widerstehen, kann seine Kraft nicht durchkommen. Wenn wir sagen, wir glauben an Gottes Wort, ihm aber ungehorsam sind, entkräften wir unseren Glauben und die Sicherung brennt durch. Gottes Kraftwirkung ist klein, wenn uns sein Wort wenig bedeutet!

Was auch sonst noch wahr ist – eins dürfte absolut unbestritten sein: Christentum ist entweder eine „Religion" mit Kraft oder gar nichts. Liberale und rationalistische Weltanschauungen bauen auf die Logik, die Apostel bauten auf Gottes Kraft. *„Durch die Weisheit erkannte die Welt Gott nicht. Da gefiel es Gott, durch die Torheit der Predigt die Glaubenden zu erretten."* (1. Korinther 1,21*)

Wenn wir sagen,
wir glauben an Gottes Wort,
ihm aber ungehorsam sind,
entkräften wir unseren
Glauben und die Sicherung
brennt durch.
Gottes Kraftwirkung ist klein,
wenn uns sein Wort
wenig bedeutet.

Unser Kopf kann ein regelrechter Zweifelskasten sein. Aber das Instrument „Verstand" ist zu unsicher für entscheidende persönliche Beziehungen, besonders für die mit Gott. Es ist, als wolle man den Nachthimmel mit einer Schaufel statt mit dem Teleskop absuchen. Wenn krampfhaft die Wissenschaft zu Rate gezogen wird, um eine Glaubensüberzeugung mit algebraischen Gleichungen, Geologie oder philosophischen Ableitungen zu untermauern, wirkt es lächerlich. Was haben denn diese Dinge mit geistlicher Erfahrung zu tun? Die Wissenschaft ist so wenig dafür ausgestattet, eine Gottesbeziehung zu erfassen, wie ein Korkenzieher, um Musik zu studieren.

Wie kommt es, dass wir jemandem vertrauen oder nicht vertrauen? Etwa durch die Mathematik? Hast du nicht auch schon eine gewisse Vorsicht gegenüber Leuten empfunden, ohne es erklären zu können? Eine tief sitzende Empfindung, Intuition oder wie man's nennen mag, regt sich und schlägt Alarm. Doch genauso können wir auch jemandem vertrauen, selbst wenn wir nicht auseinanderlegen können, warum.

Unser Instinkt wird uns nie vor Jesus warnen. Wenn wir für ihn „klug werden", wollen wir ihm auch immer näher kommen. Und wenn wir ihn kennen lernen, erwärmt sich unser Herz zusehends für ihn. *„Wir lieben (ihn), denn er hat uns zuerst geliebt."* (1. Johannes 4,19*) Was Ungläubige sagen, bedeutet nicht mehr, als was das Barometer sagt. Der geeignete und einzige Weg zur Glaubensgewissheit ist, Jesus zu vertrauen. Die Schaltzentrale für wahres Leben ist das Herz, nicht der Verstand. *„Mit dem Herzen glaubt man …"* (Römer 10,10*)

Glaube durch Hören

> Die Bibel
> ist die Verfassung des
> Reiches Gottes,
> und keine
> Zweidrittelmehrheit
> irgendeines irdischen
> Parlamentes
> kann sie ändern.

Wir sprechen hier nicht von einem Vorgang ohne konkreten Inhalt. Man glaubt **an** und **für** etwas. Gottes Wort gibt unserem Glauben Inhalt, Richtung und Ziel. Ohne die Bibel gleicht er einem Pfeil, der planlos irgendwo niedergeht. Die Bibel ist das einzige Buch, das dem Glauben ein positives Ziel liefert. Man kann sich nur wundern, was für Übungen manche Religionen ihren Gläubigen abverlangen: eine religiöse Tretmühle, Glaube um des Glaubens willen.

Selbst an Bord eines sinkenden Schiffes sagte der Apostel Paulus: *„Ich vertraue Gott!"* (Apostelgeschichte 27,25) Er tat es nicht in einer trotzigen Anwandlung, sondern klar durchdacht – alle auf dem Schiff würden gerettet werden. *„Wir müssen allerdings an einer Insel stranden."* (Apostelgeschichte 27,26) Ganz anders war es bei jenem Passagier auf der Atlantik-Überfahrt. Als man in einen Sturm geriet, erkundigte er sich beim Kapitän. Dieser beruhigte: „Sir, wir sind in Gottes Hand!" Da rief der Mann: „Was – ist die Lage so ernst?"

Maximen des Glaubens

Hier einige Grundsätze:

- Als Gläubige sollten wir wissen, **was** wir glauben und **wem** wir glauben.
- Wir müssen Gottes Wort nehmen, wie es ist.
- Ohne Kenntnis des Willens Gottes ist Glaube unmöglich.
- Das Wort ist Gottes ewiger Wille.

- Die Heilige Schrift anzuzweifeln, heißt, unseren einzigen Wegweiser und Gott selbst anzuzweifeln.
- Gottes Wort ist ein Ultimatum, kein Diskussionspunkt.
- Nicht demokratische Wahl oder Übereinkunft entscheidet über biblische Wahrheit. Sie ist *„für immer festgelegt im Himmel"* (Psalm 111,7f).
- Die Bibel ist die Verfassung des Reiches Gottes, und keine Zweidrittelmehrheit irgendeines irdischen Parlamentes kann sie ändern.

Verlass auf Autorität

Ohne viel Federlesen besteht die Bibel hundertfach auf ihrer göttlichen Autorität. Die Propheten zum Beispiel boten nicht ihre privaten politischen Ansichten feil, sondern sprachen als *„Menschen, vom Heiligen Geist ergriffen, von Gott her"*. (2. Petrus 1,21*) Immer wieder gebrauchten sie die Worte: „So spricht der Herr ..." Das taten sie nicht leichtfertig. Für die Juden besaß Gott eine Ehrfurcht gebietende Heiligkeit und Größe, vor der man zitterte. Ohne die überwältigende Gewissheit, von Gott gesandt zu sein, hätte es darum kein Prophet je gewagt, als Sprachrohr des Allmächtigen aufzutreten. Nur bei absoluter Gewissheit öffneten sie ihren Mund. Jeremia tat kund: *„Und sage ich: Ich will nicht mehr an ihn denken und nicht mehr in seinem Namen reden, so ist es in meinem Herzen wie brennendes Feuer, eingeschlossen in meinen Gebeinen. Und ich habe mich vergeblich abgemüht, es weiter auszuhalten, ich kann nicht mehr."* (Jeremia 20,9)

Die Autorität Christi

Gott sprach – da entstanden Himmel und Erde (1. Mose 1). *„Er sprach, und es geschah; er gebot, und es stand da."* (Psalm 33,9) Und das Johannesevangelium gibt eine noch gewaltigere Meldung: *„Das Wort wurde Fleisch!!"* (Johannes 1,14) Dieselbe Stimme, die alles erschuf, sprach nun persönlich zu uns. Was ER gesagt hat, kommt mit absoluter Autorität – es ist das Wort des Herrn. Christus sagt, dass Himmel und Erde vergehen werden, nicht aber seine Worte (Matthäus 24,35). Er war nicht wie die Propheten. Sie redeten **für** den Herrn, Christus aber redete **als** der Herr. Die Propheten sagten: *„So spricht der Herr ..."*, Christus aber spricht: *„Wahrlich, ich sage euch ..."* Die Juden hörten auf Mose, doch Jesus ging über Moses hinaus: *„Mose hat euch gestattet ..., ich aber sage ..."* (Matthäus 19,8f*)

Und noch etwas war anders: Die Propheten waren Abgesandte mit einer Botschaft – Jesus **war** die Botschaft. Die Propheten sprachen vom Herrn, Jesus sprach von sich selbst. Er hat nicht nur Gottes Wort gebracht, er **ist** Gottes Wort. Er zeigte nicht den Weg, er ist der Weg. Jesus ist nicht nur ein zu Gott führender Weg, er ist auch das Ziel, zu dem der Weg führt.

> Wir haben kein Recht, Gottes Wort anzuzweifeln oder Gottes Ausrufezeichen in Fragezeichen zu verbiegen.

Das ist der Grund, warum wir kein Recht haben, Gottes Wort anzuzweifeln oder Gottes Ausrufezeichen in Fragezeichen zu verbiegen. Denn – *„zu wem sollten wir gehen? Du hast Worte ewigen Lebens!"* (Johannes 6,68) Der Apostel Petrus erkannte: Wir folgen oder wir sterben. Technisch formuliert, ruinieren wir damit die Sicherung und haben lebenslangen Stromausfall. Heizung und Beleuchtung gehen aus, Kommunikations- und andere elektrische Systeme brechen zusammen, die kalte, ewige Nacht zieht ein.

Liberale Lehrer schmähen Leute wie uns und sprechen von unserer „autoritären Religion". Aber lehren **sie** etwa ohne Autorität? Alles Lernen fußt auf Autorität, entweder göttlicher oder menschlicher. Manche vertrauen auf die Autorität von Bildung, aber nichts ist weniger vertrauenswürdig. Ihre Argumente sind wie Schritte im Sand. Bekanntlich stimmen die Gelehrten nie miteinander überein, Gottes Wort aber war schon für Hunderte Generationen ein Licht, das nie flackert.

Auch Weisheit geht ohne Offenbarung in die Irre. Ein Beispiel dafür ist der moderne Schriftsteller Philip Larkin. Er war Atheist. Der Journalist Martyn Harris schrieb über Larkin kurz vor dessen Tod 1996, seine Gottlosigkeit habe ihn „trunksüchtig, selbstmordgefährdet, überheblich und vor Elend lahm" gemacht. Larkin selbst beschrieb seinen Verfall an der Schwelle einer kalten Ewigkeit in dem Gedicht „Aubade". Er wartete auf „die immer während totale Leere, das sichere Auslöschen, dem wir zusteuern und in dem wir allezeit verloren sein werden".

Vertrauen auf Gott scheint ein vages Gefühl zu sein, aber es festigt sich zur Realität. Wir können uns wunderbar sicher auf den „Ozean des Unbekannten" begeben. Denn Jesus hat gesagt: *„Wer mich liebt, wird sich an mein Wort halten; und mein Vater wird ihn lieben, und wir werden zu ihm kommen und bei ihm wohnen."* (Johannes 14,23*)

Lektionen und Fortschritte

Als ich von Deutschland nach Afrika kam, musste ich eine wichtige Lektion lernen – und zwar, das Hinterfragen Gottes zu verlernen. Wir hinterfragen Politiker, aber vertrauen Gott.

Beispielsweise sagt Christus in Markus 16,17f: *„Diese Zeichen aber werden denen folgen, die glauben: … Schwachen werden sie die Hände auflegen, und sie werden sich wohl befinden.“* Es ist nicht mein Teil, die Intellektuellen um Genehmigung zu fragen, sondern Jesu Wort umzusetzen. Ich tue, was er sagt, und er tut, was er sagte! Gott veränderte die Ausrichtung meines Herzens und Geistes. Dann fing er an, mich für ein Wachrütteln ganzer Nationen zu gebrauchen. Wie einst Moses Stab, so gebraucht der Herr auch uns, wenn wir seine Anweisungen befolgen. Ich sehe seine Kraft immer und immer wieder am Werk. Meine „Sicherung“ hat gehalten, und der Segensstrom ist durch mein Leben zu Millionen kostbarer Menschen geflossen, um ihre Seelen durch des Lammes Blut zu erlösen.

Wir erzeugen keine Kraft durch Aktivitäten wie Musik, Anbetung, Atmosphäre. Sobald zwei oder drei auf seinen Namen hin versammelt sind, ist Christus da.

„Was schaut ihr auf uns?“
Apostelgeschichte 3,12

Wir erzeugen keine Kraft durch Aktivitäten wie Musik, Anbetung, Atmosphäre. Sobald zwei oder drei auf seinen Namen hin versammelt sind, ist Christus da. Wir brauchen nicht erst eine Stunde Anbetung, um seinen Thron zu errichten oder Kraft vom Himmel herabzuziehen. Gläubige können sich nicht einmal in Christi Namen treffen, ohne dass er kraftvoll zur Stelle ist.

Wenn es unsere Leistung wäre, Gottes Kraft zu produzieren, wären wir die Stromerzeuger. Christus gab uns Kraft. Wir sind nicht dazu berufen, mit unserem eigenen kleinen Stromaggregat in alle Welt zu gehen, so dass die Leute uns wundervoll finden.

Man kann sein eigenes Charisma zur Schau stellen und eine Stunde lang die Funken sprühen lassen. Aber bald wird unser Aggregat keinen

Treibstoff mehr haben, stottern und ausgehen. Nein, wir sind keine Generatoren, sondern Leitungen. *„Denn aus seiner Fülle haben wir alle empfangen Gnade über Gnade.“* Er ist *„die Fülle dessen, der alles in allen erfüllt“* (Johannes 1,16*; Epheser 1,23). Wir sind Kanäle, nicht die Quelle. *„Wie die Rebe nicht von sich selbst Frucht bringen kann, sie bleibe denn am Weinstock, so auch ihr nicht, ihr bleibt denn in mir.“* (Johannes 15,4)

> Wenn es unsere Leistung wäre, Gottes Kraft zu produzieren, wären wir die Stromerzeuger. Christus gab uns Kraft. Wir sind nicht dazu berufen, mit unserem eigenen kleinen Stromaggregat in alle Welt zu gehen.

Kraftwerke

Gott braucht keinen unserer Energiespender. Er hat zwei eigene hier auf der Erde – das Kreuz und das leere Grab! Tag und Nacht fließt Strom aus diesen Quellen, ohne Sperren oder Ausfälle. Die Spannung ist tadellos und zuverlässig. Es kommt zu einem gleichmäßigen Fluss, *„bei dem keine Veränderung ist noch eines Wechsels Schatten“*. (Jakobus 1,17)

Unsere volle Ausrüstung sieht so aus:

- Geistliche Energiequelle: das Kreuz und die Auferstehung
- Kabel: das Wort Gottes
- Sicherung: unser Glaube, die entscheidende Verbindung

Sie liefert uns Kraft:

- für alle Bedürfnisse
- zur Lebensveränderung
- zum Bruch mit üblen Gewohnheiten
- zur Heilung der Kranken
- zur Erhellung stürmisch-dunkler Lebenswege

Keine Kraft auf der Erde, ob in Reagenzgläsern oder industriell erzeugt, kann diese Dinge tun. Allein Gottes große Kraft vermag, es mit den hartnäckigen Lebensproblemen unseres Lebens aufzunehmen.

Auf einer Konferenz bekam ich mit, wie einige Jugendliche sich unterhielten: „Wir müssen für Jesus eingeschaltet sein … alles, was wir brauchen, ist, für Jesus eingeschaltet zu sein!“ Ich wandte mich ihnen zu und sagte: „Ja, das ist gut, aber noch wichtiger ist, an Jesus angeschlossen zu sein! Für Jesus eingeschaltet sein ist nutzlos, wenn wir nicht angeschlossen sind. Zuerst müssen wir die Verbindung haben!“ Vernetzung mit sich selbst erzeugt keinen Strom.

> Wir sind keine Generatoren, sondern Leitungen.

Die funktionierende Sicherung

Wenn Gottes Kraft im Wort kommt, erreicht sie zuerst die Glaubenssicherung – und das könnte der Prediger sein. Die kleine Strombrücke kann sehr warm werden. Ein Prediger des Wortes fühlt die Wärme als Erster. Die elektrische „Aufladung“ lässt ihn glühen. Vielleicht merkt man ihm das an – man sollte es. Er ist ja kein Vermittler eigener Einfälle, sondern der Kraft Gottes. Er sollte ein lebender Stromdraht sein. Der Prediger ist ein Mensch, der öffentlich Gott erfährt. Wenn er jede Überschwänglichkeit unterdrückt und Glätte, Eleganz, Schicklichkeit an erste Stelle setzt, sollte er bedenken, dass Würde keine Frucht des Geistes ist, wohl aber Freude. *„Die Freude am Herrn ist eure Stärke“*, nicht „eure Schwäche“.

Wenn ein erfahrener Elektriker ein blankes Kabel berührt und einen Schlag bekommt, sagt er vielleicht „Oh“. Jemand aber, der zum ersten Mal einen elektrischen Schlag bekommt, reagiert sicher dramatischer. Nun, Gottes Kraft ist nicht Fabel, sondern Fakt – die stärkste Realität, die wir kennen! Und was erwartet man wohl, wenn Gott sich offenbart: Friedhof oder Auferstehung?

> Der Prediger ist ein Mensch, der öffentlich Gott erfährt. Wenn er jede Überschwänglichkeit unterdrückt und Glätte, Eleganz, Schicklichkeit an erste Stelle setzt, sollte er bedenken, dass Würde keine Frucht des Geistes ist, wohl aber Freude. „Die Freude am Herrn ist eure Stärke“, nicht „eure Schwäche“.

Ein krafterfülltes Leben mag andern überspannt vorkommen. Aber wenn Menschen den Strom göttlicher Segnung erfahren, lieben sie das eben. Niemand weiß, wie eine Begegnung mit Jesus ist, bis sie geschieht. Einem überschwänglichen Verkündiger wurde gesagt, er solle sich etwas zurückhalten. Seine Antwort: „Das tue ich bereits!“

Den Kreislauf schließen

Mächtige Stromleitungen durchziehen ein ganzes Land und transportieren wohl 110.000 Volt je Kabel. Gewaltige Turbinen in hohen Bauten speisen das System Tag und Nacht, indem sie die Energie von Kohle, Wasser oder Kernspaltung nutzen. Was für ein Aufwand! Aber daheim braucht nur ein winziger Metallspan zu versagen, und schon steht alles im Hause still, ist ohne Strom.

> Die Größe Gottes, die Größe des Werks Christi und die Größe des Wortes Gottes – alles ist komplett vorhanden. Aber ohne Glauben, so klein wie ein Sicherungsdraht, wird nichts von dieser Größe nutzbar. Der Kreislauf ist unterbrochen.

Die Größe Gottes, die Größe des Werks Christi und die Größe des Wortes Gottes – alles ist komplett vorhanden. Aber ohne Glauben, so klein wie ein Sicherungsdraht, wird nichts von dieser Größe nutzbar; der Stromkreis ist unterbrochen, die Kraftübermittlung nicht mehr da.

Wenn die Glaubenssicherung versagt, wird Gottes Dynamik entschärft und die Botschaft auf abwinkende Reaktionen stoßen. Nimm das Wort und setze die Glaubenssicherung ein, dann kommt Gottes Kraft durch und gibt Licht, Wärme, Energie, Rettung, Heilung, Stärke und Segen.

Kraft – überall

Vor einiger Zeit ging ich in einen schicken Friseursalon. Eine der beiden Angestellten begann, mir das Haar zu schneiden. Wie beim Friseur üblich, unterhielt sie sich während der Arbeit und fragte, ob ich Geschäftsmann sei. Meine Antwort war: „Ich bin ein Gottesmann." Das war wohl eine etwas geballte Ladung, doch das Eis war gebrochen und das Gespräch eröffnet. In kurzer Zeit konnte ich diese beiden Damen zu Christus führen. Dort im Haarsalon knieten sie nieder und sprachen das Gebet zur Errettung. Beim Verlassen des Ladens hörte ich, wie die eine unter Tränen zur andern sagte: „Was für ein Tag, dass dieser Mann Gottes zum Haareschneiden gekommen ist!"

Ich war sehr glücklich und bewegt. Als ich meinen Mitarbeiter Peter van den Berg traf, sagte ich ihm: „Peter, du brauchst mal wieder einen Haarschnitt, am besten im Salon … – dort habe ich zwei Frauen zu Christus geführt. Bitte geh und tu die Nacharbeit!"

Unser Glaube ist kein überragendes Gefühl, das jeder sieht und begehrt. Er ist eine verborgene Sicherung.

„Wenn ihr Glauben habt wie ein Senfkorn …", sagt Jesus. (Matthäus 17,20) So winzig! Unser Glaube ist kein überragendes Gefühl, das jeder sieht und begehrt. Er ist eine verborgene Sicherung; aber durch ihn fließen die Energien des Himmels zur Welt. Gott gebraucht Hauptsicherungen und Einzelsicherungen, aber nie Ausflüchte. Wo immer wir sind – die verborgene Einstellung unseres Herzens ist Gottes fehlendes Bindeglied: *„Wenn du glaubst, wirst du die Herrlichkeit Gottes sehen!"* (Johannes 11,40)

Teil 2

Kapitel 4

Von Glaube zu Glaube

Man sagt, der griechische Dichter Homer sei von Stadt zu Stadt gewandert, habe um Brot gebettelt und seine Geschichten von der Belagerung Trojas erzählt. Vom Geschichtenerzählen konnte man in jenen Tagen leben. Es gab keine Theater, Buchläden oder gar Fernsehen wie heute, aber eine gute Geschichte hat noch jeder gern gehört.

Diesen Umstand nutzt auch die Heilige Schrift, um uns zu unterweisen. Sie ist kein gelehrtes theologisches Buch, doch dank ihres himmlischen Ursprungs liefert sie das volle Grundmuster zum Glauben an Gott. Beginnen wir mit ein paar Ereignissen aus den Evangelien:

Da gibt es z. B. den *„königlichen Beamten"* in Johannes 4 (Verse 46-54). Er zeigte Vertrauen zur Kraft Christi, indem er nicht nur eine Tagesreise von Kapernaum nach Kana unternahm, sondern den Herrn auch bat, mit ihm nach Hause zu kommen und seinen Sohn zu heilen. Jesus gab ihm eine seltsame Antwort: *„Wenn ihr nicht Zeichen und Wunder seht, glaubt ihr nicht!"* Hatte denn der arme Mann nicht geglaubt, als er Jesus aufsuchte? Doch, aber Jesus hatte noch eine andere Art Glauben im Sinn. Und der Bittende ließ sich auch vom scheinbar kühlen Empfang nicht abschrecken, glaubte weiter und sagte: *„Herr, komm herab, ehe mein Kind stirbt!"*

Jesus aber tat nicht, was der Beamte wollte; er ging nicht mit nach Kapernaum. Auch sonst im Johannesevangelium handelte Jesus nie, weil oder wie man ihn gerade bat. Hier sagt er schlicht: *„Geh, dein Sohn lebt!"* Nun war zusätzlicher Glaube gefragt. Der Mann hatte geglaubt, dass Jesus seinen Sohn heilen konnte, indem er mitkäme, und das erforderte einen beträchtlichen Weg. Nun aber galt es zu glauben, dass Jesus noch größer war!

Der Beamte zog los, und wir lesen: *„Der Mann glaubte dem Wort, das Jesus zu ihm sagte."* Es dauerte einen Tag, bis er zu Hause ankam. Bei jedem Schritt und in jeder Minute hatte er nichts als das kurze Wort

Jesu. Als er dann herausfand, dass ein Wunder geschehen war, stellte sich echter Glaube ein: *„Und er glaubte, er und sein ganzes Haus."* Nicht das Wunder war es, woran sie glaubten – da gab's nur ein Sehen und Staunen, aber nichts mehr zu glauben. Doch jetzt glaubten sie so, wie Johannes immer über Glauben spricht – als Hingabe an Christus.

🕮 In Johannes 9 steht ein anderes viel sagendes Ereignis. Ohne sich zu entschuldigen, heilte Jesus einen blinden Mann. Er schmierte ihm Schlamm auf die Augen und schickte ihn zum Ausspülen an den berühmten Teich von Siloah. Zurück kam der Mann mit gutem Sehvermögen. Unterwegs erfuhr er, wer dieses Wunder getan hatte. Auf Befragen antwortete er, *„der Mann, den sie Jesus nennen"*, sei es gewesen. Die Leute, offenbar wenig vertraut mit den Kennzeichen Christi, hakten nach: *„Wer ist dieser Mensch?"* Als dann einige Pharisäer den Geheilten verhörten, behaupteten sie: *„Dieser Mensch ist nicht von Gott!"* An dem Punkt blieb man stehen – **Jesus, ein Mensch**.

Doch auch Glaube begann sich zu regen. Ein paar Pharisäer sagten: *„Wie kann ein Sünder solche Zeichen tun?"* Die Frage nach seiner Identität wurde stärker. Wer war dieser Jesus? Sie fragten den Geheilten. Der sagte: *„Er ist ein Prophet!"* Die führenden Juden aber waren übereingekommen, jeden, der Jesus zum Messias erklärte, aus der religiösen Gemeinschaft zu verstoßen. Konfrontiert mit der Tatsache, dass ein Blindgeborener sehen konnte, verhörte man diesen erneut und drängte ihn, Jesus als Sünder zu bezeichnen. Doch das wollte er nicht und erklärte: *„Wer Gott … fürchtet und seinen Willen tut, den erhört er … Wenn dieser Mensch nicht von Gott wäre, dann hätte er gewiss nichts ausrichten können."* Der Glaube des Mannes entwickelte sich: Für ihn war Jesus nicht sündig, sondern göttlich. Dafür ließ er sich als Jünger Jesu beschuldigen und verfolgen.

Die Religionshüter exkommunizierten den Mann, „warfen ihn hinaus" – typisch für eine Welt, die Menschen ausstößt, weil sie Gottes Güte bezeugen. Jesus aber ging ihm nach. Als er „ihn fand", fragte er ihn nicht, ob er sich dankbar fühle oder eine Arbeit aufgenommen habe, sondern nur das eine: *„Glaubst du an den Menschensohn?"* Der Mann verstand nicht, was Jesus meinte. *„Wer ist es, Herr, dass ich an ihn glaube?"*

Als Blinder hatte er genug Glauben gehabt, um auf Jesu Wort hin den Weg zum Teich Siloah zu finden, und gewann so das Augenlicht. Aber mit anderer Glaubensqualität hätte man weit mehr gesehen. An diesem Punkt war er noch nicht. Da sagte Jesus zu ihm: *„Du siehst ihn vor dir. Er, der mit dir redet, ist es!“* Der Mann beschaute Jesus, sein Glaube zündete und er stimmte problemlos zu: *„Ich glaube, Herr!“* und warf sich vor Christus nieder. Jetzt war sein Glaube vollständig.

🕮 Eine weitere mächtige Lektion aus der Glaubenshistorie ist der Bericht über die Samariterin in Johannes 4 (bis Vers 42). Er illustriert die Tatsache, dass Sünder durchaus den Glaubenssprung auf die Höhen des Übernatürlichen schaffen: Eine namenlose Frau ging zum Brunnen, um Wasser zu schöpfen, als Jesus dort nach einer langen, heißen Reise ausruhte. Er bat sie um etwas zu trinken, was sie sehr erstaunte. Was für ein seltsamer Jude, der so frei war, alle Regeln zu brechen und mit ihr, einer Samariterin, zu reden? Und mehr noch, er behauptete, ihr Trinkwasser geben zu können, *„lebendiges Wasser“*, das zu einer *„ins ewige Leben sprudelnden Quelle“* würde.

An diesem Punkt entschied sich die Frau, auf Jesus einzugehen. Weil er ihr wohl ein bisschen lebensfremd vorkam, sagte sie: *„Gib mir dieses Wasser, damit ich keinen Durst mehr habe und nicht mehr hierher kommen muss, um Wasser zu schöpfen!“* Sicher hat sie nichts dergleichen erwartet. Jesus aber forderte sie auf, ihren Mann zu holen. Mit Unschuldsmiene behauptete sie, keinen Mann zu haben. Da konfrontierte Jesus sie mit ihrem beschmutzten Leben und einem Männerrekord à la Hollywood. Schockiert starrte die Frau ihn an und sagte: *„Ich sehe, dass du ein Prophet bist!“* Ihr Verständnis und Glaube machten Fortschritte.

Als Nächstes wirbelte Jesus ihre Vorstellungen über Anbetung durcheinander. Sie kam nämlich mit einem Einwand über den richtigen Gebetsplatz, wobei sie 400 Jahre alte Argumente benutzte. Die Antwort Christi war etwas völlig Neues: Anbetung habe nichts mit Ort oder Zeit zu tun, sie sei hier oder dort, überall, immer. Gott wünsche sich Menschen, deren innige Anbetung sich nicht auf bestimmte Plätze oder Terminpläne beschränkt. Von dieser theologischen Tiefe entwaffnet, flüchtete die Frau in den Satz, solche Fragen würden ja beim Kommen des Messias geregelt.

Wer bloß „an Gott" glaubt, hat noch einen langen Weg vor sich, aber die Kluft kann in Lichtgeschwindigkeit übersprungen werden: eben noch fern von Gott und in der nächsten Minute mit ihm auf ewig verbunden durch den Glauben – „eins mit Christus".

Damit kam die Samariterin der Sache wieder näher, und Jesus knüpft an: *„Ich bin es, ich, der mit dir spricht!"* Da schwang sich ihr Glaube auf. Sie betrachtete den Mann, der ihr Leben nicht nur wie ein Buch vor sich sah, sondern auch mit gehaltvoller Lehre aus dem Tief holte. In ihrem Innern geschah etwas. Aufgeregt rannte sie in die Stadt, um allen von Jesus zu erzählen und die Frage zu stellen: *„Ist er vielleicht der Messias?"* Daraufhin machten sich viele Leute mit zum Brunnen auf, um den Mann zu sehen, der die Frau so aufgewühlt hatte. Auch sie kamen unter seine göttliche Faszination und luden ihn in die Stadt ein. Zwei Tage blieb Jesus bei ihnen – mit dem Resultat, dass sie sagten: *„Er ist wirklich der Retter der Welt."* Und was war der Auslöser? Diese Frau hatte, sündig, wie sie war, geglaubt!

In jeder dieser Begebenheiten entwickelt sich der Glaube rasch und mündet in einer festgemachten, persönlichen Beziehung zu Jesus. Wer bloß „an Gott glaubt", hat noch einen langen Weg vor sich, aber die Kluft kann in Lichtgeschwindigkeit übersprungen werden: eben noch fern von Gott und in der nächsten Minute mit ihm auf ewig verbunden durch den Glauben – „eins mit Christus". Das bekommen wir im Nu. Denn über seine Jünger konnte Jesus dem Vater sagen: *„Sie gehören dir … und was dein ist, ist mein … in ihnen bin ich verherrlicht … und keiner von ihnen ging verloren."* (Johannes 17,9-12*)

Umarmung des Glaubens

Glaube an Christus unterscheidet sich von jedem andern Glauben und ist auch im Alten Testament nicht so zu finden. Das Neue Testament meint mit Glauben an Gott letztlich ein **in** ihn **„hinein"** glauben (griechisch „eis"); es zielt also auf Bewegung ab[7]. Das sonstige Wort für „in" (griechisch „en") beschreibt eine feste Position, aber der für Glauben „an" Christus verwendete Begriff bedeutet, sich ihm voll vertrauender Liebe zu nahen. Es geht um ein Umarmen.

Diese liebende Umarmung zwischen dem Menschen und seinem Schöpfer kommt nur durch Christus zustande. In alttestamentlichen Tagen konnte man sich so etwas nicht vorstellen. Gott war Geist, ein anderes Wesen, so heilig und Respekt gebietend, dass man ihm nicht ohne Furcht und Zittern nahen konnte. Ein Buch im Alten Testament allerdings rührt an neue Erfahrungshorizonte: das „Lied der Lieder" (Hohelied), eine Lyrik, die das Lob höchster Liebe in dem Satz bündelt: *„Meinem Geliebten gehöre ich / und mir gehört der Geliebte!"* (Hohelied 6,3)[8]

Eine solche Einstellung gegenüber Gott war den Menschen vor Christus nicht geläufig. Leider besaß die oft liebesarme, trocken-religiöse Welt der Juden zwar das Hohelied, aber keine ihm entsprechende geistliche Erfahrung. Leidenschaftliche Umarmung zwischen Himmel und Erde war ihnen fremd. Dann kam Jesus. Mit ihm wurde das Hohelied erfüllt. Er ist der große Geliebte, der göttliche Liebhaber – und seine Liebe gilt uns! Dafür ist er in die Welt gekommen.

Eine Frau goss in heiliger Verehrung eine Flasche kostbarster Salbe über Christi Haupt. Ein Straßenmädchen wusch seine Füße mit dem Wasser ihrer Augen und trocknete sie mit ihrem Haar. Ein hartgesottener Steuereinnehmer geriet über ihn vor Freude aus dem Häuschen und war bereit, sein Geld wohltätig abzugeben. Sie alle hatten in Menschenaugen schon fanatische, mörderisch lodernde Wut gesehen, aber noch nie ein so anbetungswürdiges Wunder.

Jesus war Gott der Herr, um den jeder seine Arme legen konnte. Seine Mutter Maria tat dies, und ebenso Maria Magdalena.

Eben mit diesem Wunder aber begann Christus nun selbst; denn wir lesen: *„Da er die Seinen, die in der Welt waren, liebte, erwies er ihnen seine Liebe bis zur Vollendung … In dem Bewusstsein, dass … er von Gott gekommen war und zu Gott zurückkehrte, stand Jesus vom Mahl auf … und begann, den Jüngern die Füße zu waschen."* (Johannes 13,1-5*) Jesus war Gott der Herr, um den jeder seine Arme werfen konnte – wie seine Mutter Maria und auch Maria Magdalena es getan hatten.

Glaube – die goldene Gabe

Bei alledem gibt es eine erstaunliche Tatsache: Glaube ist plötzlich da. Vielleicht undramatisch, indem wir eine Grenze überwinden und einfach wissen, wer Jesus ist. Es mag nicht immer in die richtigen Worte gekleidet werden oder einem „klassischen" Bekehrungserlebnis entsprechen, aber die Intuition in unserer Seele stimmt, so dass wir sehen und wissen: Er ist der Eine, der kommen muss, wenn die Welt einen Sinn haben soll. Er ist Schlüssel und Antwort für die Rätsel der Existenz, ihr Zielpunkt. In Jesus Christus verdichten sich alle Gottesvorstellungen.

> Golgatha bewirkt, was die gewaltigen Manifestationen am Sinai nicht schafften. Jesus ist der große Urheber des Glaubens.

Ja, auch im Alten Testament bekamen Menschen Gottesoffenbarungen, aber anscheinend nur wenige Einzelne wie z. B. Abraham, Jakob oder die Propheten. Die Masse des Volks hingegen bewegte sich nur schleppend und oft genug rückwärts. Gott mühte sich durch verschiedenste Umstände, Methoden und Einfälle, ihrem Glauben auf die Sprünge zu helfen. Die Ankunft Jesu aber hat die Welt umgekrempelt. Irgendwie hat Golgatha bewirkt, was die gewaltigen Manifestationen am Sinai nicht schafften. Jesus ist der große Urheber des Glaubens. Im Rückblick auf die lange, trübe Weltgeschichte voll Unsicherheit und Zweifel können wir die Wende feststellen, die mit Christus kam. Das Evangelium weckte schlafenden Glauben. Die Morgendämmerung war gekommen.

Jesus sagte: „*Niemand kommt zum Vater außer durch mich.*" (Johannes 14,6) Das war eine praktische, schlichte Tatsache. Niemand damals und niemand bis heute hat Gott je gefunden, außer durch Jesus. Die vielen Religionen zeigen tausend Wege, doch Christus **ist** der Weg. Er ist die Tür und öffnet den Himmel ganz weit. „*Kommt her zu mir … ich werde euch Ruhe geben!*" (Matthäus 11,28) „*Fürchtet euch nicht!*" (Lukas 2,10)

Glaube in drei Zeitzonen

Gottes Wille, die Basis der Schöpfung

Heute klopft das Gestern an unsere Tür und erzählt uns vom Morgen. Was war, prägt unsere Erwartung für das Kommende. Das Leben ist, wie das Wetter, voller Unwägbarkeiten – mit einer Ausnahme: dem Willen Gottes. Gott ist keinen Schwankungen unterworfen. Sein Wille bringt Ordnung ins Chaos.

> Das Leben ist, wie das Wetter, voller Unwägbarkeiten - mit einer Ausnahme: Gottes Willen. Gott ist keinen Schwankungen unterworfen. Sein Wille bringt Ordnung ins Chaos.

Wie gesagt, im ganzen Leben müssen wir Glauben betätigen. Schon beim Aufdrehen des Wasserhahns vertrauen wir darauf, nichts Vergiftetes zu trinken. Das Gleiche gilt für Geld und Lebensunterhalt. Aber wie steht es mit dem Leben selbst? Wir können es zum Wirrwarr oder zum Gewinn machen. Man kann Wohlleben schaffen und beim Leben scheitern – guter Lebensstandard, aber armes Leben – doch *„die Gottseligkeit ist zu allen Dingen nütze, weil sie die Verheißung des Lebens hat, des jetzigen und des zukünftigen."* (1. Timotheus 4,8)

Glaube kann uns aus unseren Kuschelecken holen und für Gott auf Trab bringen.

> Glaube kann uns aus unseren Kuschelecken holen und für Gott auf Trab bringen.

Zeitgleich mit diesem Buch läuft ein enormer Auftrag, den Gott mir gab: die globale Zurüstung der Christen zum Zeugendienst in Form einer 7-teiligen Filmserie, in der Lehr≠inhalte dramaturgisch spannend dargestellt werden. Eine Feuer-Konferenz auf Film – damit soll jede Gemeinde und jeder Hauskreis unserer Erde erreicht und mobilisiert werden. Für solch ein phantastisches Unterfangen habe ich kein Geld, wohl aber den Glauben, mich für Millionensummen zu verpflichten.

Was der Herr bereits in den vielen Feuerkonferenzen weltweit tat, zeigt mir, was weiter geschehen kann. Ganz gleich, mit welchen Personen wir es zu tun haben und wie sie sich demnächst präsentieren mögen – wir gehen im Vertrauen an etwas, was sich bisher bewährt hat. Das gilt doch auch anderswo. Selbst wenn die Umstände sich ändern, wagt man sich an Projekte. Es gibt keinen anderen Weg. Glaube ist ein Lebensfaktor wie das Luftholen.

Sein Wille kann nicht beanstandet oder geändert werden; er formt die Zukunft! In seinem Willen sind wir sicher. *„Wer den Willen Gottes tut, bleibt in Ewigkeit."*

Ich vertraue Gott, weil seine Glaubwürdigkeit erwiesen ist. Immer hat er die Sachen richtig angepackt, zehntausende Male in meiner Arbeit.

Es gibt drei Zeitformen des Glaubens: *„... in guter Zuversicht, dass der, der ein gutes Werk ... angefangen hat, es vollenden wird ..."* (Philipper 1,6) Ein Christ hat die Zuversicht, dass Gott derselbe war, ist und sein wird. *„Wenn sich auch Krieg gegen mich erhebt, bin ich doch vertrauensvoll."* (Psalm 27,3*) Sein Wille kann nicht beanstandet oder geändert werden[9]; er formt die Zukunft! In seinem Willen sind wir sicher. *„Wer den Willen Gottes tut, bleibt in Ewigkeit."* (1. Johannes 2,17*)

Der Gott, der sagt: „Ich will!"

Schwerkranke oder problembeladene Menschen hält man oft für weniger klug. Nicht so die Bibel! Ein Beispiel ist jener Aussätzige im Evangelium. Mit außergewöhnlichem Scharfsinn sah und sagte er, was wenige je geäußert haben: *„Herr, wenn du willst, kannst du mich reinigen!"* (Matthäus 8,2) Viele jedoch spannen den Karren vor das Pferd und formulieren: „Wenn du kannst, willst du ..." Aber das ist menschliches Denken und weder Offenbarung noch biblische Sprache. Gott kann immer, aber will er es auch tun?

Für den Aussätzigen war es eine Offenbarung. Er sah, dass alles vom Willen Christi abhing. Der Glaube des Mannes war vernünftig: *„Wenn du willst, kannst du!"* Die Bibel wurde nicht geschrieben, um uns zu erzählen, was Gott tun **kann**. Das wissen wir alle. Gott ist allmächtig, sonst würden wir ihn nicht Gott nennen. Die Bibel sagt uns, was er tun **will**. Und das ist, was wir wissen wollen.

> Die Bibel wurde nicht geschrieben, um uns zu sagen, was Gott tun **kann**, sondern, was er tun **will**.

Was also will Gott tun? Die Antwort lautet: „Sein Wort ist sein Wille." Eine kurze Antwort, aber sie umfasst ein langes Buch, genau sechsundsechzig Bibelbücher. Jedes von ihnen gibt uns eine besondere Hilfe, baut unser Verständnis von Gott und seinem Charakter auf. Dadurch erkennen wir auch, was er tun will.

Christus lehrte uns beten: *„Dein Reich komme; dein Wille geschehe auf Erden wie im Himmel!"* (Matthäus 6,10) Mit Sicherheit wird heute Gottes Wille auf Erden nicht immer getan. Gottes Güte dauert zwar unvermindert an, doch der böse Teufel hat einstweilen noch Freiraum und macht vieles verworren.

Wäre unsere Welt perfekt, benötigten wir keinen Glauben. Und wenn wir in die Herrlichkeit eingehen, wird Glaube nicht mehr gebraucht; denn im Himmel wird alles sicher sein, aus Glauben wird Schauen, und das Übel ist ausgeschaltet. Diese Welt aber ist unvollkommen, Sünde und Teufel produzieren Unsicherheit. Logischerweise kann Logik keine Hoffnung erzeugen. Nicht einmal über die nächsten fünf Minuten kann sie etwas sagen. Dafür braucht man Gottvertrauen.

Die Schlüsselwörter dieses Kapitels lauten **„Ich will"**. Unser Gott ist der Gott des herzlichen Wohlwollens, wie in einem anderen Kapitel gezeigt wird. Wenn wir zu ihm kommen, finden wir offene Arme des Willkommens. *„Den ganzen Tag habe ich meine Hände ausgestreckt …"* (Römer 10,21). Sein Antlitz leuchtet über uns.

Wie sein Wille sich entfaltete

Uns Heutigen bietet die Bibel das Vorrecht, von den Erfahrungen jener Pioniere zu lernen, die sich als Erste auf den Glaubensweg wagten. *„All dies aber … ist geschrieben worden zur Ermahnung für uns, über die das Ende der Zeitalter gekommen ist."* (1. Korinther 10,11*) Die Menschen der Bibel haben schon damals mit Gottes Güte und dem Problem des Bösen gerungen, und so hilft ihre Geschichte auch uns im guten Kampf des Glaubens. Sie belegt, wie sich Gottes Wille zu ihrem Besten vollzog. Man sollte bedenken, dass sie dieselbe menschliche Natur wie wir besaßen, in derselben Welt lebten und denselben Gott hatten. Die Schrift erinnert uns, dass Elia *„ein Mensch von gleichen Gemütsbewegungen wie wir“* war (Jakobus 5,17). Und die Welt war damals oft noch beängstigender und rätselhafter als heute mit all dem Wissen. Doch die Gläubigen lernten, sich an Gott zu halten.

Gerade Israel, das meistgeschundene und -gejagte Volk auf Erden, gab uns die herrlichsten Empfehlungen, Gott zu vertrauen. *„Wenn du durchs Wasser gehst, ich bin bei dir, und durch Ströme, sie werden dich nicht überfluten. Wenn du durchs Feuer gehst, wirst du nicht versengt werden … Denn ich bin der HERR, dein Gott, der Heilige Israels, dein Retter.“* (Jesaja 43,2f) Und siehe, 3.000 Jahre später ist Israel noch da!

Die Geschichte der drei Hebräer aus dem Buch Daniel, die in einen Glutofen geworfen wurden, aber lebend wieder herauskamen, ist ein Sinnbild auf ihre Nation. Denn 2.500 Jahre hindurch ging dieses „auserwählte Volk“ durch den Ofen der Bedrängnis, aber es tauchte wieder auf und beschäftigt heute die ganze Welt. Das Wort ist also aktuell geblieben: *„Wenn nicht der HERR für uns gewesen wäre, so soll Israel sagen, … hätten uns die wilden Wasser fortgespült.“* (Psalm 124,1.4f*) Ja, die biblische Glaubensbotschaft kennt auch den Schmelztiegel des Leidens. Und doch ist die Bibel das glücklichste Buch aller Zeiten, mit über 650 Zitaten allein über Freude und Fröhlichkeit.

Ohne weiteres haben Gläubige einen Vergangenheitsglauben – sie sind überzeugt, dass Gott früher große Dinge getan hat. Tatsächlich glaubt man so ziemlich alles, wenn es um Geschehnisse vor langer Zeit oder in ferner Zukunft geht. Wir bejahen Verheißungen wie die, dass *„denen, die Gott lieben, alle Dinge zum Guten mitwirken“* (Römer 8,28); denn das mag sich auf die Ewigkeit beziehen. Viel schwerer aber tut man sich, z. B. auch zu glauben: *„Ich bin der HERR, der dich heilt!“* (2. Mose 15,26) Man hat Vergangenheitsglauben und wenig Gegenwartsglauben. Wir glauben an den Gott von Mose und Elia, an die Wunder Jesu und dass der Heilige Geist die Jünger bevollmächtigt hat. Aber solch ein Glaube ist hohl, wo er nicht ins Heute umgesetzt wird und davon ausgeht, dass Gott sein gutes Werk auch fortsetzt. Ein wenig möchte ich dabei helfen.

Offenbarung in der Offenbarung

Jemand mit einer Glaubensbotschaft für die Vergangenheit, Gegenwart und Zukunft war der Apostel Johannes. Als sich das Römische Reich selbst gegen ihn erhob, schrieb er ein wunderbares, triumphales Buch. Darin sagt er: *„Ich, euer Bruder Johannes, der wie ihr bedrängt ist, mit euch an der Königsherrschaft teilhat und mit euch in Jesus standhaft ausharrt, war auf der Insel Patmos um des Wortes Gottes willen und des Zeugnisses für Jesus."* (Offenbarung 1,9*)

Johannes stand Jesus nahe. Es war eine einzigartige Freundschaft. Er litt auch um Christi willen und war ein Mann, der Dinge und Zeichen mit prophetischer Einsicht wahrnahm. Doch was er jetzt sah, war schwer zu erklären, es war neu auf der Erde. Niemand konnte sich das ausdenken, schon gar nicht in einem Satz. Schauen wir, was uns Johannes mitteilt (Offenbarung 1,4f):

„Gnade sei mit euch und Friede von Ihm, der ist und der war und der kommt, und von den sieben Geistern vor seinem Thron und von Jesus Christus; er ist der treue Zeuge, der Erstgeborene der Toten, der Herrscher über die Könige der Erde!"

Wie kann Jesus ein „treuer Zeuge" sein? Wir sind Zeugen Christi, aber wofür gibt Jesus Zeugnis? Aufschluss kann uns Johannes 8,13-18* geben: *„Da sagten die Pharisäer zu ihm: Du legst über dich selbst Zeugnis ab; dein Zeugnis ist nicht gültig. Jesus erwiderte ihnen: Auch wenn ich über mich selbst Zeugnis ablege, ist mein Zeugnis gültig. Denn ich weiß, woher ich gekommen bin und wohin ich gehe … Ich bin es, der über mich Zeugnis ablegt; mein anderer Zeuge ist der Vater, der mich gesandt hat."*

Jesus gibt sich also auch selbst Zeugnis: *„Glaubt an Gott und glaubt an mich!"*[10] (Johannes 14,1) Durch sein Leben und mächtige Taten hat er uns gezeigt, wer er ist, und es auch mit Worten unterstrichen. Dem ist er treu geblieben und enttäuscht uns nicht. Verhielte er sich jetzt anders, wäre er kein treuer Zeuge. Doch Jesus bleibt im Einklang mit dem, was er sagte und tat! Sein Leben buchstabiert Hoffnung für Sünder, Kranke, Schwache, eine Besorgtheit um jeden. Er unterzeichnet: „In Treue, Dein Jesus Christus."

Beachten wir nun, dass Gott im genannten Text der Offenbarung (1,8) seine Treue mit den Worten bekräftigt: *„der ist und der war und der kommt“*. Das klingt ungewöhnlich; denn statt „der kommt“ hätten wir „der sein wird“ gesagt. Zweimal gebraucht der Herr das Verb „sein“ („der ist und war“), dann aber wechselt er auf ein anderes und sagt: „kommt“. Warum diese eigentümliche Ausdrucksweise?

Gott ist „ungewöhnlich“. Nötigenfalls wirbelt er sogar Grammatik und Satzbau durcheinander; und wenn wir von ihm reden, muss auch schon mal die Sprache umgestellt werden.

Es gibt einen einfachen Grund: Gott ist „ungewöhnlich“. Nötigenfalls wirbelt er sogar Grammatik und Satzbau durcheinander; und wenn wir von ihm reden, muss auch schon mal die Sprache umgestellt werden. Christus war ein einziges Geheimnis: *„Niemand kennt den Sohn, nur der Vater.“* (Matthäus 11,27) Und auch wenn er sich offenbart (derselbe Vers): Von ihm in der üblichen Sprache zu reden, wird immer etwas auslassen.

Gott stellt sich einfach in seinen Taten dar. Um ihn zu beschreiben, brauchen wir oft ein größeres Alphabet, wie Engelmusik andere Noten erfordert. Wenn wir von Gott sprechen, gehen uns leicht die Worte aus, und wir fühlen uns wie die Königin von Saba beim Anblick von Salomos Palast: *„Nicht einmal die Hälfte hat man mir gesagt!“*

Wenn es um den Herrn geht, reicht menschliche Sprache einfach nicht aus. Die ersten Christen mussten vielen Worten eine neue Bedeutung geben oder sogar neue Begriffe prägen; denn Jesus tat neue Dinge und war eine neue Persönlichkeit. Und Gottes Auskunft über sich selbst beinhaltet nicht bloß Worte, wie etwa Mohammeds „Letztes Testament“ oder die Mormon-„Offenbarungen“ von Joseph Smith. Gott stellt sich einfach in seinen Taten dar. Um ihn zu beschreiben, brauchen wir oft ein größeres Alphabet, wie Engelmusik andere Noten erfordert. Wenn wir von Gott sprechen, gehen uns leicht die Worte aus, und wir fühlen uns wie die Königin von Saba beim Anblick von Salomos Palast: *„Nicht einmal die Hälfte hat man mir gesagt!“* (1. Könige 10,7)

Gott hat sich nie nur auf Begriffe verlassen, um Glauben an ihn zu entfachen. Um uns zu zeigen, wer und was er ist, **kam** er! *„Das Wort wurde Fleisch und wohnte unter uns, und wir haben seine Herrlichkeit angeschaut … voller Gnade und Wahrheit.“* (Johannes 1,14)

Was Gott sein wird, ist er jetzt und war er immer – der unveränderliche Eine. Er ist schon vollkommen. *„Ich, der Herr, habe mich nicht geändert.“*

Zurück zu den herrlichen Offenbarungs-Versen von Gott, „dem Kommenden“: Der Ausdruck besagt, dass Gott für uns immer am Kommen ist. Nicht zufällig wird Christus auch in Matthäus 11,3 als *„der Kommende“* bezeichnet. Unser Herr ist kein „Ich-werde-sein“-Gott und kein Vorgang eines später Werdenden. Was er sein wird, ist er jetzt und war er immer – der unveränderliche Eine. Er ist schon vollkommen. *„Ich, der Herr, habe mich nicht geändert!“* (Maleachi 3,6)

Für uns als Einzelpersonen sieht das schon anders aus: Wir entdecken bei Gott ständig etwas Neues. Stell dir vor, du stehst am Rand des Rheins im Wasser: Du bist im Fluss, doch der Fluss kommt auch ständig auf dich zu. Und das ständig fließende Wasser, in dem du stehst, bleibt derselbe Fluss, wenn morgen jemand anders hineinsteigt. So ist es mit Gott: Wir kommen zu ihm. Er ist da, aber er kommt auch beständig zu uns. Gott existiert nicht nur irgendwo, wie die mysteriöse Sphinx. *„Wir werden … kommen!“*, hat Jesus gesagt (Johannes 14,23), und niemals hört er auf zu kommen, weder jetzt noch irgendwann.

Kapitel 6

Glaube an den Gott der Vergangenheit

Der Gott des Gestern

Gleich zweimal im ersten Kapitel der Offenbarung (1,4.8) nennt sich Gott *„der war"*. Als diesen „Gott, der war" denkt sich ihn die halbe Welt: als den, der Himmel und Erde erschuf und seitdem nur wenig getan hat. Aber mit so engen Vorstellungen kann man auch an Pharao Tutanchamun glauben.

Das ist töricht. Kann sich ein derart kreativer Gott nur auf die Vorzeit beschränken, jetzt aber mit gefalteten Händen im Himmel sitzen? Hat er die leeren Welten mit unübertrefflicher Schönheit erfüllt, um dann schlafen zu gehen? Ist solch eine Theorie etwa vernünftig, weitblickend, scharfsinnig? Niemand von uns würde ein Haus bauen und es dann sich selbst überlassen. Aber Gott sollte sein eigenes Universum vernachlässigen? Wer sich Glauben wünscht, sollte diesen Fragen nachgehen.

Der Erschaffende

„Am Anfang schuf Gott Himmel und Erde." (1. Mose 1,1) – Klipp und klar. Nur stellt sich die Frage nach dem Warum. Warum tat Gott all dies? Sicher nicht, um jemandem zu gefallen – es gab niemanden. Mit seinen Schöpfertaten erfreute Gott sich selbst. Er war dazu nicht verpflichtet; es lag weder Zwang noch Druck auf ihm. Er wollte es einfach.

Was jemand tut, weil er es will, zeigt sein Wesen. Wenn ich in meinem Zimmer säße, die Tür schlösse und zur eigenen Freude Orgel spielte, würde dies allen von mir und meiner Musikalität erzählen.

Und Gott? Er brachte all die glitzernden Sterne und die Planeten ins Dasein – so ist er! *„Die Himmel rühmen die Herrlichkeit Gottes, vom Werk seiner Hände kündet das Firmament!"* beginnt Psalm 19 seine Laudatio. Der Dichter ist fasziniert. Doch es ist Gottes Ausstrahlung, die ihn überwältigt, nicht die Pracht des Weltalls. Von der Schöpfung weg geht sein Blick zum Schöpfer. Die moderne Wissenschaft sieht oft den Wald vor Bäumen nicht. Man nimmt alles auseinander, als würde man eine Geige zerlegen, um ihre Klangquelle zu ergründen – doch der göttliche Glanz geht verloren. Ich denke, Gott sieht uns zu wie Kindern, die ihre Weihnachtsgeschenke auspacken, und wartet nur darauf, seine Liebe mitteilen zu können. Doch über den Spielsachen werden die Väter oft vergessen.

> Und Gott?
> Er brachte all die glitzernden Sterne und die Planeten ins Dasein – so ist er!
> *„Die Himmel rühmen die Herrlichkeit Gottes, vom Werk seiner Hände kündet das Firmament!"*
> beginnt Psalm 19 seine Laudatio.
> Der Dichter ist fasziniert. Doch es ist Gottes Ausstrahlung, die ihn überwältigt, nicht die Pracht des Weltalls. Von der Schöpfung weg geht sein Blick zum Schöpfer.

Gott legte sozusagen ein Blatt Papier auf seinen Schreibtisch, dachte nach und entwarf alle Dinge, die wir um uns her sehen, formte ihr Wesen nach seiner Herrlichkeit. Wie absolut und ewig atemberaubend muss er also selbst sein!

Wir sehen: Dieser Gott hat offenbar seine Freude an Aktivität, Farbe und Schönheit, am Wunderbaren, Lebendigen usw. – Warum aber schuf er **uns**? Sicher nicht zum Spaß. Gegenfrage: Warum sehnen wir uns nach Kindern? Aus einem inneren Liebesdrang. Gott hat uns so gemacht; denn er selbst ist so. Und was er ist, das muss sich äußern – weiter und weiter.

Der gute Gott

> Gott legte sozusagen ein Blatt Papier auf seinen Schreibtisch, dachte nach und entwarf alle Dinge, die wir um uns her sehen, formte ihr Wesen nach seiner Herrlichkeit. Wie absolut und ewig atemberaubend muss er also selbst sein!

„Und Gott sah alles, was er gemacht hatte, und siehe, es war sehr gut." (1. Mose 1,31) Seine Idee vom Guten war eine materielle Welt, nicht nur ein abstraktes Prinzip. Gott handelt nicht im Unanschaulichen. Er ist praktisch, ist der Gott von Erde und Meer, Tieren, Bäumen und Vögeln, Fischen und – Menschen. „Wir sind sein Volk." Er schuf alles, erschuf uns und war darüber glücklich. Er liebte es so – „so sehr liebte Gott die Welt".

Gott gestaltete den schönen Erdball und sagte: „Gut … Gut! Gut!" – siebenmal in 1. Mose 1. Er klatschte vielleicht begeistert in die Hände, und vor Freude *„sangen die Morgensterne"* (Hiob 38,7). Der ganze Vorgang ist aufs Gute angelegt. Das Böse kämpft zwar dagegen an, doch es wird ihm nicht gelingen. *„Alle Dinge wirken zum Guten mit …"* (Römer 8,28*) Wenn Dinge falsch laufen, fragen wir „Warum". Das ist natürlich. Wir hassen das Böse, weil Gott es auch hasst. Er selbst hat dieses „Warum" in unsere Seele gelegt. Sogar Jesus fragte: „Warum?", als er am Kreuz den äußersten Todeskampf durchlebte. Dennoch vertraute er bis zum Schluss. Gott ist gut und verdient echten Glauben. Diese Sicht verdanken wir der Bibel – die Heiden hatten nicht die entfernteste Vorstellung von einem guten Gott.

„Gott sprach: Es werde ...! Und es wurde ..."
Die Schöpfung war das erste und größte Wunder. Wenn Gott durch seine hohlen Hände den Himalaja und die Alpen auftürmen konnte, mit seinen Fingern die Gruben für Pazifik und Atlantik schaufelte und die Pole mit kilometerdickem Eis überzog, welches Problem sollte er dann haben, taube Ohren oder blinde Augen zu heilen?

Der Gott der Wunder

„Gott sprach: Es werde …! Und es wurde …" (1. Mose 1) Die Schöpfung war das größte und grundlegende Wunder. Wenn Gott durch seine hohlen Hände den Himalaja und die Alpen auftürmen konnte, mit seinen Fingern die Gruben für Pazifik und Atlantik schaufelte und die Pole mit kilometerdickem Eis überzog, welches Problem sollte er dann haben, taube Ohren oder blinde Augen zu heilen? Ob Wunder möglich sind? Welche Frage! Wie schwerfällig können wir nur sein! Der Zweifel trübt unser Denken.

Es ist absurd zu sagen, Wunder könnten nicht geschehen. Dafür müsste man über jeden alles wissen, auch über Gott. Aber keiner weiß genug, um etwas für unmöglich zu erklären.

Es ist absurd zu sagen, Wunder könnten nicht geschehen. Dafür müsste man über jeden alles wissen, auch über Gott. Aber niemand weiß genug, um etwas für unmöglich zu erklären. Es ist die Spitze menschlicher Anmaßung, solche Allwissenheit zu beanspruchen.

Worte der Tat

Werfen wir einen Blick auf das nächste Buch, 2. Mose: Gott hatte einst zu Abraham gesprochen, dem nach Adam und Eva historisch bedeutsamsten Menschen und „Vater aller Gläubigen". Etwa acht Jahrhunderte später erwählte Gott sich Mose, erklärte ihm, er habe seinen Bund mit Abraham nicht vergessen und weihte ihn in sein Vorhaben ein. Beachten wir diese Worte voller Aktion:

„Der HERR ***sprach*** *zu Mose: Du sollst* ***sehen****, was ich …* ***tun*** *werde … Ich bin* ***erschienen*** *… Ich habe meinen Bund* ***aufgerichtet*** *… Ich habe* ***gehört*** *… Ich habe* ***gesehen*** *… Ich habe mich* ***erinnert*** *… Ich bin* ***herabgekommen*** *… Ich werde dich* ***senden*** *… Ich werde* ***mit dir sein*** *… Ich habe genau auf euch* ***Acht gehabt*** *… Ich werde meine Hand* ***ausstrecken*** *… Ich werde euch* ***herausführen*** *… aus der Sklaverei* ***retten*** *… mit ausgestrecktem Arm* ***erlösen*** *… Ich werde euch mir zum Volk* ***nehmen*** *… Ich werde euer Gott* ***sein*** *… Ich habe das Land unter Eid* ***versprochen*** *… und* ***werde*** *es euch zum Besitz* ***geben*** *…"* (vgl. 2. Mose 3,6ff; 2. Mose 6,1ff)

Diese Zeilen sind wie eine Skizze über den Gott der Vergangenheit und fügen sich im weiteren Verlauf der Heiligen Schrift zu einem umfassenden Bild, wie Gott der Gott Israels wurde, der Gott Samuels, Davids und Jesajas und schließlich der *„Gott und Vater unseres Herrn Jesus Christus"* (Epheser 1,3). Dies ist der Gott, wie er seit jeher war.

Für Millionen Menschen jedoch bleibt Gott immer nur dieser „übliche" Gott. Sie gehen nicht weiter und vermuten, dass Gott zwar „irgendwo" ist, grundsätzlich aber schon im Ruhestand. Jesus tat wunderbare Dinge, er wurde gekreuzigt, auferweckt und zum Himmel erhoben – Ende der Geschichte. Punkt. Gott ist geschichtlich verankert und Christus ist im Jenseits, von wo er nie wieder aktiv wird …

Gott ist nicht verschwunden

Jemand schrieb in einem Buch, Gott habe sich von der Bibel verabschiedet. Aber seit Jesu Kommen bis zu diesem Tag wurde Gott in der Bibel und in der Welt immer lebendiger. Dieser Autor hat 348 Seiten auf seine Theorie verwandt, aber schon durch ein einziges Wunder stürzt sie zusammen. Wer wirklich meint, Gott habe nachgelassen oder sich trickreich unsichtbar gemacht, möge einmal nach Afrika kommen. Dort habe ich Gott kraftvoller am Werk gesehen als irgendwo im Alten Testament: Er trieb Dämonen aus, stellte Kranke wieder her, heilte Blinde, Taube und Krüppel. Das hat Gott nicht einmal bei Mose getan. Heute erschüttert er ganze Städte und Nationen. Vielleicht ist Gott auf diese Weise „verschwunden" – unter den Menschen, die ihm glauben!

Der Gedanke, Gott habe sich verabschiedet, ist jedoch eine alte Angst des Unglaubens. Israel erlebte den Exodus, sah Gottes Herrlichkeit und wusste: Das ist Realität! Aber innerhalb weniger Monate wurden sie misstrauisch, verlangten nach etwas Sichtbarem und machten sich ein goldenes Kalb – damit es sie zurück ins Land der Sklaverei führe (2. Mose 32)! Unglaube führt immer in die Sklaverei, Glaube bedeutet Freiheit. Jedenfalls verloren alle Israeliten ihre Pässe und Visa des Gottvertrauens und überquerten nie die Grenze ins verheißene Land – alle, bis auf die beiden Ausnahmen Kaleb und Josua, die Kurs hielten und hineinkamen.

> Wenn wir mit Gott zu tun haben wollen, wie anders soll das bitte gehen, als dass wir ihm vertrauen?

Der Unglaube ist ja so alt; er ist weder klug noch modern. Seitdem Eva zweifelte, wirkt er unter uns als satanische Verdrehtheit, die noch nie jemandem Gutes gebracht hat.

Wenn wir Gott nahe kommen wollen, wie anders soll das bitte gehen, als dass wir ihm vertrauen? Welches Vertrauen aber wird er wohl von solchen bekommen, die ihm die kalte Schulter zeigen oder vorgeben, dass er nicht einmal existiere? Nun, Gott schuldet uns nichts, und wenn wir ihn ablehnen wollen, dann wird er es so akzeptieren. *„Weil sie es verwarfen, Gott zu erkennen, überließ er sie ihrem untauglichen Verstand."* (Römer 1,28)

Gläubige, die keine Wunder sahen

Zwischen Josuas Tod und dem Kommen Christi sah man selten ein Wunder, außer in der Zeit von Elia und Elisa. Es geschah sehr wenig Übernatürliches. Und doch haben Männer und Frauen erstaunlichen Glauben bewiesen. Über solche Menschen sagte Jesus: *„Selig sind, die* *nicht sehen und doch glauben!"* (Johannes 20,29) Sie lasen die Heiligen Schriften und glaubten, dass der Gott des Exodus sie nicht im Stich lassen, sondern ihnen zugute handeln würde. Und er tat es. David zum Beispiel erlebte zwar kein spektakuläres Wunder und hatte nur eine vage Erfahrung des Übernatürlichen – doch er blieb ständig in der Erwartung göttlicher Hilfe. Noch heute, 3.000 Jahre später, ist sein Glaube ein Vorbild für uns.

Gideon, Esra und wir

Das Buch Richter stellt uns **Gideon** vor. Er hatte viel von den großen Taten gehört, mit denen Gott einst sein Volk aus der Knechtschaft Ägyptens führte. Diesen selben Gott wollte Gideon wirken sehen. Er glaubte, dass der vor zwei Jahrhunderten so mächtige Arm nichts an Kraft verloren hatte. Und Gott hat diesen Glauben geehrt. Gideons Geschichte zeigt uns, wie ein großer Triumph ohne menschliche Tapferkeit und Kraft zustande kommen kann. Wieder befreite Gott das kleine Israel, wie er es in Ägypten getan hatte. Zu Recht hatte Gideon gefragt: *„Wo sind alle seine wunderbaren Taten, von denen uns unsere Väter erzählt haben?"* (Richter 6,13) Gott zeigte sie ihm! Gideon wählte 300 Männer ohne Schwert. Durch sie wurde die größte Wüsten-Armee jener Zeit in Panik versetzt und so gründlich in die Flucht geschlagen, dass sie nie wieder nach Israel einfallen konnte. Bis dahin hatte Gideon Gott nur von der Vergangenheit her gekannt – das war nun anders geworden.

Auch **Esra** liefert ein inspirierendes Beispiel. Er gehörte zum jüdischen Priestergeschlecht und wuchs in Babylon auf, wo er als Palastbeamter beim König von Medo-Persien hoch angesehen war. Esras Buch handelt von den Rückkehr-Etappen der Juden aus dem babylonischen Exil.

Nachdem Medo-Persien das Babylonische Reich erobert hatte, wurde eine neue Politik eingeführt. Man entschied, jene Gegenden wieder zu bevölkern, die 70 Jahre zuvor verwüstet worden waren, als Babylons Heere den halben Mittleren Osten an sich rissen. Der Plan bedeutete auch, etwa 50.000 Juden wieder in ihrem Stammland, dem späteren Judäa, anzusiedeln. Zur Stärkung des Gefühls nationaler Identität gaben ihnen die Medo-Perser auch den Millionen werten Tempelschatz zurück.

Viele Jahre später wurde Esra beauftragt, die zweite Rückkehrwelle von rund 6.000 Juden zu leiten. Das von ihnen zu durchquerende Gebiet war verwildert und unkontrolliert. Gesetzlose Leute schreckten Kamelzüge mit Mord und Plünderung und raubten Reisende aus. Sogar eine befestigte Schutzherberge konnten sie zerstören. Darum bot der König den Juden für die fünfmonatige Reise militärischen Schutz an. Sie konnten ihn gut gebrauchen.

Esra jedoch hatte betont, dass Gott, der die Israeliten aus Ägypten und vierzig Jahre lang durch die Wüste brachte, sie nun auch in diesen fünf Monaten versorgen könne.

Die Menge heutiger Beweise für Gottes Kraft unter uns würden den Mount Everest übersteigen.

Das klingt nicht nur sehr gläubig, sondern ist es auch. Denn weder Esra noch sonst jemand damals hatten eine Vision gesehen, Heilungs- oder andere Wunder erlebt oder andere Zeichen von Gott vernommen. Esra war auch kein Prophet. Er hatte nichts als die Heilige Schrift. Aber er glaubte Gott, indem er sich voll auf das geschriebene Wort verließ, stellte das Projekt unter Gottes Schutz und zog los.

Ihre Expedition bot ein verlockendes Ziel für Plünderer. Doch fünf Monate nach dem Aufbruch erreichten sie Jerusalem – ohne einen Menschen oder eine Münze verloren zu haben. Gottes unsichtbare Hand hatte ein Meisterstück der Bewahrung vollbracht! Diese Geschichte ist eines der größten biblischen Vorbilder für Glauben – das blanke Vertrauen auf nichts anderes als eine Aufzeichnung dessen, was Gott vor vielen Jahren getan hatte.

Die Menge heutiger Beweise für Gottes Kraft unter uns würden den Mount Everest übersteigen. Wir erleben alle Arten von Machttaten wie z. B. Heilungswunder, buchstäblich Millionen phantastischer Offenbarungen Christi durch Visionen, Träume, Fügungen; Wunder der Gebetserhörung, Bekehrung, Vorsorge, Führung; Engelschutz, Gaben des Heiligen Geistes und Macht über dämonische Mächte.

Dies wird so weitergehen, bis Jesus kommt. Aber wenn das alles aufhören würde, würde man in hundert Jahren ehrfürchtig oder ungläubig darauf zurückschauen. Manche würden es nur als aufgebauschte Überlieferung hinstellen. Jetzt jedenfalls stehen wir mittendrin, wie einst Israel im Roten Meer. Doch wie damals bei den Israeliten sehen viele heute zwar den Erweis von Gottes überwältigender Größe, schleppen sich aber weiter unbeeindruckt, misstrauisch und ängstlich durchs Leben.

Christi stärkstes Wunder – Herausforderung zum Glauben

Alter Glaube
ist wie alter Fisch
und wie das alte Manna
von gestern,
das uns in 2. und 4. Mose
beschrieben wird.
Wenn man Manna
von gestern hatte,
brütete es Würmer aus
und stank.
Glaube muss
Heute-Glaube sein!

Jesu kräftigste Wunderhandlung im Neuen Testament war wohl die Auferweckung des Lazarus vier Tage nach dessen Tod. Wir können hier nicht das ganze Ereignis nacherzählen, denn unser Kapitel wird schon recht lang. Die Lazarusgeschichte hält aber einige klassische Glaubenslektionen bereit.

Als Christus eintraf, begegnete ihm Martha und sagte: *„Herr, wärst du hier gewesen, dann wäre mein Bruder nicht gestorben!“* (Johannes 11,21) Anders ausgedrückt, zeigte Martha einen wunderbaren Glauben für **gestern**: Ich glaube, wenn du fünf Tage eher hier gewesen wärst, hätte es ein Wunder gegeben! „Wenn“ war Marthas Wort, ein Lieblingswort für Gestern-Gläubige. Alles hätte gestern geschehen können, „wenn“ …

Alter Glaube jedoch ist wie alter Fisch und wie das alte Manna von gestern, das uns in 2. und 4. Mose beschrieben wird. Wenn man Manna von gestern hatte, brütete es Würmer aus und stank. Glaube muss Heute-Glaube sein!

Jesus sagte zu Martha: *„Dein Bruder wird auferstehen!“* Sie erwiderte: *„Ich weiß, dass er auferstehen wird bei der Auferstehung am letzten Tag.“* (Johannes 11,23f) Martha hatte also auch Glauben für **morgen**, für den Jüngsten Tag. So ist es oft: Ein Wunder wird irgendwann geschehen – zu Gottes gelegener Zeit, wenn Erweckung kommt, wenn die Umstände anders sind.

Als Christus in den einfachen Straßen der Dörfer und Städte Wunder tat, war es nach Meinung der Gelehrten die falsche Zeit. Für sie konnten solche Taten nur geschehen, wenn die endzeitliche Welt heraufdämmerte und Gott der Erde nahe kam, wenn Engel durch die Lüfte flogen, die Toten erwachten und der Messias unter halb-himmlischen Bedingungen regierte, die die Erde zum Paradies verwandelten. Sie glaubten schon, dass eines Tages der Lahme wie ein Hirsch springen und der Blinde wie ein Adler sehen würde – aber nicht jetzt, wo römische Soldaten die Heilige Stadt besetzt hielten. Die sich in Jerusalem oder Galiläa ereignenden Wunder konnten nicht echt sein, dahinter musste der Teufel stecken, so dachten die alten Rabbiner.

Auch bei uns heute sind Wunder erst einmal verdächtig: Die Zungensprache kann nicht gleichwertig mit der vom Pfingsttag sein. Engel waren damals real, heute aber sind es Halluzinationen. Die Wunder der Bibel waren original, die heutigen sind verfälscht. Im Tausendjährigen Reich werden sie echt sein, doch nie und nimmer jetzt! Da man aber im Tausendjährigen Reich nicht krank zu werden pflegt, wird es wohl auch dann keine Heilungen geben.

Der Gott von
Mose und Elia
ist nicht hinter uns,
sondern vor uns.
Man kann ihn nicht noch
aktueller machen.

Und weiter geht die Zweifelsliste: In biblischen Tagen hat Gott Gebet erhört, heute aber handelt es sich um Zufall oder Übertreibung. Während es vor zweihundert Jahren richtige Erweckung gab, fehlt heute die Qualität. Nach Ansicht der Kritiker wird heute auch nicht so wie früher gebetet, und überhaupt lebten Gottes größte Männer und Frauen gestern. In jenen Tagen lebten Giganten auf der Erde, aber die heutigen Christen sind Zwerge. Oh Unglaube, wie uralt und kompromisslos bist du! Verständlich, dass Jesus auch schon mal seufzte: *„Ihr Kleingläubigen … Wie lange muss ich euch noch ertragen?“* (Matthäus 6,30; 17,17)

Jesus ging zu Lazarus’ Gruft und begann sein Vorhaben, indem er den Stein, der den Grabzugang blockierte, wegwälzen ließ. Martha war geschockt: *„Herr, er riecht aber schon, denn es ist bereits der vierte Tag!“* (Johannes 11,39) Was Jesus darauf antwortete, will beständig in unseren Ohren klingen und gegen unseren undurchdringlichen Pessimismus trommeln wie ein ersehnter Regen auf harten Wüstenboden: *„Wenn du glaubst, wirst du die Herrlichkeit Gottes sehen!“* (Johannes 11,40) Wenn du aber zweifelst, bewegst du keinen Maulwurfshügel, geschweige denn einen Berg. An jenem Tag wirkte der Gott der Vergangenheit ein noch nie gesehenes Wunder – Lazarus kam aus dem Grab hervor …

Der Gott von Mose und Elia ist nicht hinter uns, sondern vor uns. Man kann ihn nicht noch aktueller machen. Mit ihm ist das Reich Gottes angebrochen, das Zeitalter des Heiligen Geistes. „*Alles ist möglich. Glaube nur!*“ (Markus 10,27; 5,36)

Teil 3

Kapitel 7

Durchbruch im Glauben

Glaube – Gottes Gabe an alle

Nach Gottes Plänen soll niemand und nichts einfach nur mittelmäßig sein. Als ein Beispiel erhabener Schönheit nennt Jesus die Lilien (vermutlich waren es Hyazinthen): Blatt für Blatt und Blüte für Blüte höchste Vollkommenheit!

Im Reich Gottes ist das Außergewöhnliche so normal, dass es nicht mehr ungewöhnlich ist. Jede Person ist etwas Besonderes. Der Hirte mit hundert Schafen macht sich auf die Suche nach dem einen verlorenen. Der Knabe David, Außenseiter in Jesses Kriegerfamilie, wird zum kommenden König gesalbt. Ein unscheinbares Mädchen wird Mutter des Messias. Biblischer Glaube ist die Religion der Unerwünschten.

> Im Reich Gottes ist das Außergewöhnliche so normal, dass es nicht mehr ungewöhnlich ist.

Glaube ist der fruchtbare Boden, in dem Gott seine Pflanzen und Bäume wachsen lässt. Der Herr legt in Glaubensmänner und -frauen Qualitäten, die man überall bewundert. Kleine Leute gewinnen Statur durch den Glauben an Christus. Sie haben Schwung und Biss, packen Schwierigkeiten entschieden und vertrauensvoll an. Für Gläubige ist es alltäglich, etwas zu vollbringen, was über ihr natürliches Format hinausgeht. Jesus sagte zu den ungebildeten Fischerburschen von Galiläa: „Ich habe noch etwas anderes mit euch vor!“ Damit „erhöhte“ sich ihr Horizont.

> Glaube ist der fruchtbare Boden, in dem Gott seine Pflanzen und Bäume wachsen lässt. Der Herr legt in Glaubensmänner und -frauen Qualitäten, die man überall bewundert.

Ist das nicht grandios? Viele aber sagen: „Ich bin eben kein Glaubensmensch!“ Für sie habe ich eine schlechte und eine gute Nachricht.

Jesus sagte zu den ungebildeten Fischerburschen von Galiläa: *„Ich habe noch etwas anderes mit euch vor!"* Damit „erhöhte" sich ihr Horizont.

Die schlechte ist: *„Ohne Glauben ist es unmöglich, Gott zu gefallen."* (Hebräer 11,6) Die gute ist, dass wir alle „Glaubensmenschen" sein können. Glaube ist etwas so Grundlegendes, dass nach Gottes Willen keiner ungläubig sein muss. Der Weg zum Glauben liegt offen vor uns!

Allerdings muss auch dies gesagt werden: Glaube ist nichts für Goldgräber. Gott, der alle Reichtümer geschaffen hat, ist nicht gegen Wohlstand, aber wo das Gold zum Gott geworden ist, kann man keine Hilfe vom Himmel erwarten. Jesu Gleichnis vom Sämann gebraucht ein Wort (griechisch „hedonía"), von dem sich der Fachausdruck „Hedonismus" ableitet, das pure Streben nach Lust. *„Das aber unter die Dornen fiel, sind die, welche gehört haben und hingehen und durch Sorgen und Reichtum und Vergnügungen des Lebens erstickt werden und nichts zur Reife bringen."* (Lukas 8,14) Dasselbe Wort begegnet uns in Jakobus 4,3: *„Ihr bittet und empfangt nichts, weil ihr übel bittet, um es in euren Lüsten zu vergeuden."* Reichtümer sind ein törichtes Lebensziel, denn am Ende können wir nichts mitnehmen. Dagegen bringt es ewigen Gewinn, den Weisungen Christi zu folgen: *„Trachtet aber zuerst nach dem Reich Gottes und nach seiner Gerechtigkeit, und dies alles wird euch hinzugefügt werden!"* (Matthäus 6,33)

Handeln – ein göttliches Prinzip

Das ABC des Glaubens lautet: Wenn wir handeln, handelt Gott. Wir antworten ihm durch Glauben, und er antwortet auf unseren Glauben. Paulus fand diesen Vorgang so normal wie das Blut, das in seinen Adern floss. *„Ich lebe, doch nicht mehr lebe ich, sondern Christus lebt in mir; was ich aber jetzt im Fleisch lebe, lebe ich im Glauben an den Sohn Gottes*[11]*, der mich geliebt und sich selbst für mich hingegeben hat."* (Galater 2,20*)

Zum Beleg nenne ich einige Beispiele aus der Heiligen Schrift.

Apostelgeschichte 2,4: *„Sie wurden alle mit Heiligem Geist erfüllt und fingen an, in anderen Sprachen zu reden, wie der Geist ihnen gab auszusprechen."* **Sie** redeten, und der **Geist** gab ihnen die Sprache.

Philipper 2,12f: *„Bewirkt euer Heil mit Furcht und Zittern; denn Gott ist es, der in euch wirkt sowohl das Wollen als auch das Wirken zu seinem Wohlgefallen."* Darin steckt ein Wortspiel: Gott ist in euch, um zu wollen, dass sein guter Wille getan wird. Er legt das Verlangen in uns, sein Verlangen zu tun. Das bedeutet „vom Geist geleitet sein". Heilige Menschen *„redeten, ergriffen vom Heiligen Geist"* (2. Petrus 1,21*) Jesus sagte: *„Und wenn man euch abführt und vor Gericht stellt, dann macht euch nicht im Voraus Sorgen, was ihr sagen sollt; sondern was euch in jener Stunde eingegeben wird, das sagt! Denn nicht ihr werdet dann reden, sondern der Heilige Geist."* (Markus 13,11)

In die gleiche Richtung geht Psalm 37,23: *„Vom HERRN her werden eines Mannes Schritte gefestigt."* Wir gehen und der Herr steuert. *„Ich weiß, HERR, dass der Mensch seinen Weg nicht zu bestimmen vermag, dass keiner beim Gehen seinen Schritt lenken kann."* (Jeremia 10,23) Dreimal lesen wir: *„Er macht meine Füße den Hirschen gleich."* (2. Samuel 22,34; Psalm 18,34; Habakuk 3,19), was auch Jesaja 40,31 meint: *„Sie laufen und ermatten nicht, sie gehen und ermüden nicht."*

Allerdings wünscht Gott sich uns nicht wie Handschuhe, die nutz- und leblos darauf warten, vom Regal genommen zu werden. Manche beten: „Gebrauche mich, Herr!", doch sie tun nichts. Von Gott gebraucht zu werden, so meinen viele, hieße, ein weiterer Luther, Wesley oder Livingstone zu werden. Doch wir sind gerufen, den direkt vor uns liegenden Auftrag zu erledigen.

> Das ABC des Glaubens lautet: Wenn wir handeln, handelt Gott. Wir antworten ihm durch Glauben, und er antwortet auf unseren Glauben.

Hier haben wir das Hauptprinzip des Glaubens: Christus Jesus lebt in mir! Viele warten, dass der Heilige Geist sich bewegt, allerdings in der von ihnen gewünschten Richtung. Doch die Bewegung des Geistes geschieht nicht nur in unseren Gefühlen. In Jakobus 4,5 gibt es diese vernachlässigte, seltsame Aussage: *„Ein eifersüchtiges Verlangen hat der Geist, der in uns Wohnung gemacht hat!"* Der Heilige Geist in uns streitet gegen die fleischliche Begierde und drängt uns zum Dienst für Gott.

Glaube ist eine Wechselbeziehung zwischen Gott und mir.

Lasst uns Epheser 2,8 anschauen: *„Denn aus Gnade seid ihr errettet durch Glauben, und das nicht aus euch, Gottes Gabe ist es!“* Glaube ist eine Wechselbeziehung zwischen Gott und mir. Der Briefabschnitt redet von zwei gegensätzlichen Geistern, dem Geist des Teufels und dem Geist Gottes. Beide eifern um uns. Zunächst lesen wir vom Geist, der *„in den Ungehorsamen wirksam ist“*; und später, dass wir als Errettete, *„in Christus Jesus zu guten Werken geschaffen“* sind (Epheser 2,2.10*). Wenn wir also Gottes Willen, seine guten Werke tun, geschieht es aus Gnade. Wir können uns damit nicht brüsten. Alle Ehre gebührt dem Herrn.

Die ganze Bibel wurde geschrieben, damit wir unseren Unglauben niederreißen und ein festes Gottvertrauen aufbauen.

Vielleicht haben wir bemerkt, dass Jesus nie **Menschen** angepriesen hat, sondern ihren **Glauben**. Wenn wir nur geringen Glauben haben – keine Sorge, jeder fängt so an, vielleicht sogar ohne jeglichen Glauben! Selbst die Apostel wurden „Kleingläubige“ genannt. Und wenn du mit dir unzufrieden bist, kommt das von Gott. *„Der Geist in uns eifert.“* Er beabsichtigt, uns zu stärken.

Menschen, die einen Glaubensdurchbruch erlebten

Auch wenn wir im Glauben noch schwach sind – wir dürfen mit Durchbrüchen rechnen. Die ganze Bibel wurde geschrieben, damit wir unseren Unglauben niederreißen und ein festes Gottvertrauen aufbauen. Wir können die Schrift intellektuell, wegen ihrer Glaubenslehre oder wegen ihrer Prophetie studieren, aber ihr Hauptziel ist, dass wir Frieden bekommen, indem wir uns ganz auf Gott verlassen.

Jesus hat nie Menschen angepriesen, sondern ihren Glauben.

Nachfolgend ein paar „Durchbruchs“-Bibelverse. Bitte, lieber Leser, schau sie dir betend an:

> *„Es ist höchste Zeit, aus dem Schlaf zu erwachen.“* (Römer 13,11)

> *„Gleicht euch nicht dieser Welt an, sondern wandelt euch durch Erneuerung eures Denkens!“* (Römer 12,2*)

„Wenn du glaubst, wirst du die Herrlichkeit Gottes sehen." (Johannes 11,40)

„Wenn du zurückgekehrt bist, stärke deine Brüder!" (Lukas 22,32*)

„Wache auf, der du schläfst, und stehe auf von den Toten, und der Christus wird dir aufleuchten!" (Epheser 5,14)

„Abraham glaubte Gott, und ... er wurde Freund Gottes genannt." (Jakobus 2,23)

„Ich vergesse, was hinter mir liegt, und strecke mich nach dem aus, was vor mir ist. Das Ziel vor Augen, jage ich nach dem Siegespreis ..." (Philipper 3,13f)

Die Bibel entschuldigt sich nie für ihre wiederholte Mahnung: *„Vertrau auf den Herrn!"* (Sprüche 3,5). Jeder Tag bringt veränderte Umstände, darum braucht auch unser Vertrauen eine tägliche Erinnerung. Anschließend überfliegen wir einmal die Biographie von Menschen, die einen Glaubensdurchbruch erlebten, der Gottes Segnungen in und durch sie fließen ließ. Sie erwachten für Gott und wagten das Unmögliche.

> Die Bibel entschuldigt sich nie für ihre wiederholte Mahnung: „Vertrau auf den Herrn!"

Abraham. Zwei spätere Kapitel dieses Buches behandeln noch ausführlich diesen Pionier, den *„Vater aller, die glauben"* (Römer 4,11), von dem es auch heißt: *„Abraham glaubte Gott, und es wurde ihm zur Gerechtigkeit gerechnet, und er wurde ‚Freund Gottes' genannt."* (Jakobus 2,23) Er hätte wie jeder andere zweifeln können. Seine eigene Frau Sara tat es und lachte über Gottes absurd wirkende Prophezeiung. Noch im chaldäischen Ur war sein geistlicher Zustand schrecklich gewesen und wahrscheinlich verbunden mit Götzendienst. Der Glaube trat erst spät in sein Leben, machte ihn aber zum prägendsten Charakter, den, Christus ausgenommen, der Mittlere Osten je gekannt hat.

Jakob. Er war Abrahams Enkel. Zunächst beanspruchte er nicht einmal, zu Gott zu gehören. Dann kam eine Nacht, in der Gott mit ihm rang, und Jakob erlebte einen Durchbruch. Er veränderte ihn so sehr, dass Gott seinen Namen in „Israel" verwandelte (1. Mose 32,29).

Gideon. Gideon war der junge, frustrierte Sohn eines im Ort angesehenen Mannes. Buchstäblich über Nacht stieg er zum Führer seines Volks auf. Er begann mit einem sehr wackligen Glauben und klagte sogar, dass Gott nichts täte. Doch der Herr päppelte seinen Glauben auf und brachte ihn damit voran. Bald stand Gideon einer Besatzerarmee gegenüber, die 500-mal größer war als seine unbewaffnete Schar, und schlug die feindlichen Heere in die Flucht, wie die Ehrenliste von Hebräer 11 (Vers 34) zusammenfasst. Das war eine klassische Glaubensoperation (Richter 7).

Joschafat. Er startete als schwächlicher König, über den sich Gott nicht immer freuen konnte. Als er und die Nation schwer bedroht waren, wurde ein Mann von Gottes Geist berührt und weissagte. Damit kam ein Durchbruch: Joschafat steigerte seine Erwartungen, und es folgte ein weiterer sieghafter Abschnitt in Israels Annalen (2. Chronik 20).

Thomas. Der „Zwilling", besser bekannt als „zweifelnder Thomas", sagte tatsächlich: *„Ich werde nicht glauben …"* Als skeptischer Charakter brauchte er praktische, glasklare Belege. Doch sogar er erlebte einen Glaubensdurchbruch, als er Jesus sah (Johannes 20,24-29).

Sieben niedergeschlagene Jünger. Sie trafen sich am Seeufer in Galiläa. Jeder von ihnen war kläglich gescheitert. Sie hatten Glauben gehabt, Wunder und Dämonenaustreibungen gesehen, doch von all dem waren sie jetzt weit entfernt. Ihre geistliche Laufbahn schien am Ende. Dann kam Christus zu ihnen und lud ihre Batterien neu auf (Johannes 21). Bald darauf brachen sie zu einem Unternehmen auf, das ihre Welt veränderte – und heute die ganze weitere Welt verändert.

Der Kraftdurchbruch der Epheser konnte nur ein Glaubensdurchbruch dahin sein, was ihnen in Christus schon gehörte. Wir nehmen es im Glauben, nicht durch unsere Verdienste beim Arbeiten oder Beten.

Gebet um erleuchtete Augen

Ich wünschte mir, dass Bibelleser bei ihrem Bibelstudium genauer wären. Hören wir in Epheser 1,17-19, wie Paulus um ein Durchbruchserlebnis für die Gläubigen betet:

„Der Gott Jesu Christi, unseres Herrn, der Vater der Herrlichkeit, gebe euch den Geist der Weisheit und Offenbarung, damit ihr ihn erkennt. Er erleuchte die Augen eures Herzens, damit ihr versteht, zu welcher Hoffnung ihr durch ihn berufen seid, welchen Reichtum die Herrlichkeit seines Erbes den Heiligen schenkt und wie überragend groß seine Macht sich an uns, den Gläubigen, erweist durch das Wirken seiner Kraft und Stärke.“

Christus hat schon alle Vollmacht und gab uns den Missionsauftrag.

Was die Kraft betrifft – weder hier noch an einer anderen Stelle wird berichtet, dass Paulus darum gebetet hätte. Das Neue Testament spricht nie von einem weiteren Pfingsten, selbst wenn Tagungsredner das tun. Der Apostel betet lediglich, dass die inneren „Augen erleuchtet“ werden, um das vor den Füßen liegende Energiepotenzial zu sehen. Wir beten um Kraft, während Christus doch schon alle Vollmacht hat und uns den Missionsauftrag gab. Ob er alle Macht hat, ist das Einzige, was zählt. Wenn wir nur seinen Befehl ausführen, wird er uns versorgen, ohne dass wir ihn den halben Tag lang darum anbetteln müssen[12]. Der Kraftdurchbruch der Epheser konnte also nur ein Glaubensdurchbruch zu dem hin sein, was ihnen in Christus schon gehörte. Wir bekommen es im Glauben, nicht durch unsere Verdienste beim Arbeiten oder Beten.

Beständig wachsender Glaube ist kein Trapez-Akt. Er ist wie ein kleines Kind, das seinen Eltern immer mehr vertraut, je älter es wird.

Wir sprechen von „großen Gläubigen“ mit „großem Glauben“. Aber irgendein Ereignis hat ihnen Zündung und Ermutigung gegeben. Sie nutzten die Gelegenheit, veränderten ihre Einstellung und glaubten. Gott ehrt solch heilige Entschlossenheit. Jesus hat eine oder zwei Personen für ihren „großen Glauben“ gelobt, aber keiner von ihnen erreichte diesen hehren Stand durch einen langen, mühsamen Prozess. Sie begegneten Jesus – das war alles und war genug. So ist der Glaube, Glauben an ihn! Jesus lobte die Qualität, nicht den Umfang ihres Glaubens. Beständig wachsender Glaube ist kein Trapez-Akt, sondern wie ein kleines Kind, das seinen Eltern immer mehr vertraut, je älter es wird.

„Der Gerechte wird aus Glauben leben.“ (Galater 3,11) Glaube schließt ein, dass man ein Risiko eingeht, sonst wäre es kein Glaube. Aber ein Risiko mit Gott einzugehen ist keineswegs eine Lotterie. Er ist treu und verlässlich. Glaube bedeutet eine vertrauensvolle Vorwegnahme im

Wissen, wer Gott ist. Petrus wusste, wie Jesus war, und gehorchte ihm, als er sich aufs Wasser wagte. Wenn wir glauben, handeln wir aus der Kraft unserer Erfahrung und erwarten, dass Gott sie uns auch weiter bestätigt. Wenn wir alles für Gott wagen, dann beweist er, dass er dem treu bleibt, was er über sich selbst gesagt hat.

Glaube schließt ein, dass man ein Risiko eingeht, sonst wäre es kein Glaube. Aber ein Risiko mit Gott einzugehen ist keineswegs eine Lotterie.

Sprung ins Licht

Tag für Tag praktizieren wir Vertrauen in unzählige Dinge, oft auch in Fremdartiges und Neues: Menschen, Essen, Stühle, Apparate, einfach alles. Das ist auch natürlich, und zwar ohne dass wir nachgrübeln: „Habe ich genug Glauben, um in diesen Bus zu steigen?" „Ich kann doch nicht nur dasitzen und dem Fahrer vertrauen!" An so etwas denken wir erst gar nicht, sondern rechnen damit, dass alles glatt geht. In den eigenen Gefühlen nachzuforschen, ob sich im letzten Hirnwinkel wohl ein bisschen Glaube versteckt, wäre ziemlich absurd. Glauben „fühlt" man nicht unbedingt, zumindest gehen Glaube und Gefühle nicht immer Hand in Hand. Man tut nur schlicht, was getan werden sollte, wobei man genau weiß, dass es ohne Gottes Hilfe nicht gelingen kann.

Glaube ist ein Sprung ins Licht, nicht ins Dunkel. Ein Sprung aus dem Unbekannten ins Bekannte, von der Unkenntnis über Christus Jesus dahin, ihn kennen zu lernen.

Glaube ist ein Sprung ins Licht, nicht ins Dunkel – ein Sprung aus dem Unbekannten ins Bekannte, von der Unkenntnis über Christus Jesus dahin, ihn kennen zu lernen. So wie ein Kind an unsicherer Stelle stehen mag, aber ohne Furcht ist, weil der Vater bereit ist, es aufzufangen. Es lässt sich bewusst fallen, um aufgefangen zu werden.

Jeder von uns ist Gott wichtiger als alle Sterne im All. Er möchte, dass wir ihm unbedingt vertrauen. Gott hat uns erschaffen und hat Geduld mit uns. Durch Glauben erlauben wir ihm, uns durchzubringen, bis wir in ihm zur Ruhe kommen.

Dabei steht eines fest: Wenn wir Gott vertrauen, geht das nie unbemerkt an ihm vorbei. Echte Glaubensdurchbrüche beginnen in unseren Herzen und sie enden damit, dass Gott unserer Not begegnet.

Einst hatten vier Männer einen buchstäblichen „Durchbruch" des Glaubens: Lukas 5,17-26 berichtet von Jesu Aufenthalt in einem Haus, das dicht gefüllt war mit Pharisäern und Gesetzeslehrern *„aus jedem Dorf von Galiläa und Judäa und aus Jerusalem"*. Offensichtlich hatten viele von ihnen körperliche Beschwerden, *„und des Herrn Kraft war da, damit er heilte"*. Doch keiner dieser frommen Leute, so scheint es, wurde gesund. Dann brachten vier Männer einen Gelähmten auf der Trage, und da sie keinen Weg durch die Menge fanden, stiegen sie die Außentreppe des Flachdachhauses hinauf, nahmen Dachziegel und anderes Material heraus und ließen den Mann hinab, direkt vor Jesus. Als dieser ihren Glauben sah, machte er den Mann völlig gesund. Es war ein doppelter Durchbruch: Sie durchbrachen das Dach und auch den Unglauben der Leute, der sie von Christus abgehalten hatte.

So etwas geschieht immer wieder, wenn jemand geheilt wird – ein Hindurchdringen durch den Unglauben der Welt. Es ist auch nötig, sonst werden wir Jesus überhaupt nicht nahe kommen. Glaube Gott! Das wird manche erfreuen und alle übrigen zum Staunen bringen. Wir sind von Zweiflern umgeben, und Gottlosigkeit ist an der Tagesordnung. Vom Frühstück bis zum Abendessen wollen uns Presse, Radio und Fernsehen Glaubenslosigkeit und Gottesverleugnung in den Hals schieben. Zum Glauben aber brauchen wir eine andere Diät als all diese rationalistische Spreu. **Ernähre dich mit der Bibel, mit Gebet, christlicher Ermunterung und glaubensfördernder Lektüre!** Geh hoffnungsvoll heran, praktiziere Vertrauen, selbst in aller Schwachheit, und du wirst mehr Glauben bekommen. Der Gläubige ist berufen, wie ein Riese unter Zwergen zu sein, aufrecht gehend, alle geistliche Armut der Welt überwindend – als Botschafter einer neuen Schöpfungsordnung, als tragende Kraft und Säule.

Der Gläubige ist berufen,
wie ein Riese unter
Zwergen zu sein,
aufrecht gehend,
alle geistliche Armut
der Welt überwindend –
als Botschafter einer neuen
Schöpfungsordnung,
als tragende Kraft
und Säule.

Ein englischer Reim sagt: „Schwerer als der Verlust von Wohlstand wiegt der Verlust der Gesundheit; aber unersetzlich ist der Verlust des Glaubens."[13]

Kapitel 8

Glaube und Erkennen

Glaube – woran?

Wenn jemand aus dem Flugzeug fällt, ist es kaum hilfreich, ihm zuzurufen: „Sei nicht verzagt, hab' nur Glauben!" Glauben? Glaube an den Glauben? Ein Fallschirm wäre wohl nützlicher!

Oft wird vom „Vertrauen in die Zukunft" gesprochen. Man solle nur glauben, dass das Morgen vollkommen und wunderbar werde. Warum eigentlich? Aus unerfindlichen Gründen? Das hieße nicht mehr, als tapfer zu hoffen. Denn niemand weiß, warum die Zukunft einen Deut rosiger werden sollte als die Gegenwart – wo doch schon die Gegenwart in mancher Beziehung weniger gut ist als die Vergangenheit. Glaube ist zwar Vertrauen, aber das Morgen an sich ist nichts, worauf man vertrauen könnte. Morgen nennen wir es schon „heute", und wenn das „Heute" morgen zum „Gestern" geworden ist, leuchtet es deshalb nicht urplötzlich heller.

Andere raten uns zum „Glauben an das Leben". Die Schöpfung wird von ihnen als durchweg freundlich dargestellt – das Leben werde uns schon nett behandeln. Das mag zwar eine gängige „Religion" sein, ohne Bekenntnis und Dank an jemanden. Aber es ist kein „Glaube", sondern nur eine psychologische Deutung, ein vager Optimismus, der weder von der Bibel noch von der Wissenschaft gestützt wird. In der Realität ist das weite Universum für Menschen lebensfeindlich. Wir bewohnen eine Luftblase im Vakuum des Alls, einen Planeten voller Leben inmitten lebloser Leere. Unser Dasein ist ein tägliches Wunder, ein Akt der Güte Gottes, und ermutigt zum Glauben an Ihn, nicht an ein freundliches Universum.

Echter Glaube bedeutet, seine Zuversicht auf etwas zu setzen. Dies bedeutet jedoch nicht gleichzeitig, dass alles dafür geeignet ist. Was unser Vertrauen bekommt, sollte auch vertrauens**würdig** sein. Nun, christlicher Glaube ist Glaube an Christus – also absolut nicht unsinnig.

„Blinder Glaube" ist fahrlässig und so unverantwortlich, wie wenn man sein Geld jemandem aushändigt, von dem man gar nichts weiß. Ein Freund erzählte mir von einem Glaubensbruder, der aus Mitleid Strafgefangene in seiner Firma anstellte, um ihnen den Neubeginn zu ermöglichen. Einem der Männer zeigte er sogar so viel Vertrauen, dass er ihn zum Hauptverwalter machte. Heimlich aber beraubte ihn der Mann, und seine Diebereien hätten fast den ganzen Betrieb ruiniert. Später erfuhr der Christ, dass sein Angestellter genau wegen Veruntreuung im Gefängnis gewesen war. Blinder Glaube!

In aller Welt glauben Menschen an unzählige Religionen, Systeme, Götter, Theorien, Sekten, Kulte und selbsternannte Messiasse. Eigentlich vertraut nur ein Narr einer unbekannten Gottheit. Aber Narren tun es eben, erst recht, wenn Techniken und starker emotionaler Druck angewandt werden. In jüngerer Zeit haben in ihren Hoffnungen getäuschte Menschen sogar Massenselbstmorde verübt.

Die weitaus meisten Religionen, alte wie neue, versprechen schon diesseits der Ewigkeit nichts, nur „Rosarot bei deinem Tod". Als Ayatollah Khomeini Jugendliche auf verminte Schlachtfelder schickte, versprach er ihnen den direkten Eingang ins Paradies, wenn sie beim Töten von Ungläubigen sterben würden. Wie kann einen das Töten von Menschen reif für den Himmel machen? Wer mag an so etwas Groteskes, Perverses glauben? Aber so ist es mit dem Betrug satanischer Einflüsse. Ein sterbender spanischer König zur Zeit der Inquisition bangte nur deshalb um sein Seelenheil, weil er meinte, nicht genügend Ketzer auf den Scheiterhaufen gebracht zu haben!

Menschen folgen Religionen nach, die nicht annähernd das erbringen, was zur gewöhnlichen Erfahrung eines Christen gehört: keine wirkliche Gotteserfahrung, kein Wunder, keine Vergebung; weder Sieg über Sünde noch Kraft im Unglück, weder Friede mit Gott noch echte Freude. So manche Weltanschauung fördert Schicksalsergebenheit als große Tugend, der christliche Glaube tut das nicht. Christen überwinden das Schicksal, beugen sich keiner Unvermeidlichkeit.

Die Theologie der meisten Religionen bürdet Regeln auf, Gebetsleistungen, Pflichtübungen und verspricht als Belohnung nur irgendeine künftige Hoffnung. Wir könnten ebenso gut versuchen, auf einer Planke den Atlantik zu überqueren, wenn wir mit einem untauglichen Glauben unsere Seele in die Ewigkeit befördern wollen.

> Wir könnten ebenso gut versuchen, auf einer Planke den Atlantik zu überqueren, wenn wir mit einem untauglichen Glauben unsere Seele in die Ewigkeit befördern wollen.

Wir leben in Tagen mit selbstmörderischem Fanatismus, lautstarker Drohung und Mord. Abraham, der Vater dreier Weltreligionen, wollte nichts dergleichen. Zur Zeit Christi wurde der Anspruch, zu Abrahams Kindern zu gehören, auch von Menschen erhoben, die vor Hass schäumten und Jesus töten wollten. Er aber sagte: *„Wenn ihr Abrahams Kinder wäret, so würdet ihr die Werke Abrahams tun; jetzt aber sucht ihr mich zu töten … so etwas hat Abraham nicht getan. Ihr tut die Werke eures Vaters … des Teufels … und die Begierden eures Vaters wollt ihr tun. Jener war ein Menschenmörder von Anfang an.“* (Johannes 8,39-41.44*)

Menschen, die die Wahrheit kennen, werden nicht irrsinnig wütend. Wenn Kritik aufkommt, lassen sie die Wahrheit sich selbst beweisen. Auch die Methode, mit der christliche Wahrheit verbreitet wird, zeigt, ob es sich um das echte Evangelium handelt: keine Drohungen, kein Schwert, keine Einschüchterung. *„Es hat Gott wohlgefallen, durch die Torheit der Predigt die Glaubenden zu erretten.“* (1. Korinther 1,21) Die ersten Christen sagten: „Wir werden die Welt mit Liebe erobern!“ Und sie taten es.

Offen bleiben?

Heutzutage sagt man uns gern: „Sei vorsichtig mit dem Glauben, werde nur nicht doktrinär!“ Dahinter steht der ‚liberale‘ Grundsatz: „Man kann nie sicher sein!“ Aber welchen Wert hat er dann? Ein Glaube soll uns doch über die Zukunft und Gott sicher machen. Wenn wir hier übervorsichtig sind, fegen wir all die wunderbaren Verheißungen Christi weg und können uns an keiner von ihnen erfreuen. Nein, Christen bleiben nicht „offen“, sondern ergreifen die herrlichen Segnungen Jesu. Ihr Sinn ist gefasst, nicht verschwommen, als wäre es eine Stärke, an nichts Festes zu glauben. Bei einem Flugzeugpiloten wäre es durchaus keine Stärke. Wie viele Reisende würden wohl an Bord gehen, wenn der Pilot über das Fliegen, den Zielort und die Route noch unentschieden wäre?

Die Passagiere wünschen sich einen **völlig** überzeugten Flugkapitän! Er muss sicher sein, damit ihre Reise nicht unsicher endet! Ungewissheit über die eigene Lebensreise aber ist das Allergefährlichste. Wie heißt unser Ziel? Himmel oder Hölle? Wir sollten es wissen!!

Nein, Christen bleiben nicht „offen", sondern ergreifen die herrlichen Segnungen Jesu.

Die Bibel ermutigt niemanden, rechthaberisch und „doktrinär" zu sein, aber ihre Sprache ist immer die einer wirklichen, sicheren Hoffnung. *„Wir wissen"* ist ein typisch neutestamentlicher Ausdruck. Sicher sein heißt nicht, überheblich zu sein. Wenn wir sicher sind, dass morgen die Sonne aufgeht, sind wir ja auch nicht rechthaberisch oder vermessen. Nun, Christen haben diese Sicherheit auch für das Morgen mit Gott: Was er getan hat, wird er weiter tun; was er ist, wird er weiterhin sein! Das normale christliche Zeugnis entspricht dem des Apostels Paulus: *„Ich weiß, wem ich geglaubt habe, und bin überzeugt, dass er mächtig ist, mein anvertrautes Gut bis auf jenen Tag* [d. h. wenn Jesus wiederkommt] *zu bewahren."* (2. Timotheus 1,12) Eine solche Gewissheit ist auch nur selbstverständlich gegenüber einer Persönlichkeit, die zu Recht Gott genannt wird.

Wann ist Unglaube verzeihlich?

Unglaube gegenüber Gott kann vergeben werden, wenn Menschen von ihm nichts wissen. Die Bibel selbst sagt: *„Wie aber sollen sie an den glauben, von dem sie nicht gehört haben?"* (Römer 10,14) Allerdings kann man auch für Unwissen Vergebung benötigen. Wenn sich an Hunderten von Straßen Kirchtürme erheben, man aber dennoch das Evangelium nicht hört, ist das eine unverzeihliche Engstirnigkeit. Wie kann Gott Menschen vergeben, die nicht einmal auf seinen Sohn hören wollen, der für ihre Sünden am Kreuz starb? *„Deswegen müssen wir um so mehr auf das achten, was wir gehört haben, damit wir nicht etwa am Ziel vorbeigleiten … wie werden wir entfliehen, wenn wir eine so große Rettung missachten?"* (Hebräer 2,1.3) Wenn wir Wahrheit ohne die Wahrheit Christi haben, sterben wir ohne die Wahrheit der Vergebung.

Ein Bischof ging zum Haareschneiden. Der Friseur war sehr gesprächig. Den Kirchenmann eine Viertelstunde lang als Gefangenen vor sich auf dem Stuhl, sah er seine Chance gekommen und erklärte herausfordernd, er sei ein Ungläubiger. Der Bischof fragte zurück: „Lesen Sie die Bibel?" „Ich und Bibel lesen? Natürlich nicht. Ich bin ein Ungläubiger!" – „Und wie steht's mit christlichen Büchern?" – „Nein, solch einen Müll werden Sie mich nicht lesen sehen. Wie ich schon sagte, ich bin ein Ungläubiger." – „Gehen Sie nicht einmal zur Kirche oder hören sich in den Medien etwas über Gott an?" – „Seien Sie sicher, nein!" – „Und Sie haben auch keine christlichen Freunde, die Ihnen von ihren Glaubenserfahrungen erzählen?" – „Nein, danke!" – „Es kommen auch keine Kirchenmitglieder und möchten mit Ihnen reden?" – „Diese Religionsdealer kennen mich. Sie wagen sich nicht ein zweites Mal an meine Tür!"

Der Bischof lächelte und schwieg. „Verstehen Sie jetzt?" fragte der Friseur. „Vollkommen", nickte der Bischof, „ich sehe, dass Sie überhaupt kein Ungläubiger sind." Der Mann wurde aggressiv: „Wie oft soll ich es noch sagen? Ich glaube an gar nichts!" Ruhig meinte der Bischof: „Sie können gar kein Ungläubiger sein. Sie wissen ja nicht einmal, an was Sie nicht glauben! Man kann doch nicht bezweifeln, was man nie angehört hat. Ich sage Ihnen, was Sie sind: Sie sind ein verdammter Sünder!" – „Aber Herr Bischof", staunte der Friseur, „Sie benutzen eine solche Sprache?" Der Geistliche erwiderte: „Ich fluche nicht, sondern zitiere nur die Bibel. Sie sagt: *‚Die Toren reden sich ein: Es gibt keinen Gott!' und: ‚Alle werden verdammt, die nicht der Wahrheit geglaubt haben.'*[14] Sie sind ein solcher Tor, der von Gott nichts weiß und auch nichts wissen will …!"

> Die Bibel ermutigt keinen, rechthaberisch, „doktrinär" zu sein, aber ihre Sprache ist immer die einer wirklichen, sicheren Hoffnung. *„Wir wissen"* ist ein typisch neutestamentlicher Ausdruck. Sicher sein heißt nicht, überheblich zu sein. Wenn wir sicher sind, dass morgen die Sonne aufgeht, sind wir ja auch nicht rechthaberisch oder vermessen. Nun, Christen haben diese Sicherheit auch über das Morgen mit Gott.

Mit Ignoranz und Unglauben kommen wir nicht so einfach davon. Beide haben Auswirkungen. **Glaube an Gott** bringt sichtlichen Nutzen: Er **schaltet das Licht an. Unglaube versprüht die Säure des Zynismus:** Man weiß nicht, was man glaubt. *„Weil sie sich weigerten, Gott zu erkennen, überließ er sie ihrem untauglichen Verstand."* (Römer 1,28*) Eher sollte man die Schöpfung ignorieren als den Schöpfer.

Gott ist nicht der, für den ihn viele halten

Der Apostel Paulus sagte: „Ich weiß, wem ich geglaubt habe.“ Er war nicht irgendjemand. Paulus hatte Christus gehasst, bis er ihm begegnete. Einer Vielzahl von Menschen ist es so gegangen. Sie suchten nicht einmal jemanden, an den sie glauben wollten – und dann trafen sie Jesus. Sonst hätten sie nur schwer Vertrauen investiert, doch als sie Ihm individuell begegnet waren, „mussten“ sie einfach an ihn glauben. Es ist leicht, nicht an Jesus zu glauben, wenn man ihn nicht kennt. Das erfordert keine Klugheit. Aber wenn Christus sich naht oder einen berührt, ist ein Nichtglauben fast unmöglich. Kein je ausgeklügelter Einwand kann diese Erfahrung auslöschen.

> Glaube an Gott schaltet das Licht an, Unglaube versprüht die Säure des Zynismus. Eher sollte man die Schöpfung ignorieren als den Schöpfer.

> Es ist leicht, nicht an Jesus zu glauben, wenn man ihn nicht kennt. Das erfordert keine Klugheit. Aber wenn Christus sich naht oder einen berührt, ist ein Nichtglauben fast unmöglich.

Tatsächlich kann niemand verstehen, wie es ist, Jesus zu begegnen – bis es geschieht. Dann weiß man, warum Millionen mit Paulus sagen: *„Christus ist mein Leben“* (Philipper 1,21*) oder mit Johannes 17,3: *„Das ist das ewige Leben, dich, den einzigen wahren Gott, zu erkennen und Jesus Christus.“*

So geschieht es, seitdem Jesus das erste Mal auftrat. Die sexuell gebundene Frau aus Johannes 4 begegnete ihm nur ein paar Minuten und kam nicht darüber hinweg. In ihrer Aufregung mobilisierte sie die ganze Ortschaft, und als die Männer Jesus trafen, empfanden sie das Gleiche. Sie wurden keine „religiösen Schwärmer“, sondern hörten, im Gegenteil, damit auf und wurden Nachfolger Jesu, des Retters der Welt, wie sie ihn nannten. Bis heute sind Christen so. Sie haben ihn gefunden – den Einen, der kam und dessen Gegenwart den Himmel zu dem macht, was er ist.

Nur Gott kann Gott offenbaren

Wenn Gott es nicht zuließe, könnten wir ihn nie kennen lernen. Nur Gott kann Gott offenbaren. Große Denker vermögen es nicht. Viele haben Gott aus ihren rationalen Erwägungen heraus definiert, doch ihre

Entwürfe sind so herzerwärmend wie ein Eisberg. Ähnlich machen es viele Gelehrte mit Jesus: Sie verhüllen sein Angesicht mit Unglauben und nennen ihn dann den „Mann, den niemand kennt". Erst entstellen sie ihn und wundern sich dann, dass er nicht zu erkennen ist. Man leugnet seine Wunder und seine Auferstehung und reduziert Jesus auf die eigene Sichthöhe. Da er zu groß für die gängige Logik ist, präsentiert man ihn als Miniatur-Jesus.

Niemand kann solch einen Jesus kennen. Wir können nur den Jesus kennen lernen, dessen Antlitz die Herrlichkeit Gottes ist. Menschliches Vorstellungsvermögen ist eindeutig begrenzt und kann Gott nicht erfassen. Wir können uns etwas nur so gut vorstellen, wie wir es kennen, nicht besser. Götzen können nach dem Bild von Männern oder Frauen angefertigt werden. Aber über Gott sagt die Heilige Schrift: *„Was kein Auge gesehen und kein Ohr gehört hat und in keines Menschen Herz gekommen ist, hat Gott denen bereitet, die ihn lieben."* (1. Korinther 2,9*) Christus kann nicht von solchen erfahren werden, die Abstand halten.

Jesaja verspottete alle, die von ihren Göttern Bildnisse herzustellen versuchten. Diese Gebilde sind so lachhaft wie wasserspeiende Brunnenfiguren. Ein Holzklotz kann niemals wie der Schöpfer von Himmel und Erde werden. Die Eigenschaften von Götzen sind meist so verdreht wie ihr Aussehen. Die Götter der Griechen und Römer waren lüstern, zerstörerisch, verräterisch. Amerikas frühere Völker beteten Gottheiten an, die Menschenopfer verlangten, bis die Tempelmauern zentimeterdick mit getrocknetem Blut überzogen waren. Moderne Science-Fiction über andere Lebensformen präsentiert grässliche, albtraumhafte Gestalten, und ihre Szenen von der andern Welt lassen New York oder Berlin vergleichsweise paradiesisch erscheinen.

Wenn Gott es nicht zuließe, könnten wir ihn nie kennen lernen. Nur Gott kann Gott offenbaren.

Jeder Versuch, Gott zu porträtieren, wird mit der Verdorbenheit menschlichen Denkens konfrontiert. Es kursieren die merkwürdigsten Ideen über den Himmel und den Weg dorthin. Dabei stammen die einzig verbürgten Notizen darüber aus der Bibel. Allein sie ist berechtigt zu sagen, wer wie in den Himmel kommt. Und sie schildert ihn uns als einen Ort, den nur die zu betreten wagen, die in Jesu Blut gewaschen sind.

> Öffne die Bibel, und tausend Regenbogen aus wunderbarem Licht strömen hervor. Je mehr wir dieses Buch verstehen, desto mehr öffnen sich unsere Sinne ihren Offenbarungen wie Blumen der aufgehenden Sonne. Die gleiche Kraft, die Gottes Wort inspirierte, hat auch unsere Seelen zum Empfang dieser Kraft vorbereitet.

Wenn wir Gott anderswo kennen lernen wollen, ernten wir Bedrückung. Die heiligen Schriften Indiens, Chinas oder des Islam bringen viel Furcht und wenig Freude. Aber öffne die Bibel, und tausend Regenbogen aus wunderbarem Licht strömen hervor. Je mehr wir dieses Buch verstehen, desto mehr öffnen sich unsere Sinne seinen Offenbarungen, wie Blumen der aufgehenden Sonne. Die gleiche Kraft, die Gottes Wort inspirierte, hat auch unsere Seelen zum Empfang dieser Kraft vorbereitet.

Offenbarung

Der Schöpfer, der fürsorglich genug ist, das Menschengeschlecht zu erhalten, will uns eindeutig auch über sich selbst nicht im Dunkeln lassen. Er offenbart sich. Das ist der einzige Weg, ihn kennen zu lernen. Unser heftiges Nachdenken ist wie Feuerstein, der nur Funken bringt, aber kein Licht. Jesaja 50,11 sagt: *„Siehe, ihr alle, die ihr ein Feuer anzündet, mit Brandpfeilen euch rüstet: Lauft hinein in die Glut eures Feuers … In Qualen werdet ihr daliegen.“** Unsere Gedankenblitze können den Lebenspfad nicht ausleuchten. Die Philosophen sind so ratlos wie alle andern, wollen uns aber gern führen, wie blinde Blindenleiter. Gott spricht: *„Es werde Licht!“* (1. Mose 1,3) Er gab Abraham, Mose, David und den Propheten Licht – und schließlich allen das Licht durch Jesus Christus.

> Der Schöpfer, der fürsorglich genug ist, das Menschengeschlecht fortdauern zu lassen, möchte uns offenbar auch über sich selbst nicht im Dunkeln lassen. Er offenbart sich.

Die Bibel weckt Glauben

Viele verkennen die Bibel und werfen sie aus dem Fenster, ohne zu bemerken, welchen Schaden sie damit für sich selbst anrichten. Die Heilige Schrift ist Dynamit und vermag alle Ketten des Unglaubens zu sprengen. Auch ist sie weithin unerforschtes Land, obwohl doch *„das*

Gold dieses Landes gut ist.“ (1. Mose 2,12*) Entdeckungen, Antwort, Segen und Wachstum erhält man oft nur, indem man etwas tut, erprobt! So brauchen wir für die heilenden Blätter der Bibel auch Finger des Glaubens. Glaube wiederum kommt aus dem Zuspruch Gottes. Er gibt uns Glauben, die Bibel zu lesen und dabei Gottvertrauen zu sammeln – wenn wir es wollen.

Für die heilenden Blätter der Bibel brauchen wir Finger des Glaubens. Glaube wiederum kommt aus dem Zuspruch Gottes. Er gibt uns Glauben, die Bibel zu lesen und dabei Gottvertrauen zu sammeln – wenn wir es wollen. Um Glauben zum Lesen des Wortes zu bekommen, lies es einfach! Es bestätigt sich selbst.

Um Glauben zum Lesen des Wortes zu bekommen, lies es einfach! Es bestätigt sich selbst. Es zündet wie ein Treibsatz und lässt unser Zutrauen wachsen. *„Der Glaube kommt aus dem Hören, das Hören aber durch das Wort Christi“* (Römer 10,17*), und *„wer Ohren hat, der höre!“* (Matthäus 13,43). Abraham glaubte, als Gott sprach. Der Schöpfer hat uns mit der Kraft ausgestattet, seine Stimme zu hören, wie Abraham es tat.

Das wollen wir tun – hören! Lassen wir die Bibel für sich selbst sprechen und uns Glauben bringen.

Kapitel 9

Glaube und Verheißungen

Glaube, eine Gesinnung

Was hat es mit diesem Glauben auf sich? Er ist kein Gegenstand, der irgendwo an der Seele festgeschraubt ist. Nein, **wir entscheiden uns** zu glauben! In einem späteren Kapitel behandeln wir etwas eingehender die Geschichte von jener Frau aus Schunem. Mit Elisa glaubte sie standhaft und wies jede Entmutigung ab. Wegen ihres furchtlosen Charakters und unbeirrten Vertrauens zu Gott nennt die Bibel sie eine „vornehme Frau".

Vertrauen ist die einzig mögliche Basis für eine intakte Beziehung. Glaube an Gott scheint mir nicht nur gut, sondern das einzig angemessene Verhalten zu sein. Es ist albern, mit einem unsichtbaren Gott und einer unbekannten Zukunft anders umgehen zu wollen. Wie sonst soll Gott mit uns Verbindung halten? Wenn wir nicht so weit gehen wollen, was sind wir dann wert? Wenn wir nicht imstande sind, dem mächtigen Gott allen Lebens zu trauen – was meinen wir, wer wir seien? Vertrauen ist das Mindeste, was Gott erwarten darf. *„Ohne Glauben ist es unmöglich, Gott zu gefallen."* (Hebräer 11,6) Und wenn Menschen sagen, sie seien „keine großen Gläubigen" – wie schade, aber damit gefallen sie Gott nicht! Gefällt es denn einem von uns, wenn man ihm nicht vertraut?

Glaube heißt nicht Absicherung – er ist ein persönlicher Entschluss. Auch wenn sich Menschen heute bewährt haben, bleibt uns für morgen immer nur eine persönliche Gewissheit. Wir glauben ihnen, weil wir sie kennen. Es ist untrennbar eine Frage des Grundvertrauens. Wenn wir diese Menschen als wetterwendisch ansähen, würden wir ihnen nicht vertrauen. In der Bibel lesen wir zwar, wer Gott ist, und mögen seine Glaubwürdigkeit gerade noch erlebt haben, und doch bleibt uns auch in Zukunft nur die Wahl, jeweils neu zu vertrauen.

Man braucht keinen Glauben dafür, dass zwei plus zwei vier ist. Doch das Leben ist komplizierter, und Umstände ändern sich wie der Ozean. Die Menge der Fakten beeinflusst die Zukunft und nachweislich auch

Gottes Handeln – er setzt sich nicht über Ereignisse hinweg, als gäbe es sie nicht. Gott mag keine magischen Aktionen, verwandelt nicht Kürbisse in goldene Kutschen. Aber er ist so allweise und allmächtig, dass wir ihm die Dinge getrost zum Sortieren geben dürfen; denn sein gigantisches Potenzial verstehen wir noch weniger als z. B. das „Chaos“ auf einer Schiffswerft, wenn ein 50.000-Tonnen-Luxusliner gebaut wird. Also halten wir einfach Verbindung mit ihm, dann kann er uns in sein Wirken einbeziehen. Er hat die Welt so geschaffen. Gebet und Glaube machen es Gott möglich, zu tun, was er sonst nicht tun könnte. Zweifellos kann Gott alle Dinge vollbringen, aber er tut es nicht ohne Menschen, die glauben. So hat er es für wertvoller befunden und vorausschauend gewollt.

Göttliche Verheißungen

Es liegt in der menschlichen Natur, sich auf jemandes Versprechen zu verlassen, bis man ernüchtert wird. Gauner und Betrüger machen sich das zunutze. Wir vertrauen Menschen, wenn sie uns ihr Wort geben. Sollten wir dann nicht Gott vertrauen, der uns sein Wort gab? Hunderte Generationen haben ihn erprobt, und wir haben die gleichen Voraussetzungen, uns auf ihn zu verlassen – Gottes ausdrückliche Zusagen, was er alles für uns unternehmen will. Jemand hat einmal die Bibel durchsucht und 7.874 Verheißungen Gottes an uns gefunden.

Eine solche Verheißungs-Flut schärft unser Verständnis von Gott und dem, was wir von ihm erwarten können. Was sich außerhalb dieser Verheißungen bewegt, ist möglicherweise auch außerhalb von Gottes Wort. Allerdings gibt es für Gottes Güte keine starren Grenzen. Er ist gnädig. Die Erfahrung[15] zeigt, dass Gott auch einmal über die Ränder seines exakten Wortes hinausgehen kann. Wenn das geschieht, darf es nicht für andere als Muster missbraucht werden, das Gleiche zu verlangen. Doch der Radius von 7.874 Verheißungen dürfte weit genug sein für alle Umstände, die Gottes Hilfe erfordern.

Viele Gottesverheißungen sind Bestandteil eines Bundes. Das Thema „Glaube und Bundesschlüsse“ ist so faszinierend und spannend, dass es ein bis zwei eigene Kapitel erfordern würde. Jetzt geht es uns aber nur grundsätzlich um die Bedeutung der Verheißungen für den Glauben an Gott.

Erbeten und unerbeten

Gott tut eine Menge für uns, **ohne** dass wir darum bitten. *„Euer Vater in den Himmeln … lässt seine Sonne aufgehen über Böse und Gute und lässt regnen über Gerechte und Ungerechte.“* (Matthäus 5,45*) Gott ist gut, und zwar zu allen – auch wenn ihm Millionen dafür keine Anerkennung geben, ihn aber schnell beschuldigen, wenn etwas Ungutes sie trifft. Die Abläufe der Natur wirken auf uns unabänderlich gleichmäßig und deuten auf den genialen Schöpfer. Er hält seine Versprechen an *„den Vögeln, dem Vieh, allen Tieren des Feldes, allen Tieren der Erde“* (1. Mose 9,10*) und steht zu seinem Wort, dass, *„so lange die Erde besteht, … Saat und Ernte, Kälte und Hitze, Sommer und Winter, Tag und Nacht nicht aufhören“* sollen (1. Mose 8,22*). Jesus führt dies fort und bezieht auch noch die Blumen ein: *„Betrachtet die Lilien des Feldes, wie sie wachsen: sie mühen sich nicht, auch spinnen sie nicht, … aber selbst Salomo in all seiner Herrlichkeit war nicht bekleidet wie eine von diesen.“* (Matthäus 6,28f)

Gott hat jedoch noch ganz andere Geschenke. Die dazugehörige Verheißung lautet (Matthäus 7,7): *„Sucht, und ihr werdet finden!“* Denn diese Gaben sind zwar ausnahmslos versprochen und zum größten Teil in der Bibel aufgeführt: *„Der Herr versagt denen, die rechtschaffen leben, keine Gabe!“* (Psalm 84,12*) – aber man erhält sie nur durch direkte Inanspruchnahme. Wenn die allgemeinen Verheißungen nicht ausreichen, führt uns Jesu Zusage weiter: *„Bittet, und ihr werdet empfangen!“* (Johannes 16,24) *„Denn jeder Bittende empfängt, und der Suchende findet, und dem Anklopfenden wird geöffnet werden … Wenn nun ihr … euren Kindern gute Gaben zu geben wisst, wie viel mehr wird euer Vater in den Himmeln Gutes geben denen, die ihn bitten!“* (Matthäus 7,8.11) Wenn wir um Gutes bitten, wird er uns nichts Böses geben – niemals! *„Jede gute Gabe kommt von dem Vater der Lichter“*, sagt Jakobus 1,17.

Zu den Gaben und Werkzeugen, die Gott uns in seiner grenzenlosen Weisheit und Gnade zur Verfügung stellt, gehören nicht zuletzt die verschiedenen „Geistesgaben“, die Gnadengaben (Charismen) des Geistes. Sie werden im 1. Korintherbrief beschrieben. Wir lesen: *„Es gibt aber Verschiedenheiten von Gnadengaben, aber es ist derselbe Geist; und es gibt Verschiedenheiten von Diensten, und es ist derselbe Herr; und es gibt Verschiedenheiten von Wirkungen, aber es ist derselbe Gott, der alles in allen* *wirkt. Jedem aber wird die Offenbarung des Geistes zum Nutzen gegeben. Dies alles aber wirkt ein und derselbe Geist und teilt jedem besonders aus, wie er will.“* (1. Korinther 14,4-7.11)

Diese und andere Gaben sind den Gläubigen zum Aufbau des Leibes Christi, der Gemeinde, anvertraut. Jeder Christ hat geistliche Gaben bekommen, aber die Gaben gehören Gott und sollen in seinem Sinne gebraucht werden.

> Wenn die allgemeinen Verheißungen nicht ausreichen, führt uns Jesu Zusage weiter: *„Bittet, und ihr werdet empfangen!“* (Johannes 16,24)

Im Gebet ausgeübter Glaube ist eine gesunde Aktivität. Der Vogel im Nest muss lernen, zu fliegen und zu sammeln, was er bekommen kann. Bitten zu müssen, erinnert uns fein an die notwendige Verbindung mit Gott, lässt uns ihn suchen und weckt den Geist der Kindlichkeit, durch den wir jederzeit den Blick zum himmlischen Vater haben. Das ist Gemeinschaft – familiäre Gemeinschaft mit unserem Vater.

Gebet, das unverzichtbarste Mittel

Gott hätte es so arrangieren können, dass er uns alles abnimmt. Aber schon bei geringster Kenntnis der menschlichen Natur müsste man ein solches Angebot belächeln. Kein vernünftiges Elternpaar würde so dumm mit seinem Nachwuchs umgehen. Ziel kann nur sein, ein Kind dahin zu führen, dass es auf eigenen Füßen steht. Etwas ganz Ähnliches hat Gott mit uns vor. Sein höchster Wunsch ist, dass wir keine hilflosen Abhängigen sind, keine Dauerbabys an der Brust, sondern seine Mitarbeiter!

> Im Gebet ausgeübter Glaube ist eine gesunde Aktivität. Der Vogel im Nest muss lernen, zu fliegen und zu sammeln, was er bekommen kann. Bitten zu müssen, erinnert uns fein an die notwendige Verbindung mit Gott und lässt uns ihn suchen.

Auf der Erde ist Gebet unser unverzichtbarstes Mittel, wenn wir für Gott brauchbar sein wollen. Oft wird vergessen, dass Gott genau die Art von Welt schuf, in der Beten nötig ist. Gebet war kein nachträglicher Einfall, als der Teufel alles durcheinander gebracht hatte. Selbst Jesus hat gebetet. Wenn wir die voranschreitende Sache des Reiches Gottes unterstützen wollen, ist Gebet wesentlich. Auch vieles, was Gott nicht will, schreitet voran – also beten wir erst recht, dass sein Wille geschieht! Wir bitten, **dann** handelt Gott. Mit dem Wunsch einer solchen Zusammenarbeit setzte er Adam *„in den Garten Eden, ihn zu bebauen und zu bewahren.“* (1. Mose 2,15)

So will auch die Verheißung in Johannes 14,13 gelesen werden: *„Alles, um was ihr in meinem Namen bittet, werde ich tun.“* Das heißt: Wir erbitten, was immer nötig sein mag, damit Gottes Wille auf dieser Erde erfüllt wird. Wir sind seine Mitarbeiter. Die Welt mit ihren Menschen braucht Fürsorge, und die Verheißung, dass Christus tut, was wir erbitten, gilt der Umsetzung dieses Ziels, nicht der Mondfahrt oder dem Erwerb einer Reihe Luxusautos!

So will auch die Verheißung in Johannes 14,13 gelesen werden: *„Alles, um was ihr in meinem Namen bittet, werde ich tun.“* Das heißt: Wir erbitten, was immer nötig sein mag, damit Gottes Wille auf Erden erfüllt wird. Wir sind seine Mitarbeiter.

Es gibt göttliche Versprechen ohne Vorbedingung, zum Beispiel den Fortbestand der Schöpfung. Um vieles aber müssen wir auch bitten. Jakobus 4,2 sagt: *„Ihr habt nicht, weil ihr nicht bittet.“* Gott möchte uns nicht verhätscheln. Er ernährt die Spatzen, doch er wirft ihnen das Futter nicht ins Nest. Wenn wir wollen, dass Gott wirkt, müssen wir im Gebet wirken.

Gottes beständige Führung

Beten ist eigentlich **unsere** Handlung; wir reden mit Gott, nicht er mit uns. Gott „betet“ nicht. Er spricht mit uns, wann immer er möchte, und muss nicht auf unser Gebet warten. In der Bibel scheinen Menschen sogar kaum einmal gebetet zu haben, als Gott zu ihnen sprach. Gott ist uns nahe und kann jederzeit reden. Vielleicht können wir ihn manchmal nicht hören, weil wir ihm so lautstark vorhalten, er solle etwas anderes sagen.

An sich ist Gebet[16] eine Zeit, dem Herrn unser Herz auszuschütten. Zuhören ist eine andere Sache. Wir sollten ständig empfangsbereit sein.

Es macht keinen Sinn, von unseren Knien aufzustehen und zu sagen, Gott habe nicht gesprochen. Wir können nicht verlangen, dass er zu einer genauen Zeit „spricht", wie wenn man ein Radio einschaltet. Vielmehr sollten **wir** nie ausgeschaltet sein – es könnte sein, dass der Herr unser Programm durch bestimmte persönliche Anweisungen unterbricht.

Gefahren

Auch wenn es für manche Christen heute seltsam klingen mag: In der Heiligen Schrift findet sich kein ausdrücklicher Hinweis auf Gebete mit dem Ziel, Gott zu hören, Führung zu erfahren oder Ähnliches. Vom Hören seiner Stimme ist viel die Rede, aber nahezu nichts vom Warten darauf, überhaupt Gottes Stimme zu vernehmen (vielleicht mit Ausnahme von Habakuk 2,1, wo der Prophet auf Posten steht, um von Gott zu hören). Wenn wir beten, um etwas zu „hören", mögen wir wohl etwas hören, aber dann ist es auch nötig zu wissen, wessen Stimme es ist. Die Gefahren sind offenkundig.

Es ist eine psychologische Tatsache: Unsere eigenen Sehnsüchte können so laut werden, dass sie wie göttliche Befehle klingen. Wir brauchen nur lange genug hinauszurufen, was wir gern tun würden, um früher oder später das Echo zurückzubekommen; doch es ist unsere eigene Stimme, nicht die Stimme Gottes.

Es ist eine psychologische Tatsache: Unsere eigenen Sehnsüchte können so laut werden, dass sie wie göttliche Befehle klingen. Wir brauchen nur lange genug hinauszurufen, was wir gern tun würden, um früher oder später das Echo zurückzubekommen; doch es ist unsere eigene Stimme, nicht die Stimme Gottes. Manche berichten, wie sie wegen einer Entscheidung mit Gott gerungen hätten. Genau genommen steckt darin etwas Beleidigendes. Ist Gott so? Tatsächlich ringen diese Beter wohl mit dem eigenen Wunsch, nicht mit Gott. Er soll nur zustimmen. Meinen wir wirklich, wir müssten aus Gott das Geheimnis herauspressen, welchen Auftrag er für uns hat? Sicher sagt er uns das auch ohne einen Ringkampf mit dem Allmächtigen. Gott um Handlungsanweisungen anzubetteln, unterstellt ihm, dass er es versäumt habe, uns wie versprochen zu leiten.

Nach dem Fall Jerusalems baten viele Leute den Propheten Jeremia, herauszufinden, ob sie das Land verlassen sollten. In ihren Herzen wünschten und planten sie schon, nach Ägypten zu gehen. Jeremia sollte nur noch Gott überreden, ihr Vorhaben zu billigen. Jeremia fragte nach, und Gott stimmte überhaupt nicht zu. Sie aber zogen trotzdem los und behaupteten, Jeremia hätte über Gottes Antwort gelogen. Die Folge war, dass sie in schwere Not hineinrannten. Gott hatte auch vorher kein Wort von einer Abwanderung gesagt, weil sein Plan sich nicht geändert hatte.

Es gibt eine Schutzvorrichtung für alle Stimmen und Impulse – und zwar das Wort! *„Wenn sie nicht nach diesem Wort sprechen, dann gibt es für sie keine Morgenröte."* (Jesaja 8,20)

Aber es gibt noch viel mehr solcher Konstellationen. Hier ein Beispiel aus meinem Leben. Als ich junger Missionar in Afrika war, begann der Herr mir seine großen Pläne für den Kontinent zu zeigen: ein blutgewaschenes Afrika durch Großevangelisationen! Doch damit war meine deutsche Missionsleitung ganz und gar nicht einverstanden – ich solle bitte „keine extra Wurst braten" und so „sein wie alle anderen Missionare". Der damalige Präses des BFP, der gesegnete Pastor Erwin Lorenz, besuchte mich in Lesotho und hielt mir einen Vortrag über „Josef, der seine Brüder suchte" und schloss mit den Worten „das Wort der Brüder ist das Wort Gottes". Aber in diesem Fall war es das nicht! Um des lieben Friedens willen wollte ich nachgeben, als plötzlich der Herr zu mir sprach: „Wenn du die Vision eines blutgewaschenen Afrika fallen lässt, muss ich dich fallen lassen und mir einen andern suchen." Mir war klar, dass ich in einer menschlichen Solidaritätsfalle saß. Mein Herz bebte. Ich sprang auf, warf mich in Gottes Arme und gründete das Missionswerk „Christus für alle Nationen". Das Resultat? Wir durften bis jetzt Zig-Millionen Menschen zu Jesus führen. Es schaudert mich bei dem Gedanken, was passiert oder nicht passiert wäre, wenn ich dem „brüderlichen Rat" gefolgt wäre.

Es gibt eine Schutzvorrichtung für alle Stimmen und Impulse – und zwar das Wort! *„Wenn sie nicht nach diesem Wort sprechen, dann gibt es für sie keine Morgenröte."* (Jesaja 8,20) Gottes Wort beansprucht für sich, die allein gültige Instanz für Gottes Reden zu sein. Gott hat uns nichts zu sagen, es sei denn im Einklang mit seinen Weisungen. Sein Wort mag uns durch Dienste oder Prophezeiungen erreichen, was wir oft auch benötigen;

Das primäre Ziel von Gebet ist also nicht, dass unser Wille getan, Gott zu unserer Denkweise überredet oder sein Arm zur Hilfeleistung genötigt wird, sondern dass Gottes offenbarter Wille geschieht. Und der heißt: Alle Menschen sollen zur Umkehr finden!

persönliche Anweisungen aber kommen letztlich nie durch Dritte. Gott erklärt keinem andern, was du alles zu tun hast. Da mag es einzelne Tröstung, Erbauung oder Ermahnung geben, aber grundsätzlich wird jedes seiner Kinder von Gott geführt (Römer 8,14).

Niemand von den großen biblischen Männern und Frauen, die Gottes Stimme für sich persönlich hörten, hatte sie erbeten und erwartet. Gott wollte sprechen und tat dies. Gern wird die Frage gestellt: „Was hat Gott der Gemeinde zu sagen?“ Gegenfrage: Warum sollte Gott der Gemeinde ständig etwas sagen? Hat er uns alle über seine Wünsche im Dunkeln gelassen? Es gibt geistlich hochrangige Personen, die kundtun, zu wissen, was kein anderer weiß, als wären sie Gottes Günstlinge, die wie niemand sonst vor ihm stehen. Aber der „Geist der Propheten“ ist jetzt allen Gläubigen gegeben. Wenn Gott den Propheten seine Geheimnisse offenbart, dann gehören zu dieser Kategorie heute letztlich wir alle in Christus. Und da gilt: Wenn Gott dann redet, ist es eine Radiobotschaft, kein Telefonanruf.

Was Gott zu sagen hat

Wenn der Herr der Gemeinde insgesamt etwas mitzuteilen hat, dann das, was Christus sagte, als er diese Welt verließ: *„Geht hin in die ganze Welt und predigt das Evangelium!“* (Markus 16,15) Solange dieser Auftrag nicht erfüllt ist, hat Gott keineswegs vor, uns stattdessen mit Nebenaufgaben wie Gemeindestruktur und Organisation auszulasten.

Gott hat einen offenbarten Willen. Folglich, *„wenn wir um etwas bitten nach seinem Willen, so hört er uns.“* (1. Johannes 5,14) Darum brachte uns Christus die Bitte bei: *„Dein Wille geschehe, wie im Himmel so auch auf Erden!“* (Matthäus 6,10) Ferner sagt Jesus: *„Wenn … meine Worte in euch bleiben, so werdet ihr bitten, was ihr wollt, und es wird euch geschehen!“* (Johannes 15,7) Das primäre Ziel von Gebet ist also nicht, dass unser Wille getan, Gott zu unserer Denkweise überredet oder sein Arm zur Hilfeleistung genötigt wird, sondern dass Gottes offenbarter Wille geschieht. Und der heißt: Alle Menschen sollen zur Umkehr finden!

Davon spricht das Neue Testament überall. Wenn wir **diesem Willen** gemäß bitten, beeilt sich Gott zu antworten. Das Gebet des Herrn formuliert es so: *„Dein Reich komme; dein Wille geschehe, wie im Himmel so auch auf Erden!“* (s. o.) Das Evangelium wird dies bewirken.

Fasten und der Glaube

Uns wurde von Menschen erzählt, die so lange fasten wollen, bis Gott sie erhört hat, notfalls auch bis zum Tode. Sicher ist das eine beeindruckende Art, um Ernsthaftigkeit zu unterstreichen. Aber was soll die Aktion bei Gott bewirken? Ist sie nur ein Zeichen für die eigene Ausdauer und Gewissheit, dass Gott reden wird? Oder will man Gottes „Hand“ durch hintergründige Drohung zum Einsatz zwingen? Ist es religiöse und emotionale Erpressung? Wird Gott sagen: „Besser tue ich, was sie wollen, sonst sterben sie!“?

Gott beugt sich keinerlei gefühlsmäßigem Druck. Es ist ein Irrweg, ihm durch Fasten den Arm umdrehen zu wollen. Fasten ist nur eine Art, Gott unseren Nachdruck zu zeigen, so, als würden wir laut und beharrlich zu ihm rufen. Die Heiden meinten immer, durch Kasteiung, Blutvergießen und andere Anstrengungen irgendwelchen Druck auf ihre Götter legen zu können. Aber der Herr ist nicht Zeus, Apollo oder Baal. Es ist Gottes Freude, seine Kinder zu erhören; sie benötigen weder Lärm noch Leistungsnachweise! Alle Erdenbürger zum Beten bringen zu wollen, nur damit unsere Stimme wie bei einem Gesuch an die Regierung Gewicht bekommt, hieße, das Wesen von Gebet misszuverstehen. Gebet hat dann Wirkung, wenn wir am Wirken Gottes teilhaben, vor allem an dem einen besonderen Werk der Mission.

Um Gott beim Beten zu vertrauen, müssen wir sicher sein, dass wir erhört werden und dass wir gemäß seinem Wort, also seinem offenbarten Willen, bitten. Gottes Wort zählt viele solcher Gebetsziele auf. Wir sollen beten: *„Unser tägliches Brot gib uns heute!“* (Matthäus 6,11) Jesus versprach: *„Der Vater im Himmel wird den Heiligen Geist denen geben, die ihn bitten.“* (Lukas 11,13*) Auch ermutigte er: *„Bleibt …, bis ihr bekleidet werdet mit Kraft aus der Höhe!“* (Lukas 24,49) Wir dürfen um Heilung beten, um Geistesgaben, füreinander, für Rückfällige, für Könige und Kanzler … All dies sind flankierende Bitten auf Gottes größtes Ziel hin, die Errettung der Welt.

Der Glaube und seine Ziele

Jakobus war ein Halbbruder Jesu, und sein Brief führt uns wie kaum ein anderes Buch zurück zu der für Jesus typischen Lehre. Hier ein wertvoller Auszug: *„Ihr habt nicht, weil ihr nicht bittet. Wenn ihr bittet, empfangt ihr doch nichts, weil ihr mit falschen Motiven bittet, um das Empfangene an eure Begierden zu verschwenden … Wisst ihr nicht, dass Freundschaft mit der Welt Feindschaft gegen Gott ist? Wer ein Freund der Welt sein will, wird zum Feind Gottes.“* (Jakobus 4,2-4*)

Das „Gebet Nummer Eins“ vieler Leute dreht sich nur um die Nummer Eins – sie selbst. Aber wo umgekehrt Gottes Reich die Nummer Eins darstellt, ist auch nichts Falsches daran, Gott um gute irdische Dinge zu bitten.

Jakobus bejaht hier auch das Gebet um materielle Güter. Aber wenn wir materialistisch, weltlich bitten und unser Herz falsch gepolt ist, werden wir keine Antwort bekommen. Wenn man seine Zuwendung auf Besitz, Wohlstand und Ansehen richtet, dann ist das Materialismus und Weltlichkeit; Gott und seine Absichten schiebt man damit beiseite.

Das „Gebet Nummer Eins“ vieler Leute dreht sich nur um die Nummer Eins – sie selbst. Aber wo umgekehrt Gottes Reich die Nummer Eins darstellt, ist auch nichts Falsches daran, Gott um gute irdische Dinge zu bitten. Jakobus 1,17 sagt: *„Jede gute Gabe … kommt von oben herab, von dem Vater der Lichter, bei dem keine Veränderung ist noch eines Wechsels Schatten.“* Die materiellen Gaben um uns her sind Geschenke Gottes an seine Geschöpfe. *„Er sättigt die durstige(n) Seele(n)“* (Psalm 107,9), was immer deren Besonderheiten oder Geschmäcker sind.

Gottgewirkter Wohlstand gibt uns die Kraft, weiteren Wohlstand zu erwerben, aber kein Ding wurde nur für Materialisten erschaffen.

Gottgewirkter Wohlstand gibt uns die Kraft, weiteren Wohlstand zu erwerben, aber kein Ding wurde nur für Materialisten erschaffen.

Reichtümer sind nicht das Hauptziel des Glaubens. Der Glaube ist uns durchaus auch gegeben, um irdische Segnungen zu erhalten. Gott gab seinen Riesenreichtum nicht nur als Versuchung in unsere wunderbare Welt, um damit Christen auf die Probe zu stellen. Gläubige haben ebenso viel Anspruch auf die angenehmen Seiten dieses Lebens wie jeder sonst. Unsere Sehnsüchte und Gebete allein auf sie zu konzentrieren, ist jedoch eine andere Sache. Das christliche Motiv des Nehmens ist, geben zu können, den Hungrigen und Elenden zu helfen und den Namen des Herrn bekannt zu machen.

Glaube und Gebet sind ein Thema und voneinander abhängig. In diesem Kapitel haben wir das biblische Feld ziemlich rasch durchquert. Belegstellen über Glauben und Gebet werden wir in einem späteren Kapitel noch näher betrachten.

Kapitel 10

Glaube - alt und neu

Glaube im Alten Testament

Wir bekommen das, wofür wir leben – aber leben wir auch von dem, was wir bekommen? Im Vergleich zu früher haben wir super Bedingungen – sind wir auch superglücklich?

Das, wofür wir leben, bekommen wir auch als Ergebnis, aber leben wir entsprechend dem gewollten Ergebnis? Wir haben im Vergleich zu früher großartige Voraussetzungen – haben wir auch eine so begeisternde Zufriedenheit?

Einst hat es wunderbare Menschen gegeben, die ihr Dasein genossen, wie man den feinsten Wein genießt, obwohl doch noch eine große Unwissenheit und Ahnungslosigkeit herrschte: geistliche Riesen wie Henoch, Abraham oder Samuel. Sie durchsurften kein Internet, um weltliches Wissen abzuschöpfen, doch sie ergründeten die Realität unter der Oberfläche – sie kannten das Leben und aus ihren Augen brannte ein tiefes Verständnis. Wenn wir einem dieser gewaltigen Charaktere begegnen würden, kämen wir uns wohl erst einmal unterlegen vor.

Das waren „die Alten“ – Persönlichkeiten, die Gott kannten. Sie gebrauchten das Wort „Glauben“ nicht als Zustandsbeschreibung. Vielmehr dachten sie in praktischen Begriffen wie: mit Gott gehen, ihm dienen, Ehrfurcht geben, gehorchen und an ihm hängen. Das ist es, was Glauben ausmacht! Und deshalb brauchen wir auf jedem Kilometer unseres Weges Führung durch die Bibel. Heute betrachtet man den „Glauben“ gern wie einen Besitz, den man gut gesichert im psychologischen Schrank gelagert hat. Wir holen ihn heraus, entstauben und stellen ihn aus, wie es die Situation gerade erfordert. „Credo – ich glaube ...“

Für unsere erwähnten Vorfahren war es ähnlich unmöglich, ohne Glauben durch den Tag zu gehen, wie ohne Kleidung. Er war selbstverständlich wie die Luft, die sie atmeten, nicht nur etwas für gewisse Momente.

Die heutige Welt verbindet mit Religion nur den zeitweisen Gebrauch, zum Beispiel am Sonntag. Für jene großen Menschen dagegen war die Beziehung zu Gott allezeit das wesentliche, nicht wegzudenkende Element ihres Lebens.

Ihre Welt war ein gefahrvoller Ort. Die Völker wurden kaum fertig mit Krankheit und Seuchen, Dürre und Hunger, und waren umgeben von Feinden. Israel aber lernte, dass Gott der „El Schaddai", der Allgenügende, Schützende, Heilende, Befreier war, ihre Festung, ihr „Schirm und Schild".

Andere Nationen schauten auf ihre verschiedenen Götter: zum Regengott, wenn sie Regen wünschten, zur Göttin der Fruchtbarkeit wegen ihrer Ernte usw. Wenn sie Hilfe wollten, suchten sie ihre Schreine auf und brachten Bestechungs-Opfer. Das war alles, was die Götzen wünschten; ansonsten dachten die Leute kaum an sie. Die Heiden hatten kein Bewusstsein für Gottes beständige Fürsorge. Nur Israel konnte sich daran erfreuen.

Den Israeliten sandte Gott immer wieder Propheten, um seine Treue zu beteuern: Er war ihr Hirte und sie waren die Schafe seiner Weide! So etwas überstieg die heidnischen Weltbilder. Selbst die Größten unter den Heiden, wie etwa Sokrates und Aristoteles, hatten kein solches Gottesbewusstsein. Israel war Gottes Volk, die Epheser dagegen rühmten sich zwar der Diana (Artemis), waren aber nie das „Volk der Diana". Sie hatten sie nur zur Schutzpatronin genommen.

Glaube von einer neuen Art

Im Neuen Testament setzt sich das von den Bibelpropheten überbrachte Vertrauen fort, geht aber über einen physischen Bund hinaus und beinhaltet eine solche Fülle, dass selbst die darüber weissagenden Propheten noch nicht alles verstanden (1. Petrus 1,10-12). Was Christus gebracht hat, umfasst nämlich das Leben hier und danach, die gesamte Ethik, die geistliche wie die psychologische Existenz.

Jesus zeigte uns, dass weder körperliches Wohlbefinden noch materieller Wohlstand das Wichtigste sind, sondern der Zustand unseres wahren Selbst, unserer Persönlichkeit, der Seele. Der Leib, so verdeutlicht Jesus, wird sterben, aber viel schlimmer wird es sein, wenn die Seele verloren geht. *„Die Seele, die sündigt, soll sterben"*, sagt Hesekiel 18,4*. Jesus aber ergänzt, dass die Seele, die sündigt, schon tot **ist** und dafür kam er als die Auferstehung und das Leben.[17]

Was Christus gebracht hat, umfasst das Leben hier und danach, die gesamte Ethik, die geistliche wie die psychologische Existenz.

Frühere Gläubige mussten zunächst einmal um materielle Sicherheit und Wohlergehen besorgt sein, denn beides war in ihrem Leben arg bedroht. Doch sie waren wunderbare Gottesmenschen. Ihr Glaube war keine billige Hingabe an eine Nutz-Religion, sondern wurde hellwach und unter Abwehr ständiger Gefahren praktiziert. Sie waren Vorreiter für wahren Glauben, und das in einer völlig abgöttischen Welt. Wofür wir Gott auch vertrauen, inklusive des ewigen Heils – diese frühen Persönlichkeiten zeigen uns, wie man selbst unter schwerster Prüfung glauben kann. Ihre Lebensbeispiele stehen in der Heiligen Schrift, weil sie für alle Zeiten eine wesentliche Orientierung abgeben.

Es gibt verschiedene Stufen des Glaubens. Vielleicht beginnt es mit einer begrenzten Vision dessen, was wir von Gott erwarten, oder nur mit dem einen Gebet: „Oh Gott, hilf mir!" Ich möchte Lesern gern helfen, hier wie auf einer Treppe Schritt für Schritt hinaufzugehen und im Aufblick zu Gott einen stetig erweiterten Handlungsspielraum zu bekommen. Vielleicht könnte sich unser Glaube so entwickeln:

1. Glaube, dass etwas wahr ist. Alle, die an einen einzigen Gott glauben, werden im Jakobusbrief erinnert, dass dies auch die Dämonen tun (Jakobus 2,19), was nicht gerade eine Auszeichnung ist! Laut Johannes 11 glaubte Martha an die Auferstehung zum Jüngsten Tag, doch Christus wünschte sich einen Glauben, der die Auferstehung hier und jetzt angeht. Immerhin, es war ein Anfang. Die Juden glaubten, dass ihre Religion wahr sei, obwohl sie ihnen in der Praxis wenig bedeutete, denn sie wurde nie Praxis. In unseren Tagen ist die Lage vergleichbar: Der Glaube ist üblicherweise nicht mehr als die Bejahung einer behaupteten Wahrheit, eine intellektuelle Zustimmung, und bewirkt kaum die kleinste Änderung der Lebensweise. Zu glauben, dass es einen Gott gibt, ist noch kein rettender Glaube und auch nur wenig mehr, als zu glauben, dass es einen Planeten namens Pluto gibt. Wohl aber ist es ein wesentlicher Start[18].

2. Glaube, dass eine Person glaubhaft ist. Nikodemus zum Beispiel sagte zu Jesus: „*Du bist ein Lehrer, von Gott gekommen.*“ (Johannes 3,2*) Jesus wollte aber eine höhere Sorte Glauben als einen, der ihm lediglich den Titel „Lehrer“ zuerkennt. Er sprach mit Nikodemus auf eine so neue Weise über „Glauben“, wie es diesem Mann noch nie eingefallen war. Wie Nikodemus glaubten viele an Jesus als einen vertrauenswürdigen Menschen. Aus solcher Bewunderung kann natürlich Hingabe werden, wie man es bei Nikodemus zu Recht annehmen darf. Allerdings unterliegt der Glaube an Jesus als guten Menschen einem fatalen Trugschluss. Wenn Jesus gut war, war er auch kein Lügner, Betrüger oder Verrückter. Nun beanspruchte er, Gottes Sohn zu sein. Mit solch einer Behauptung aber wäre er kein guter Mensch mehr, sondern ein ruchloser Gotteslästerer. **Es sei denn, seine Behauptung wäre wahr.** Dann aber muss er auch gewesen sein, was er von sich sagte – viel mehr als ein guter Mensch, nämlich Christus, der Retter der Welt. Und er ist es!

3. Glaube an Jesus als göttlich inspirierte Person, wie die Propheten. Die Jünger berichteten Christus, dass die Leute so über ihn dachten: „*Einige sagen, du seist Johannes der Täufer; andere aber: Elia; und andere wieder: Jeremia oder einer der Propheten.*“ (Matthäus 16,14*) Als er in Jerusalem einzog, „*sagten die Volksmengen: ‚Dieser ist Jesus, der Prophet, der von Nazareth in Galiläa.*‘“ (Matthäus 21,11) Sie applaudierten ihm, doch Jesus weinte wie einst Jeremia. Zwar hatten sie einiges verstanden, erlaubten ihm aber nicht, sie unter seine Fittiche zu nehmen und zu erretten. Auch hier kann man nicht nur sagen, dass Jesus ein Prophet war, wie man sagt, dass Hundertwasser ein Architekt war. Ein Prophet muss auch gehört werden, und Christus zuzuhören, nimmt uns mit auf einen langen Weg.

> Martha glaubte an die Auferstehung zum Jüngsten Tag, doch Christus wünscht sich einen Glauben, der die Auferstehung hier und jetzt angeht.

4. Glaube an Gottes Kraft. In Jerusalem glaubte jeder an Gottes Kraft. Viele glaubten auch an Jesu Kraftwirkungen (Johannes 2,23-25). Sie bezweifelten nicht, was sie sahen, nämlich dass er Heilungskraft besaß, ein Wunderwirker war, und wollten ihn gar zum König machen. Doch Christus begehrte einen gründlicheren Glauben. Die Leute glaubten an seine leiblichen Heilungskräfte, setzten ihn aber nicht an die ihm gebührende Stelle als Herrn und Heiland. Sie baten ihn um Wunder, aber Jesus hatte andere Absichten, als ihre Sensationsliebe zu bedienen (Johannes 6,36). Ihr Glaube galt ihm nur als Heiler, was nur wenig mehr Gewicht hat als Glaube an einen Arzt, Fahrer oder Klempner. Wir vertrauen einem Arzt nur als Arzt, nicht als täglichem Berater. Christus soll man in allen Dingen vertrauen, nicht nur für ein oder zwei Wunder.

5. Glaube als Vertrauen. Hier wird aus dem Glauben eine persönliche Beziehung. Wir vertrauen Menschen, zum Beispiel unseren Eltern. Sie kennen uns und unsere kleinen Geheimnisse. Wir fühlen, dass sie uns nicht im Stich lassen. Das ist der persönliche „Glaube", den Gott sich von uns wünscht. Unsere Leben sind vor ihm so offen, als säße er in unserem Wohnzimmer. Darum können wir ihm auch unsere Sünden anvertrauen; er weiß ohnehin Bescheid. So ist rettender Glaube. Wenn wir auf einem Felsvorsprung gefangen wären und ein erfahrener Retter käme, müssten wir unser Leben schlicht in seine Hände legen, ganz gleich, wie begabt, reich, stark oder unverständig wir wären. So ist rettender Glaube, und Christus ist der Retter.

Christus soll man in allen Dingen vertrauen, nicht nur für ein oder zwei Wunder.

6. Glaube an Christus. Dies ist der wahre Glaube. Wir vertrauen Christus in einer Weise, wie wir selbst einem engen Freund nie vertrauen könnten. Auch die nächsten Menschen können überfordert sein oder uns sogar hängen lassen. Psalm 41,10 erwähnt: *„Selbst mein Freund, auf den ich vertraute, der mein Brot aß, hat die Ferse gegen mich erhoben"*, und Psalm 27,10 bekennt: *„Wenn mich auch Vater und Mutter verlassen, der Herr nimmt mich auf!"* Das bedeutet sich ausliefern, ihn übernehmen lassen, nicht nur auf einem Lebensgebiet, sondern völlig. Wenn der Herr deinen Kopf über Wasser halten darf, bekommt er dich auch insgesamt zu fassen. Entsprechend ersehnte es ein Paulus von den Bekehrten: *„Der Gott des Friedens heilige euch ganz und gar und bewahre euren Geist, eure Seele und euren Leib unversehrt, damit ihr ohne Tadel seid, wenn Jesus Christus, unser Herr, kommt."* (1. Thessalonicher 5,23) Christus kann nur retten,

Wenn wir auf einem Felsvorsprung gefangen wären und ein erfahrener Retter käme, müssten wir unser Leben schlicht in seine Hände legen, ganz gleich, wie begabt, reich, stark oder unverständig wir wären. So ist rettender Glaube, und Christus ist der Retter.

> Der Glaube schafft eine Wechselwirkung zwischen Christus und mir und ist Katalysator, ein Veränderungen hervorrufendes Element. Glaube ist eine Beziehung!

was wir ihm geben. Gib dich mit allem Drum und Dran, mit Leib, Seele und Geist, für immer in seine Obhut, dann kann er etwas für dich tun. Er will uns nicht stückweise retten. Satan ist der einzige Rivale für diese Art von Besitznahme über uns. Er ist hungrig auf uns und möchte uns „verschlingen".[19]

Auswirkungen wahren Glaubens

Auf der Suche nach einem Wort, das klare Auswirkungen beschreibt, kam ich auf „Wechselwirkung" oder auch „Katalysator". Genau das tut der Glaube: Er schafft eine Wechselwirkung zwischen Christus und mir und ist Katalysator, ein Veränderungen hervorrufendes Element. Glaube ist eine Beziehung! Nicht wie mit der Großtante, die du nie getroffen hast. Es geht um etwas Lebendiges, Pulsierendes, das Christus ebenso wie dich bewegt. Wir geben uns ihm und er gibt sich uns. Wir werden *„Teilhaber der göttlichen Natur"* (2. Petrus 1,4).

> Jeder echte Glaube ist irgendwie einfach. Er ist keine Form von Algebra, um den Wert von X zu bestimmen. Der schlichteste Mensch kann glauben und sich am gleichen Resultat erfreuen wie der gebildetste.

Für dieselbe Tatsache suchte und fand der Apostel Paulus den wunderbaren Ausdruck „in Christus". Zum Beispiel konstatiert 2. Korinther 5,17: *„Ist jemand **in Christus**, so ist er eine neue Kreatur!"* und Römer 8,1: *„Also gibt es jetzt keine Verdammnis für die, die **in Christus Jesus** sind!"* Der einfachste Glaube an Christus hat diese wunderbarste Wirkung, und jeder echte Glaube ist irgendwie einfach. Er ist keine Form von Algebra, um den Wert von X zu bestimmen. Der schlichteste Mensch kann glauben und sich am gleichen Resultat erfreuen wie der gebildetste.

Wie Christus „Glauben" beschrieb

Auch Jesus suchte hier nach Worten. Die religiöse Gelehrtensprache wurde vom Volk nicht gemocht, Jesus aber hörten sie gern zu. Wenn er vom Glauben sprach, dann anders: *„Kommt zu mir"* – *„Wer mich liebt"* – *„Bleibt in mir"* – *„Wer mich isst"* – *„Folgt mir"* …

Glaube ist kein einzelner religiöser Akt. In ihm übertragen wir die Verantwortung für unser Leben an Gott – restlos, da unsere eigenen Mittel mangelhaft sind.

Der Glaube ist eine geistliche Feinabstimmung, Verschmelzung mit Christus. Die Sache sieht nicht nur einfach aus, sie ist es! Anders könnten wir uns aber auch nie aneignen, was Christus für uns am Kreuz vollbracht hat. Wir sind durch Glauben gerettet. Was gibt es Größeres in dieser Welt?

Glaube ist kein einzelner religiöser Akt. In ihm übertragen wir die Verantwortung für unser Leben an Gott - restlos, da unsere eigenen Mittel mangelhaft sind.

„Glaube, mächtiger Glaube …“ heißt es in einem englischsprachigen Lied. Er ist mächtig, weil er Gottes Geschenk ist.

Teil 4

Kapitel 11

Abrahams Glaube (Teil 1)

Der Kampf des Glaubens

Historiker haben einmal die zehn bedeutungsvollsten Schlachten der Weltgeschichte aufgelistet. Eine der allergrößten dürfte aber jene sein, die sich im Herzen von Abraham abspielte.

Wer Abraham nur als eine biblische Person ansieht, hat unsere Welt nicht wirklich verstanden. Die Bibel erwähnt ihn 309-mal, aber wegen seines Glaubens ist der Name Abraham bis heute auch in die Geschicke des Mittleren Ostens, ja, der ganzen Welt, eingraviert.

Abraham war der erste Mensch, der für seinen „Glaubensgehorsam" bekannt wurde. Sein Leben verlief in Übereinstimmung mit seinem Glauben. *„Abraham glaubte Gott, und das wurde ihm als Gerechtigkeit angerechnet"* – für immer.

> Der Glaube verändert Menschen und sie verändern die Welt.

Der Glaube verändert Menschen, und sie verändern die Welt. Abraham war der Mann, der 1.500 Jahre vor den Griechen und Römern den eigentlichen Zivilisationsprozess begann. Die ägyptischen Pharaonen wirkten zwar schon 1.000 Jahre vor Abraham und noch 2.000 Jahre nach ihm, aber sie haben die Welt weniger beeinflusst als er. Sie setzten keine moralischen Meilensteine, sondern nur kolossale egozentrische Wüstendenkmäler. Abraham hinterließ uns keine materiell sichtbare Spur, aber unser aller Leben heutzutage, ob religiös oder nicht, erfuhr durch seine Persönlichkeit eine Weichenstellung.

Glaube – nicht „Religion"

Abraham war nicht „tief religiös", eigentlich überhaupt nicht „religiös" in unserem modernen Sinn. Er hatte kein Glaubensbekenntnis und weder Gesangbuch noch Bilder, keine Bibel und keine Theologie.

Wahrscheinlich wusste Abraham nicht viele Details über Gott, kannte ihn aber sehr wohl, denn Abraham lebte mit Gott.

Für diesen Stammvater war Gott nicht nur eine wöchentliche, in den hinteren Lebenswinkel gedrängte Pflicht zum Kirchgang. Es gab auch keine Kirche, die er besuchen konnte. Abraham glaubte Gott nicht, um einer Tradition zu genügen – Gott war seine Lebensweise! Was für einen Großteil der heutigen Welt Geld, Sport, Sex o. ä. sind, das war für Abraham die Verbindung mit Gott. Wir werden sehen, wie sich das weiter auswirkte.

Warum glauben?

Abraham glaubte nicht, um seine eigene Seele zu retten. Sein Gottvertrauen war weder ein Ticket zur vergnüglichen Himmelfahrt noch eine Versicherung gegen die Hölle. Wer weiß, welche Vorstellungen er überhaupt vom Jenseits hatte. Abraham kam aus Ur in Chaldäa und kannte nur die heidnischen Legenden. Doch dann belegte er einen neuen Kurs, dessen Dozent der Herr war. In der Völkerwelt hatten sich grausame Formen des Aberglaubens entwickelt; Abraham aber setzte auf den Herrn. Ohne Gott weiterzumachen wie bisher, war für ihn im Leben wie im Sterben undenkbar.

> Die ägyptischen Pharaonen wirkten schon 1.000 Jahre vor Abraham und noch 2.000 Jahre nach ihm, aber sie haben die Welt weniger beeinflusst als er. Sie setzten keine moralischen Meilensteine, sondern nur kolossale egozentrische Wüstendenkmäler. Abraham hinterließ uns keine materiell sichtbare Spur, aber unser aller Leben heutzutage, ob religiös oder nicht, erfuhr durch seine Persönlichkeit eine Weichenstellung.

Aus zwei Gründen vertraute Abraham Gott. Erstens wusste er nun um einen lebendigen Gott. Zweitens hielt er es für das einzig Sinnvolle, auszuführen, was dieser Gott sagte. Abrahams Glaube veränderte die Zukunft, aber das war nicht sein Motiv zu glauben. Von einer solchen Mission hat er nie geträumt. Eigentlich hielt er sich möglichst fern von der Welt; er veränderte die Welt, indem er sich von ihr distanzierte. Geglaubt hat Abraham einfach deshalb, weil Gott da war! Dies ist noch immer der vernünftigste Glaubensgrund.

Der Zivilisation entgegen

Am 20. Juli 1969 betrat Astronaut Neil Armstrong den Mond und äußerte, dieser kleine Schritt sei ein großer Schritt für die Menschheit. Weit größer für die Menschheit aber war der Schritt, den Abraham tat, als er Ur in Chaldäa verließ! Er war **der** Pionier des Glaubensweges mit Gott.

Abrahams Leben begann im wohlhabenden Ur; später zog er nach Haran, das auch noch im fruchtbaren Halbmond lag. Dann aber opferte er seine angenehme Wohnung für ein schwarzes Ziegenhaut-Zelt in der wilden Steppe des Negev. Wie ein Beduinenscheich zog Abraham mit seiner Familie sowie Kleintier- und Rinderhirten umher. Und tief im Herzen nährte er die Aussicht auf einen neuen Lebensstil. *„Er erwartete die Stadt mit den festen Grundmauern."* (Hebräer 11,10)

Als Abraham den goldenen Schlüssel mit der Aufschrift „Glauben" ergriff, öffnete er damit den Himmel.

Intellektualismus

Abraham war kein Intellektueller, doch *„die Furcht des HERRN ist der Weisheit Anfang"*. (Psalm 111,10) Abrahams Liebe zu und Glaube an Gott verlieh ihm Weisheit über alle Maßen. Immer wieder betreten geniale Menschen die Weltbühne. Sie werfen ihre gedanklichen Netze weit und breit aus, suchen Wissen und Einsicht, erfinden neue Lebensmöglichkeiten und Wege der Städteverwaltung. Doch ihnen bleibt verwehrt, je zu wissen, was Abraham wusste; denn ihre Suche verfehlt die tiefste Entdeckung: Gott zu erkennen. Paulus sagt: *„In der Weisheit Gottes hat die Welt Gott durch Weisheit nicht erkannt."* (1. Korinther 1,21*) Das Bekenntnis ihres Versagens stand auf einem Athener Altar in Stein gemeißelt: *„Dem unbekannten Gott!"* (Apostelgeschichte 17,23)

Dabei wollte Gott nie unbekannt sein. Als Abraham den goldenen Schlüssel mit der Aufschrift „Glauben" ergriff, öffnete er damit den Himmel. Abraham war nicht das, was wir ein „Genie" nennen. Gott ist nicht Vorsitzender eines exklusiven Clubs für Intellektuelle, sondern hält seine Haustür für jeden offen. Er bringt sich nicht aus Vorliebe für ein Wunderkind um die Liebe von Millionen.

> Die Pfade der Gerechtigkeit und des Friedens sind gefunden, markiert und bekannt gemacht!
> Ob genutzt oder ungenutzt, sie können nie vergessen werden, sondern sind da – Fernstraßen, offen für alle!
> Viele Nationen behaupten, ihnen zu folgen, tun es aber nur kläglich.
> Würden wir die Spur zurückverfolgen, brächte sie uns zu Abrahams Zelteingang, wo Gott ihm sagte:
> *„Geh deinen Weg vor mir und sei rechtschaffen!“*
> (1. Mose 17,1)

Die Idee, dass auch wir nicht glauben sollten, wenn „kluge“ Leute es unterlassen, ist nicht sehr klug. Wenn wir Gott durch ein Labyrinth des Lernens finden müssten, befände er sich nur in sehr kleiner Gesellschaft. Um die Liebe der ganzen Menschheit zu erreichen, mussten die Mittel anders aussehen: Gott gibt sich allen zu erkennen, die in kindlicher Hoffnung zu ihm aufschauen.

Der Weg

Abraham lernte Gott zu vertrauen, und dadurch öffneten sich ihm die Wege des Friedens. Zu damaliger Zeit existierten Städte durch militärische Macht samt Blutvergießen. Gott aber gab Abraham eine neue Vision, jene Stadt des Friedens, deren *„Baumeister und Schöpfer Gott ist.“* (Hebräer 11,10) Abrahams Augen tasteten ferne Horizonte ab. Als Erster entdeckte er Pfade der Gerechtigkeit, Pfade im Meer und Wege in der Wüste.

Die Wege der Gerechtigkeit und des Friedens sind gefunden, kartografiert und bekannt gemacht! Ob genutzt oder ungenutzt, sie können nie vergessen werden, sondern sind da – Fernstraßen, offen für alle. Viele Nationen behaupten, ihnen zu folgen, tun es aber nur kläglich. Würden wir die Spur zurückverfolgen, brächte sie uns zu Abrahams Zelteingang, wo Gott ihm sagte: *„Geh deinen Weg vor mir und sei rechtschaffen!“* (1. Mose 17,1)

Stabiler Grund

Der Hebräerbrief fasst zusammen, wofür Abraham gelebt hat: *„Er erwartete die Stadt mit den festen Grundmauern, die Gott selbst geplant und gebaut hat.“* (Hebräer 11,10) In seinen Tagen wusste niemand etwas von geistlichen Grundmauern. Die Herrscher regierten nur zum eigenen Nutzen, und in den Köpfen der Menschen existierten kaum Ziele, Pläne und Sinn. Die Menschen wussten nicht wirklich, warum sie auf der Erde waren.

Als Paulus den Agnostikern und Stoikern[20] von Athen begegnete, verkündete er: *„Gott, der über die Zeiten der Unwissenheit hinweggesehen hat, lässt jetzt den Menschen verkünden, dass überall alle umkehren sollen!“* (Apostelgeschichte 17,30) Und Timotheus erinnerte er: *„Jesus Christus hat … Leben und Unvergänglichkeit ans Licht gebracht durch das Evangelium!“* (2. Timotheus 1,10*)

> Entweder leben wir im Glauben oder wir leben gar nicht, wie Jesus erklärt: *„Wer an den Sohn glaubt, hat ewiges Leben; wer nicht auf den Sohn hört, wird das Leben nicht sehen.“* Glaubensloses Leben ist lebloses Leben.

Zum Kontrast erwähnt Paulus in Römer 1,22 jene, die *„sich für Weise ausgaben“*, aber *„zu Narren geworden“* sind. Wir können sehr wohl leben, ohne die Entfernung des nächsten Sterns oder die Geheimnisse des Atoms zu wissen. Aber es gibt überhaupt kein wahres Leben ohne das Geheimnis Gottes! Wir sind verloren, noch ehe wir starten. Der Agnostizismus ist ein einziges Unglück. Entweder leben wir im Glauben oder wir leben gar nicht, wie Jesus erklärt: *„Wer an den Sohn glaubt, hat ewiges Leben; wer nicht auf den Sohn hört, wird das Leben nicht sehen.“* (Johannes 3,36*) Glaubensloses Leben ist lebloses Leben. Abraham wusste recht wenig von seiner Umwelt, aber er wusste, worum es im Leben geht. Gott schuf gleichsam als ersten Menschen **Adam** und als ersten kultivierten Menschen **Abraham**.

Warum Gott sprach

Zuerst finden wir Abraham („Abram“) zusammen mit seinem Vater Terach im chaldäischen Ur. Wie alle Städte besaß Ur einen offiziellen Gott, zudem hatten die Familien einen Schrein für ihre eigenen Hausgötzen, wie Indien mit seinen Millionen Göttern. Dennoch wurde ein „allerhöchster Gott“ anerkannt. Abram aber hat seine Stimme gehört – das war ein göttlicher Durchbruch.

Es war Gottes Initiative, nicht die von Abraham – Gottes Durchbruch zu Abraham! Gott hat stets seine Zuwendung für die Welt gezeigt. Wenn niemand **ihn** suchte, ging **er** auf die Suche. Abraham suchte Gott nicht, vermutlich hat das keiner getan. Gott machte sich Abram bekannt und gab ihm einfache Anweisungen, Ur zu verlassen. Das Reiseziel nannte er nicht, doch Abram brach auf. So begann ein unvergessliches Leben. Hebräer 11,8-10 beschreibt es so:

Aufgrund des Glaubens gehorchte Abraham dem Ruf, wegzuziehen in ein Land, das er zum Erbe erhalten sollte; und er zog weg, ohne zu wissen, wohin er kommen würde. Aufgrund des Glaubens hielt er sich als Fremder im verheißenen Land wie in einem fremden Land auf und wohnte mit Isaak und Jakob, den Miterben derselben Verheißung, in Zelten; denn er erwartete die Stadt mit den festen Grundmauern, die Gott selbst geplant und gebaut hat.

Wie hier betont wird, lebte Abraham in Zelten, fern von Häusern und Straßen. Warum? Um das Heidentum und städtische Unsitten und Gebräuche per Radikalkur loszuwerden. Abraham war in einer abgöttischen Zivilisation geboren und aufgewachsen. Gott musste ihm alles ausbrennen, was seiner Offenbarung entgegenstand, nämlich Abrahams Bestimmung, über die eigenen Interessen hinaus, für die Zukunft der Völker. Gott sprach: *„Ich will dich zu einer großen Nation machen und ich will dich segnen … und in dir sollen gesegnet werden alle Geschlechter der Erde!“* (1. Mose 12,2f) – Abraham, der erste Mensch einer neuen Weltordnung.

Abraham lebte in Zelten, fern von Häusern und Straßen. Warum? Um das Heidentum und städtische Unsitten und Gebräuche per Radikalkur loszuwerden. Abraham war in einer abgöttischen Zivilisation geboren und aufgewachsen. Gott musste ihm alles ausbrennen, was seiner Offenbarung entgegenstand.

Zu Abrahams Zeit lebte man fast nur für sich selbst, wobei jeder jeden bekämpfte. Eines Tages werden die Völker gerichtet werden. In Matthäus 25 schildert Christus das Völkergericht gleichnishaft als breite dramatische Szene auf der Bühne des Universums. Die Nationen haben Rechenschaft zu geben: Gottes besorgte Augen durchlaufen die ganze Erde.

Warum haben wir heute Glauben? Um uns selbst zu segnen? Um Wohlstand und Erfolg zu erhalten? Wenn wir solchen Glauben haben, gab ihn Gott. Aber er macht uns reich, damit wir andere reich machen, das Gute weitergeben. Politiker schmieden Manifeste und Pläne für ihren Winkel der Welt, aber was ist der Zweck einer Nation: nur zu existieren, ohne moralische Ziele? Die Einzelnen mögen sogar Wertvorstellungen haben, aber wie steht es mit dem eigentlichen Sinn ihres Lebens? Abraham lernte diese Ebene kennen, er lebte mit Gott.

Glaube, der göttliche Reisepass

Wir sagten, dass Gott Abraham in eine unfreundliche Wildnis setzte. Auch seine Gemeinde hat er in eine unfreundliche Welt gepflanzt – mit der gleichen Berufung wie Abraham. Als Jesus seine Jünger aussandte, gab er ihnen einen göttlichen Reisepass für jedes Land dieser Erde: *„Geht hin in die ganze Welt und predigt das Evangelium der ganzen Schöpfung!“* (Markus 16,15) Damit folgte Christus der Willenserklärung seines Vaters an Abraham: *„Ich will dich segnen … und du sollst ein Segen sein … und in dir sollen gesegnet werden alle Geschlechter der Erde.“* Die Jünger können aufhören, sich selbst zu retten – darum kümmert sich der Herr; ihre Sorge muss die Rettung der Menschheit sein!

Als Jesus seine Jünger aussandte, gab er ihnen einen göttlichen Reisepass für jedes Land dieser Erde: *„Geht hin in die ganze Welt und predigt das Evangelium der ganzen Schöpfung!“* (Markus 16,15)

Der Missionsbefehl überträgt uns eine Mission, die nicht nur Christi Mission fortsetzt, sondern zur Basis und Daseinsberechtigung einer Gemeinde gehört. Allein auf sich selbst fixiert, ist die Gemeinde in Gottes Augen ziellos und für die Hölle harmlos. Der Glaube funktioniert nur in der Verknüpfung mit Gottes Zielen, und deren erstes ist, alle Familien der Erde zu segnen.

Allein auf sich selbst fixiert, ist die Gemeinde in Gottes Augen ziellos und für die Hölle harmlos. Der Glaube funktioniert nur in der Verknüpfung mit Gottes Zielen, und deren erstes ist, alle Familien auf Erden zu segnen.

Letzte Glaubensprüfung

Die merkwürdigste Episode in Abrahams Leben war der Auftrag, Isaak zu opfern. *„Aufgrund des Glaubens brachte Abraham den Isaak dar, als er auf die Probe gestellt wurde, und gab den einzigen Sohn dahin, er, der die Verheißungen empfangen hatte und zu dem gesagt worden war: Durch Isaak wirst du Nachkommen haben!“* (Hebräer 11,17f)

Es mag uns schockieren, dass Abraham sogar ein Menschenopfer in Erwägung gezogen hat. Viertausend Jahre Abstand machen es schwer, einen Mann jener Zeit zu verstehen. Menschenopfer waren üblich und wurden noch dreitausend Jahre nach Abraham, z. B. in Mittelamerika, praktiziert. Abraham war Schüler und Anfänger im Glauben an Gott. Geistliche Lektionen sickern recht langsam in unser menschliches Verständnis.

Gott zeichnete Abrahams Straßenkarte, und dieser verließ die vorgegebene Route nur selten. Er war Gottes Mann und reiste auf Gottes Fernstraße.

Gott hatte nie die Opferung Isaaks beabsichtigt, aber er prüfte Abraham auf dessen eigener kultureller Ebene. Derartige Handlungen waren damals ein Ausdruck letzter religiöser Hingabe. Nun aber lernte Abraham, dass Gott gar kein menschliches Blutopfer wünschte. Der Zweck dieser Begebenheit war also der gleiche wie bei allem, was Gott mit Abraham tat: eine neue Kultur zu schaffen, in der Blutvergießen keinen Platz hat.

Von Abraham her floss dies hinein in die hebräische Tradition, während ringsumher alle Völker weiterhin solche Opfer betrieben. Immer wenn Israel vom Glauben an den Herrn abfiel, kehrten sie auch zur Barbarei zurück. Jeremia 32,35 beklagt: *„Sie errichteten die Kulthöhe des Baal im Tal Ben-Hinnom, um ihre Söhne und Töchter für den Moloch durchs Feuer gehen zu lassen. Das habe ich ihnen nie befohlen und niemals ist mir in den Sinn gekommen, solchen Gräuel zu verlangen und Juda in Sünde zu stürzen.“*

Im dramatischsten Moment stoppte Gottes Stimme Abrahams Hand. Der Mann hatte einen unerhörten Glauben bewiesen. All seine Hoffnungen ruhten darauf, dass Isaak zum Vater von Generationen und Nationen würde. Die (richtige oder falsche) Bereitschaft, ihn zu opfern, zeigte ein gewaltiges Vertrauen auf den Herrn. Wie wir im Hebräerbrief lesen, glaubte Abraham, dass sein einziger Sohn Isaak von Gott auch wieder aus dem Tode auferweckt werden könne.

Name mit Bindestrich

Gott zeichnete Abrahams Straßenkarte, und dieser verließ die vorgegebene Route nur selten. Er war Gottes Mann und reiste auf Gottes Fernstraße.

Damals war es nicht ungewöhnlich, dass Menschen den Namen ihres Gottes als Teil des eigenen Namens führten; z. B. nannte sich Pharao Tut-Anch-Amun nach dem Gott „Amun“. Abrams Namen aber änderte Gott selbst zu „Abraham“, „(göttlicher) Vater der Menge“.

Und noch etwas viel Bedeutungsvolleres geschah: Gott machte Abrahams Namen sogar zum Teil seines eigenen Namens und nannte sich „der Gott Abrahams“! Der Allmächtige identifizierte sich mit einem Menschen!

Das hieß: Gottes Ansehen ruhte gewissermaßen auf Abrahams Schultern. Die Art, wie Gott – ein „neuer“ Gott für die Welt insgesamt – war, würde von dem abgeleitet werden, wie Abraham war. Gott riskierte seinen Namen, indem er ihn mit Abraham verband. Man kann regelrecht sagen: Abraham glaubte an den Herrn, und der Herr glaubte an Abraham. Etwas Ähnliches spiegelt sich in dem Wort Jesu wider (Matthäus 10,32): *„Wer sich nun vor den Menschen zu mir bekennt, zu dem werde auch ich mich vor meinem Vater im Himmel bekennen.“*

Hier liegt die innere Wahrheit über den Glauben. Er bedeutet nicht nur, etwas zu bekommen, zu tun oder zu sein. Er verbindet uns mit Gott! Glaube bedeutet Gemeinschaft und ist stets die Voraussetzung für unsere Beziehung zu Gott. Der Herr legt Glauben in unser Herz, dann legt er in uns seinen Glauben zum Tun seines Willens. Dies ist der *„Glaube Gottes“*.

Hier liegt die innere Wahrheit über den Glauben. Er bedeutet nicht nur, etwas zu bekommen, zu tun oder zu sein. Er verbindet uns mit Gott! Glaube bedeutet Gemeinschaft und ist stets die Voraussetzung für unsere Beziehung zu Gott. Der Herr legt Glauben in unser Herz, dann legt er in uns seinen Glauben zum Tun seines Willens. Dies ist der *„Glaube Gottes“*.

Ist dieser Glaube nicht vorhanden, hat Gott keinen Glauben an uns. So etwas begegnet uns in Johannes 2,23f: *„Es glaubten viele an seinen Namen … Jesus selbst aber vertraute sich ihnen nicht an …“* Das Textwort für *„vertraute* [sich an]*“* ist das gleiche wie bei „[viele] *glaubten“*. Doch ihr Glaube war nicht richtig, und das wusste Jesus. Wenn aber der Glaube stimmt, „vertraut sich“ Jesus uns sehr wohl an. Stellen wir uns das einmal vor: Christus kommt mit Vertrauen zu uns! Der ganze

> Wenn der Glaube stimmt, „vertraut sich“ Jesus uns an. Stellen wir uns das einmal vor: Christus kommt mit Vertrauen zu uns! Der ganze Vorgang göttlicher Verheißungen, sein Umgang, seine Verbindung und Beziehung mit uns werden möglich, wenn dieses gegenseitige Vertrauen geschaffen ist.

Vorgang göttlicher Verheißungen, sein Umgang, seine Verbindung und Beziehung mit uns werden möglich, wenn dieses gegenseitige Vertrauen geschaffen ist.

Wir zitierten schon Matthäus 10,32: *„Wer sich nun … zu mir bekennt, zu dem werde auch ich mich … bekennen.“* Wörtlich sagt der Originaltext: *„Wer sich …* ***in*** *mir bekennt …* ***in*** *dem werde auch ich mich bekennen.“* Das war wohl eine aramäische Ausdrucksweise, die man in unserer Sprache kaum wiedergeben kann. Wir sagen zu keinem: „Ich werde dich bekennen“ oder „ich werde in dir bekennen“. Nicht einmal wenn Menschen heiraten, formulieren sie: „Ich bekenne in dir.“

Nun, der Ausdruck ist deshalb so ungewöhnlich, weil es um eine ungewöhnliche Beziehung geht! Bibelausgaben in mancherlei Sprachen haben versucht, die Bedeutung durch eine spezielle Übersetzung wiederzugeben. Eine von ihnen spricht z. B. von Anerkennung, wie wenn man vor jemandem den Hut zieht. Aber das ist nicht, was Jesus sagen wollte. Er will uns weit näher kommen als nur bis zum Punkt des Respekts.

> Dank seines Glaubens übertrug Gott Abraham göttliche Wesenszüge. Der in Eden begonnene Prozess wurde mit Abraham gleichsam neu gestartet: Gott, der den Menschen zu seinem Ebenbild erschafft.

Eine fremdsprachige Bibelausgabe drückt es mit dieser guten Formulierung aus: *„Wenn mich jemand öffentlich als seinen Freund bestätigt, den will auch ich öffentlich als meinen Freund bestätigen vor meinem Vater im Himmel …“* Der Herr legt gleichsam seinen Arm um unsere Schulter und sagt: „Dieser Mensch und ich sind eins; ich stehe zu dem, was er tut!“ Entsprechend lesen wir: *„Abraham … glaubte Gott … und er wurde Freund Gottes genannt.“* (Jakobus 2,23) Die gleiche Chance steht jedem von uns offen.

Es ist gut, sich daran zu erinnern! Wenn Jesus sich mit uns identifiziert und z. B. sagt: „Ich bin der Jesus von Reinhard Bonnke!“ oder „Ich bin der Jesus von Anni Bonnke!“, dann sollten wir am besten auch entsprechend handeln!

Abrahams Persönlichkeit formte sich aus der Persönlichkeit seines Gottes, seinen Qualitäten, Werten, Tugenden, seiner Größe. Gott erwählte sich Abraham nicht wegen perfekter Qualitäten, sondern um seiner selbst willen.

Abraham war das, wozu ihn Gott machte – ein Segen bis heute. Und Gott war so, wie Abraham ihn repräsentierte. Trotz Abrahams Mängeln, worin er oft ein Kind seiner Zeit war, strahlte der Herr hindurch als ein Gott, den kennen zu lernen sich lohnte. Abrahams Persönlichkeit formte sich aus der Persönlichkeit seines Gottes, aus seinen Qualitäten, Werten, Tugenden, seiner Größe. Gott erwählte sich Abraham nicht wegen perfekter Qualitäten, sondern um seiner selbst willen. Dank seines Glaubens übertrug Gott Abraham göttliche Wesenszüge. Der in Eden begonnene Prozess wurde mit Abraham gleichsam neu gestartet: Gott, der den Menschen zu seinem Ebenbild erschafft.

Ziel des Glaubens ist, diesen Prozess fortzusetzen. *„Bei seiner Offenbarung werden wir ihm gleich sein, denn wir werden ihn sehen, wie er ist.“* (1. Johannes 3,2*)

Kapitel 12

Abrahams Glaube (Teil 2)

Kriegsbeute

Als Abraham das Leben als Zeltbewohner aufnahm, drangsalierte ein kleiner König namens Kedor-Laomer die Gegend, ein mit heutigen Mafiabossen vergleichbarer Abenteurer. Zwölf Jahre lang erzwang er harte Abgaben von den umliegenden Ortschaften – ein König der Schutzgelderpressung. Da erhoben sich fünf Stadtstaaten gegen Kedor-Laomer und die ihn unterstützenden Fürsten. Doch das reizte ihn nur zu noch schlimmeren Untaten. Wütend startete er samt seiner kriminellen Allianz einen großen Plünderungszug, bei dem er Sodom, Gomorrha, Adma, Zibojim und Bela, die berüchtigten Städte der Ebene, überrannte.

In Sodom lebte Lot, Abrahams Neffe. Auch er, seine Frau und die verheirateten Töchter wurden gefangen genommen und all ihre Habe geraubt. Abraham hörte davon und beschloss, etwas zu unternehmen. Er hatte mit kampfstarken lokalen Führern Freundschaft geschlossen, die sich ihm nun anschlossen – zusammen eine gut ausgebildete, solide Privatarmee. In einer gut organisierten Rettungsaktion unter Abrahams Leitung verfolgten sie die plündernden Anführer, schlugen Kedor-Laomer samt seiner Bande und brachten die Gefangenen unversehrt zurück, auch alles Geraubte und noch zusätzliche Beute.

Auch der König von Sodom wurde befreit. Vorlaut gab er Abraham Instruktionen über die Verteilung des Kampfgewinns: Die befreiten Gefangenen wollte er selbst haben und dafür Abraham den Kriegsraub überlassen.

Doch da bekam der König etwas Ungeahntes, damals völlig Neues zu hören. Denn Abraham, der Eroberer, sagte: *„Nicht einmal einen Faden oder Schuhriemen behalte ich!“* (1. Mose 14,23) Niemand sollte über ihn sagen können, Sodom habe ihn reich gemacht. Gott hatte Abraham gezeigt, dass die von ihm ersehnte Stadt, die der Herr erbauen wollte, sich nicht auf Kosten anderer und durch Zerstörung bereichern würde. Abraham hatte einen besseren Weg gesichtet.

Gewöhnlich lebten Städte davon, dass sie andere Städte verwüsteten, Ernten und Güter raubten und Gefangene zu Sklaven machten. Unter militärischer Stärke verstand man letztlich Plünderung. Ein späteres Beispiel dafür liefert Richter 5,30. Debora hatte Israel aus kanaanäischer Unterdrückung befreit. Vers 30 beschreibt, wie Kanaans Königsmutter, die in Sorge um die ausbleibenden Krieger aus dem Fenster schaut, die beschwichtigenden Worte einer Beraterin wiederholt: *„Sicher machen und teilen sie Beute, ein, zwei Frauen für jeden Mann, Beute an Kleidern für Sisera, Beute an Kleidern, für meinen Hals als Beute ein, zwei bunte Tücher."* Indem Abraham solche Praktiken verweigerte, beschämte er die Gier des Königs von Sodom.

Abraham wusste, dass er als Gottes Diener gehandelt und nicht nötig hatte, seine eigenen Auslagen von der Beute einzufordern. Gott gab ihm die Bestätigung dafür. *„Nach diesen Ereignissen erging das Wort des Herrn in einer Vision an Abram: Fürchte dich nicht, Abram, ich bin dein Schild und dein sehr großer Lohn."*

Abraham wusste, dass er als Gottes Diener gehandelt und nicht nötig hatte, seine eigenen Auslagen von der Beute einzufordern. Gott gab ihm die Bestätigung dafür. *„Nach diesen Ereignissen erging das Wort des Herrn in einer Vision an Abram: Fürchte dich nicht, Abram, ich bin dein Schild und dein sehr großer Lohn."* (1. Mose 15,1*) Abraham glaubte dem Herrn. Er erkannte, dass man mit solch einem Gott nicht töten, abschlachten und sich durch Raubzüge am Besitz anderer Menschen bereichern musste – Gott würde sich um ihn kümmern! Genau das tat Gott, und zwar vortrefflich.

Abrahams Glaube hatte ihm zwei neue Prinzipien eröffnet:

Erstens: Der Starke sollte dem Schwachen helfen, statt ihn auszunutzen.

Zweitens: Glaube an Gott hieß nicht, andern Menschen schaden zu müssen.

Gott konnte jemanden reich machen, ohne andere arm zu machen – dies war das neue Ideal. Viele Jahrhunderte lang wurde es allerdings missachtet, als hoffnungslos unpraktisch betrachtet. Die Welt lernt solche Lektionen nur sehr langsam. Lieber arbeitet sie mit dem Prinzip, dass der

Starke überlebt und der Schwache an die Wand gedrückt wird. Man solle das Beste für sich herausholen, ganz gleich, wer dabei untergeht. – Der Weg der Bibel ist anders.

Während dieses Buch entsteht, gibt es noch immer ein Tauziehen um Kriegsbeute aus dem Zweiten Weltkrieg. Unsere Zivilisation hat Abrahams zivilisierte Prinzipien noch nicht ganz begriffen. Unter Josua schaffte sich einst ein Kämpfer namens Achan Kriegsbeute beiseite. Damit brachte er lange Ungnade über seinen Stamm und trug damit wahrscheinlich auch zum Riss der nationalen Einheit dreihundert Jahre später bei, als sich fast alle übrigen Stämme von Achans Stamm Juda unter König Rehabeam abspalteten.

Raffgier hat viele Formen. Heute zeigt sie sich natürlich in der Geschäftswelt. Jesus nannte solche Gesinnungen „heidnisch" – also gottlos. Matthäus 6,32f stellt fest: *„Um all das geht es den Heiden. Euer himmlischer Vater weiß, dass ihr das alles braucht. Euch aber soll es zuerst um sein Reich und um seine Gerechtigkeit gehen; dann wird euch all dies dazugegeben."**

Abraham und Lot

Bei Lot, dem Neffen Abrahams, gab es jene typische Einstellung. Er überlegte, wie er andere austricksen könne. Zwischen Abraham und Lot kam es zu einer Wahlsituation. Beide waren wohlhabende Männer mit großen Herden, dem Kapital jener Tage, und brauchten für ihre Tiere geeignete Weideplätze. Das hatte zu handfesten Konflikten zwischen den Hirten geführt. Es drohten Blutvergießen und eine bleibende Kluft zwischen Onkel und Neffen.

> Gott konnte jemanden reich machen, ohne andere arm zu machen. Dies war das neue Ideal.

Abraham wertete gute Beziehungen höher als materiellen Gewinn. Mit einer bewundernswert großzügigen Geste kam er seinem Neffen entgegen: Lot sollte sich nehmen, was er wünschte, und Abraham wollte mit dem übrigen Land zufrieden sein. Wie er Lot kannte, würde dieser wohl das beste Stück wählen, und Abraham wollte seinen gewinnorientierten Neffen nicht beschämen.

Lot handelte seinem Charakter gemäß und nahm sich das beste, fruchtbarste Gebiet. In 1. Mose 13,10 wird es als *„ganz bewässert ... wie der Garten des Herrn"* beschrieben. Lot war mit sich sehr zufrieden. Jetzt besaß er nicht nur die reichsten Weidegebiete, sondern hatte ganz in der Nähe auch die Städte mit ihren für den Handel günstigen Märkten.

Eine davon war Sodom, berüchtigt wegen ihrer Verdorbenheit. Aber um des guten Geschäfts willen wurde Lot ein führender Bürger. Zwar bezeichnet ihn das Neue Testament als rechtschaffenen Mann, der *„bei ihnen wohnend unter dem ausschweifenden Wandel der Ruchlosen litt"*; denn er *„quälte durch das, was er sah und hörte, Tag für Tag seine gerechte Seele mit ihren gesetzlosen Werken."* (2. Petrus 2,7f*) Aber Lot entschied sich zu bleiben, denn dort gab es gute Geschäftserträge. So etwas nennt Gottes Wort *„die Welt lieb haben"*.

Glaube hat keine Ellbogen

In allen Gruppierungen gibt es Leute, die sich gern in den Vordergrund schieben, andere in den Schatten stellen oder beiseite drängen und immer die erste Geige spielen wollen. Im Kontrast dazu erwähnt Apostelgeschichte 1 einen erstaunlichen Menschen namens Joseph Barsabbas, auch Justus („der Gerechte") genannt. Er muss eine bemerkenswerte Demut und Frömmigkeit besessen haben. Justus war einer der zwei Kandidaten, um die durch Judas' Selbstmord entstandene Lücke bei den zwölf Aposteln zu schließen. Es wurden Lose gezogen – wir würden sagen, sie warfen eine Münze. „Kopf" fiel auf Matthias, den andern Kandidaten. Von Justus hören wir in der Heiligen Schrift nichts mehr.

Welche Eifersucht hätte diesen Mann für den Rest seines Lebens verbittern lassen können! Er war doch ein Jünger Johannes' des Täufers gewesen und Christus von Beginn an gefolgt – jetzt aber sollte er beiseite gestellt und kein Mitglied der erlauchtesten Schar sein, die je über diese Erde ging?

Abraham wählte Glauben, die Ehre kam als Zugabe.

Aber es gibt keinen einzigen Hinweis darauf, dass er beleidigt war oder die Gemeinde durch irgendwelchen Missmut gestört hat. Die Erzählungen über sein weiteres Leben drücken ausnahmslos Respekt aus. Dieser Joseph Justus, der vermutlich schon zu den siebzig von Jesus ausgesandten Jüngern zählte, soll das Evangelium nach Äthiopien getragen haben. Wie? Er war ein Mann des Glaubens, der den Herrn an seiner Seite wusste. Wenn Männer oder Frauen Glauben an Gott haben, werden ihnen menschliche Ehrungen zweitrangig. Solche Dinge geben sie in Gottes Hände. Wie uns Papias überliefert, wollten die Heiden den demütigen Joseph vergiften, doch er überlebte auf wunderbare Weise. Jemand mit einem derartigen Gottvertrauen, der im Geist kein Gift trug, konnte schwerlich Opfer des Giftbechers werden.

Wenn Männer oder Frauen Glauben an Gott haben, werden ihnen menschliche Ehrungen zweitrangig.

Lot hat Abraham nie verstanden, der seine Glaubensprinzipien auch über den Geschäftssinn herrschen ließ und gesellschaftliche Chancen drangab, indem er Distanz zu den Städten hielt. Vielleicht hielt Lot seinen Onkel für dumm. Jemand muss vorangehen, doch die Frage ist, ob wir Ehre oder Glauben begehren. Jesus fragte: *„Wie könnt ihr glauben, die ihr Ehre voneinander nehmt?"* (Johannes 5,44)

Abraham wählte Glauben, die Ehre kam als Zugabe! Lot tat nichts Wesentliches für die Städte, Abraham wohl. Er kämpfte für sie, befreite ihre gefangenen Bürger und drängte Gott, sie nicht zu zerstören. Als Sodom dann doch die Vernichtung erntete, lesen wir den eindrucksvollen Vermerk: *„Gott … dachte an Abraham und ließ Lot mitten aus der Zerstörung fortgeleiten."* (1. Mose 19,29) Lot kam um Abrahams willen frei!

Zweimal rettete Abraham Lot. Dieser verbrachte sein Lebensende in einer Höhle, zusammen mit zwei inzestuösen, wohl durch Sodoms Sünden verdorbenen Töchtern, die sich vom eigenen Vater Kinder verschafften. Früher hatte Lot sie dem Mutwillen eines sexbesessenen Mobs angeboten, als Ersatz für zwei männliche Besucher, nach denen es die Sodomiter gelüstete (*„… wir wollen mit ihnen verkehren!"* 1. Mose 19,5) Und was seine Gattin betrifft, warnt Jesus: *„Denkt an Lots Frau!"* (Lukas 17,32) Wie ihre Schwiegersöhne konnte auch sie sich nicht vom Stadtleben losreißen – im Gegensatz zu Abraham, der auf Städte verzichtete, weil ihn die Aussicht auf Gottes Stadt erfüllte. Jene Verwandten aber ignorierten sogar Engelswarnungen und kamen um. Ganz Sodom flog in die Luft und versank im Schwefelsalz-Regen. Lots Frau wurde von den Gasen erstickt, und die Salze überzogen sie wie eine Säule. Welch ein Exempel über Glauben und Unglauben!

Gottvertrauen

Weit vorausblickend glaubte Abraham, dass Gott alle Dinge zum Guten dienen lassen werde, und vertraute auf dessen persönliche Zusage: *„Ich bin dein … sehr großer Lohn“* (1. Mose 15,1*) Keine Anstrengung und Ängstlichkeit wegen Gewinn oder Verlust – er hatte Gott, El Schaddai, den *„Allgenügenden Gott“* (1. Mose 17,1). Abraham wollte nicht haben, was der Herr nicht für ihn wollte.

Gott würde sein Versprechen erfüllen. Daher konnte sich Abraham leisten, Lot die besten Weidegründe zu überlassen. Hätte man ihn nach dem von Gott bekommenen „Geburtstagsgeschenk“ gefragt, hätte Abraham sicher geantwortet: „Kanaan!“

Nachdem sich Lot von Abram getrennt hatte, sprach der Herr zu Abram: Blick auf und schau von der Stelle, an der du stehst, nach Norden und Süden, nach Osten und Westen. Das ganze Land nämlich, das du siehst, will ich dir und deinen Nachkommen für immer geben. Ich mache deine Nachkommen … wie den Staub auf der Erde. Nur wer den Staub auf der Erde zählen kann, wird auch deine Nachkommen zählen können. (1. Mose 13,14-16)

Jesus hat Abrahams Grundsatz in die berühmte Verheißung seiner Bergpredigt gepackt: *„Trachtet zuerst nach dem Reich Gottes und seiner Gerechtigkeit, so wird euch das alles hinzugefügt.“*

Lot besaß ein kleines Gebiet, aber keinen göttlichen Bund. Betrunken gründete er mit seinen Töchtern eine Sippe, die zum verschworenen Feindesvolk für Israel anwuchs. Selbst aller Wohlstand, für den er seine Seele verkauft hatte, ging im Rauch von Sodom und Gomorrha auf. Archäologisch vermutet man Überreste dieser Städte unter den Wassern des Toten Meeres.

Glaube und Wohlstand

Jesus hat Abrahams Grundsatz in die berühmte Verheißung seiner Bergpredigt gepackt: *„Trachtet zuerst nach dem Reich Gottes und seiner Gerechtigkeit, so wird euch das alles hinzugefügt.“* (Matthäus 6,33*) Er appelliert an ein Grundvertrauen im Alltag: *„So seid nun nicht besorgt um den morgigen Tag!“* (Matthäus 6,34)

Christus dachte an den Segen Abrahams, von dem Gott gesagt hatte, er solle alle Generationen segnen: *„Euer himmlischer Vater weiß …“* (Matthäus 6,32) – ihr müsst ihn nicht erinnern oder anbetteln.

Man sagt, dass Ehrlichkeit sich auszahle, aber wie viel mehr der Glaube! Menschen, die Christen werden, steigen sozial und wirtschaftlich schneller auf und verhelfen auch andern dazu. Christliche Organisationen beginnen meist mit Männern und Frauen der arbeitenden Klasse, deren sozialer Stand sich dann in einer nach oben offenen Skala entwickelt.

Gott verspricht nie geldmäßige Belohnungen; denn Geld wäre eine dürftige Belohnung und kann niemanden zufrieden stellen. Ein weiterer Grund, warum Gott sagte: „Ich bin dein sehr großer Lohn!“

In der Regel haben Christen Gott vertraut, Gedeihen erlebt und ihre Geschäfte nicht nur zum Profit geführt, sondern auch als Dienst und zum Nutzen ihrer Arbeiter. Die heutige Wirtschaftswelt aber zieht die Geldliebe der Menschenliebe vor. Das „Verschlankungs-Prinzip“ im Geschäftsleben macht die Mehrheit pessimistisch für ihre Zukunft und Arbeitsplätze. Das Übel wachsender Unsicherheit wiederum schadet der Wirtschaft. Geld vor Menschen zu setzen, löst eine Spirale nach unten aus! Abraham wurde gesegnet, obwohl – nein, **weil** ihm das finanzielle Motiv fehlte! Jesus erklärt: *„Die Weisheit hat von all ihren Kindern Recht bekommen.“* (Lukas 7,35) Abrahams Glaube und seine Liebe zu Gott gaben ihm Weisheit über die Maßen.

Der Glaube ist keine Masche, um mehr als nötig zu bekommen.

„Wenn wir Nahrung und Kleidung haben, soll uns das genügen. Wer aber reich werden will, gerät in Versuchungen und Schlingen …“ (1. Timotheus 6,8f).

„Euer Leben sei frei von Habgier; seid zufrieden mit dem, was ihr habt; denn … wir können zuversichtlich sagen: ‚Der Herr ist mein Helfer …‘“ (Hebräer 13,5f*).

Privater Gewinn, also mehr als genug zu haben, war für biblische Gläubige nie Triebfeder ihres Gottvertrauens. Gleichwohl schafft der Glaube Bedingungen für einen Wohlstand nach Gottes Vorstellungen; denn Gott kennt unsere Herzen. Wenn er sich einen Milliardär wünscht, macht er jemanden dazu, um des Himmelreichs willen. Gott verspricht nie geldmäßige Belohnungen; denn Geld wäre eine dürftige Belohnung und kann niemanden zufrieden stellen – ein weiterer Grund, warum Gott zu Abraham sagte (siehe oben): „Ich bin dein sehr großer Lohn!"

Die Philipper hatten Glauben und Werke. Ihr Glaube zeigte sich in materiellen Gaben und Hilfen für Paulus im Gefängnis. Jesus hat dieses Prinzip in Matthäus 10,40-42 verkündet: *„Wer euch aufnimmt, der nimmt mich auf … Wer einem … einen Becher frisches Wasser zu trinken gibt, weil es ein Jünger ist … er wird gewiss nicht um seinen Lohn kommen."* Man nimmt gleichsam Christus, die unaussprechliche Gabe, auf. Gott belohnt den, der seinem Arbeiter etwas gibt, ebenso wie den Arbeiter selbst; den Missionsunterstützer ebenso wie den Missionar; den Beter ebenso wie den Gebetsempfänger. Daher konnte Paulus den Philippern, die ihn während seiner Gefängniszeit unterstützten, schreiben: *„Gott … wird euch durch Christus Jesus alles, was ihr nötig habt, aus dem Reichtum seiner Herrlichkeit schenken."* (Philipper 4,19)

Abraham und die andern Glaubensmenschen der Bibel hatten als erste, zweite, dritte Priorität den Willen Gottes. Das bedeutete, Gerechtigkeit anzustreben, die verlorenen Schafe zu suchen, sein Leben hinzugeben und unbeirrbar, Gott ehrend, zu dienen.

Abraham und die anderen Glaubensmenschen der Bibel hatten als erste, zweite, dritte Priorität den Willen Gottes. Das bedeutete, Gerechtigkeit anzustreben, die verlorenen Schafe zu suchen, sein Leben hinzugeben und unbeirrbar, Gott ehrend, zu dienen.

Der Glaube an Gott und das Profit-Motiv vertragen sich nicht. In den zwei letzten Kapiteln des Alten Testaments beschäftigt sich Maleachi mit Glauben und Wohlstand und konfrontiert die Bevölkerung von Juda mit deren Beschwerde: *„Ihr sagt: Es hat keinen Sinn, Gott zu dienen; was haben wir davon?"* (Maleachi 3,14) Gott nennt solches Reden *„anmaßend"* (Vers 13). Aber auch die Gespräche derer hörte er, die auf einem anderen Niveau lebten und den Herrn fürchteten. Ihnen versicherte er, sie würden *„an dem Tag, den ich herbeiführe, spricht der Herr der Heere, mein besonderes Eigentum sein"*. Das wurde extra ins „Buch der Erinnerung" geschrieben (Verse 16f).

Die biblische Maxime zu unserem Thema hat zehn Worte: *„Nicht träge im Schaffen, brennend im Geist, dem Herrn dienend!“* (Römer 12,11*) „Im Geist brennend“ (griechisch „zeontes“, „kochend“) beinhaltet nicht nur flammende Erweckungsversammlungen, sondern auch Geschäft und Lebensunterhalt – aber immer als Dienst für Gott. Kardinal Wolsey, ein berühmter englischer Kirchenmann bei König Heinrich VIII., starb vor seinem Prozess wegen Hochverrats. Seine bekannten letzten Worte sollen gewesen sein: „Hätte ich doch meinem Gott nur halb so eifrig gedient wie dem König – er hätte mich im Alter nicht meinen Feinden preisgegeben!“ Tatsächlich hatte er dem König nur gedient, um sich selbst zu dienen, wodurch er äußerst reich und mächtig geworden war. Hätte er Gott gedient, wäre er „ärmer“, aber unendlich glücklicher gewesen.

Jesus saß einst mit den Jüngern und einem Riesenfang großer Fische am Ufer des Galiläischen Meeres. Er selbst hatte ihnen geraten, wo sie die Netze auswerfen sollten. Die Jünger waren zur Fischerei zurückgekehrt. Jesus wies auf das Boot, das Netz, den Fang und testete Petrus: *„Liebst du mich mehr als diese?“*

Gott kann Wohlstand am besten solchen Menschen anvertrauen, deren Herz nicht daran hängt, sondern an **ihm**. Jesus saß einst mit den Jüngern und einem Riesenfang großer Fische am Ufer des Galiläischen Meeres. Er selbst hatte ihnen geraten, wo sie die Netze auswerfen sollten. Die Jünger waren zur Fischerei zurückgekehrt. Jesus wies auf das Boot, das Netz, den Fang und testete Petrus: *„Liebst du mich mehr als diese?“* (Johannes 21,15)[21]

Es war die gleiche Prüfung, wie sie der Herr einst Abraham vorlegte: Liebte er Gott mehr als seinen Augapfel Isaak[22]?

In der Bibel wird viel über Wohlstand, Reichtum und Armut gesagt. Gott möchte für keinen, dass er arm ist. Gottesglaube zielt auf Wohlergehen ab. Die Sünde erzeugt nicht nur Armut, sondern ebenso das unheilige Anhäufen von Reichtum zum Verderben derer, die ihn besitzen. Jakobus mahnte die, die ihre Arbeiter ausbeuteten und unterbezahlten: *„Ihr aber, ihr Reichen, weint nur und klagt über das Elend, das euch treffen wird!“* (Jakobus 5,1)

> Jakobus mahnte die, die ihre Arbeiter ausbeuteten und unterbezahlten: *„Ihr aber, ihr Reichen, weint nur und klagt über das Elend, das euch treffen wird!"*

Die Geschichte von Abraham und Lot illustriert solch ein vielschichtiges Thema besser als Definitionen und Feststellungen. Was ich hier beschrieben habe, sind biblische Glaubensprinzipien, die ich quer durch die Heilige Schrift erkenne. Wir alle sollten sie im eigenen Lebensbereich anwenden, ob nun als Werteschaffende oder als Nichtselbstständige und Bedürftige, wenn wir im Glauben an Christus leben wollen.

Eine MISSION für AFRIKA

Anni und Reinhard Bonnke mit der internationalen Planungsgruppe

Ibadan Nigeria

Große Freude herrscht über die Zeichen und Wunder im Anschluss an die Predigt.

Beim Abschlussgottesdienst drängen sich 1,3 Millionen Menschen bis in den letzten Winkel des Veranstaltungsfeldes.

Jede Nische, von der man das Evangelium hören und die Auswirkungen der allmächtigen Kraft Gottes beobachten kann, ist besetzt.

Akure
Nigeria

Eine ehemalige Hexe
dient jetzt nur noch Jesus!

Einst ein Zauberdoktor –
heute ein Nachfolger Jesu!

2.500.000 Menschen besuchen die 5-tägige Veranstaltung

37.800 Delegierte nehmen an der Feuerkonferenz teil.

Ilesa, Nigeria

Insgesamt 1.390.000 Menschen
hören in 5 Tagen das Evangelium.

Myriaden fliegender Ameisen umschwärmen das hell erleuchtete Podium.

Die ehemalige Hexe von Akure erzählt voll Freude, wie Gott sie freigesetzt hat.

Der tausendköpfige Evangelisationschor feiert voller Dankbarkeit den Herrn.

Freude und Jubel über Gottes Wirken.

Khartum
Sudan

210.000 Menschen drängen sich während der Osterfeier auf den Grünen Platz in Khartum.

300 gemietete Busse bringen Menschen aus allen Gegenden zu den Veranstaltungen.

Im Herzen Khartums findet eine Veranstaltungsreihe statt, wie sie diese Stadt in ihrer langjährigen Geschichte noch nicht gesehen hat. Tausende von Menschen erleben Jesus und erhalten ewiges Leben.

8.000 Besucher der Feuerkonferenz werden durch das Wort Gottes gestärkt.

Eine Gruppe Neubekehrter zeig stolz ihre Nacharbeitsbüchlein. Während der Port Harcourt-Evangelisation wurden davon 1,6 Millionen Exemplare verteilt.

Frau Odeleyi freut sich über das neu geschenkte Leben ihres Sohnes.

PORT HARCOURT
Nigeria

Ogbomosho
Nigeria

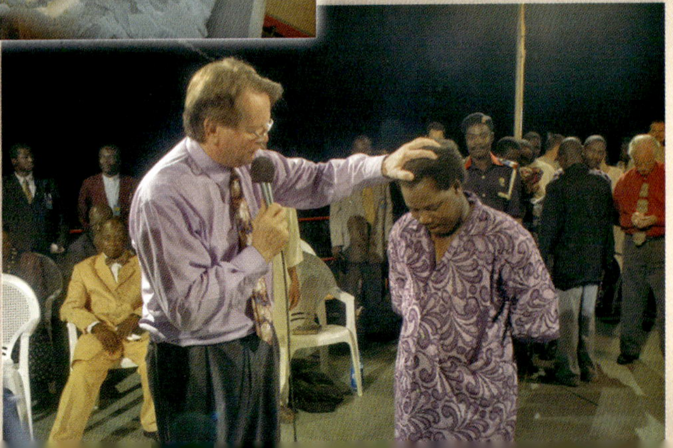

Für zahllose Anliegen wird gebetet.

1.758.144 Menschen fällen eine Entscheidung für Christus

Die Erde erbebt unter dem Jubel Tausender, während Menschen geheilt und freigesetzt werden.

Freudentänze während Fetische und Zauberutensilien verbrannt werden.

Lagos
NIGERIA

Taube Ohren öffnen sich nach der Predigt des Evangeliums.

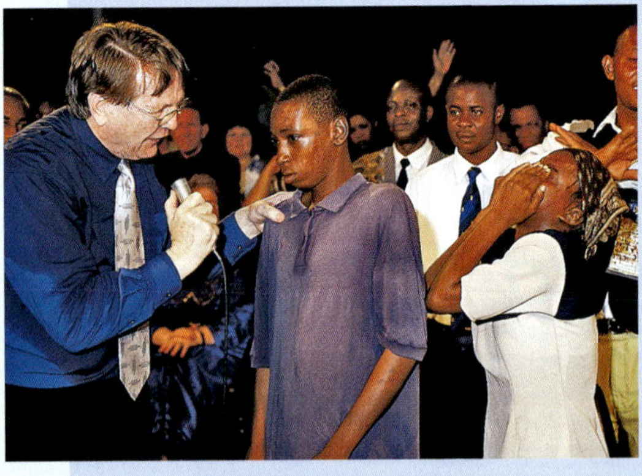

Zum ersten Mal kann der Junge sprechen. Seine Freundin ist überwältigt und kann es kaum fassen.

Die große Millenniums-Evangelisation in Lagos (Nigeria) wird an 6 Tagen von 6 Millionen Menschen besucht.

Dieser Mann zeigt ärztliche Gutachten, die seine Heilung von Tuberkulose bestätigen.

3,4 Millionen registrierte Entscheidungen für Jesus.

Weltweite Literaturverbreitung

CfaN-Literatur wurde bisher in 138 verschiedenen Sprachen übersetzt und 178.000.000 Exemplare wurden in 53 Ländern gedruckt. (Stand: Sommer 2004)

Millionenauflagen des Buches „Wenn das Feuer fällt“ wurden in 6 Sprachen an Bibelschüler, Gemeindeleiter und Pastoren weltweit kostenlos verteilt.

Teil 5

Kapitel 13

Glaube und Gottes Charakter

Alles, worüber Menschen nachdenken können, wird von der einen Frage in den Schatten gestellt: Welchen Charakter hat Gott? An was für einen Gott glauben wir?

Wie ist sein Wesen, seine Gesinnung? Ist er gut, einfach, glücklich oder rachgierig, schwierig, freudlos? Ist er der Oberkritiker und steinharte Richter oder kennt er Fürsorglichkeit? Ist er der „unbewegte Beweger", unberührt von allem? Was empfindet er über unsere Sünden und Kämpfe? Welches Format hat er wirklich? Darauf gibt es tausend Antworten, und sie prägen unsere Umwelt.

Denn unsere Einstellung zu allem wird von dem bestimmt, was wir über Gott denken. Und wenn wir gar nicht über ihn nachdenken, sind wir unbedachte Toren. Tragischerweise hat das oft eine Menge mit aktuellen Ereignissen zu tun.

Große Nationen haben ihre Identität durch die vorherrschende religiöse Grundanschauung wie etwa Buddhismus, Hinduismus oder Islam. In Europa und dem Westen prägen christliche Kultur und Tradition unser Denken anders als nichtchristliche Völker. Kipling formulierte sogar: „Oh, Ost ist Ost und West ist West, sie kommen nie überein, bis alle Welt einst wird zugleich vor Gottes Richtstuhl sein."[23] Wenn es in weiten Gebieten der Erde Unterdrückung oder Selbstständigkeit, Einschränkung oder Freiheit, Fortschritt oder Stillstand gibt, liegt das maßgeblich an ihren Gottesbegriffen.

Nun, dies sind zeitliche Auswirkungen. Aber auch unsere Seelen strukturieren sich durch das, was wir glauben. Die Bibel kommt direkt zum Kern, wenn sie sagt: *„Wer an den Sohn glaubt, hat ewiges Leben; wer nicht auf den Sohn hört, wird das Leben nicht sehen."* (Johannes 3,36*)

Welcher Gott?

Der Begriff „Gott" ist mehrdeutig – auf was oder wen weist er hin? Letztlich geht es um seinen Charakter. Ist Gott nur „ein bestimmtes Etwas irgendwo", formlos und mit eigenartigem Wesen? Millionen Menschen basteln sich einen Gott aus allerlei Wünschen, Meinungen und Aberglauben. Andere reden vom „abwesenden Schöpfer" oder von der New-Age-Gottheit Gaia; auch gibt es die Götter der Philosophen und den Gott der Deisten[24]. Wie oft sprechen Leute, die nie eine Bibel aufschlagen und vom Thema wenig wissen, so selbstsicher wie der Papst. Neunzig Prozent der Ansichten über Gott entspringen absoluter Unkenntnis.

Auch die größten Denker können nur spekulieren. Wollen wir uns Gott nach dem eigenen Kopf ersinnen? Durch Verstand allein lernen wir nicht mal einen Menschen richtig kennen, es sei denn, dieser öffnet sich uns. Gott will ja, dass wir ihn kennen. Er, der uns gemacht hat, möchte seine Geschöpfe nicht in Unwissenheit lassen. Wenn wir uns der Bibel zuwenden, bekommen wir einen so gewaltigen Eindruck von Gott, wie ihn unsere Vorstellungskraft nie zustande brächte. Kein Bildnis oder Gott irgendeiner Religion kann damit konkurrieren.

Der im Busch Wohnende

Aus den vielerlei Stellen der Bibel lässt sich Gottes Wesen identifizieren. So etwas lesen wir schon in 5. Mose 33,13 und 16. Israels größter Prophet Mose weissagte über die zwölf Stämme und tat kund, was sie waren und werden sollten. Er segnete Josef mit den Worten: *„Sein Land sei gesegnet vom Herrn … und … Wohlwollen dessen, der im Dornbusch wohnt."**

Es war konkret der Gott vom brennenden Busch, dessen Besuch und Segen Mose für Josef wünschte. Er beschreibt das als Gottes „Wohlwollen" oder Gunst. Gott ist der Gott des Wohlwollens für uns! Die Engel, die Christi Geburt verkündeten, gebrauchten ein damit verwandtes Wort (Lukas 2,14): *„Herrlichkeit Gott in der Höhe und Friede auf Erden unter den Menschen des Wohlgefallens!"* So ist Gottes Gesinnung – Wohlwollen für die Menschheit. Der originale Wortlaut kann falsch gelesen werden, aber jedenfalls ist es nicht unser Wohlgefallen oder Wohlwollen, sondern Gottes! Wir sind Leute seines Wohlgefallens oder, nach einer anderen Bibelübersetzung, *„Menschen, auf denen seine Gunst ruht"*.

Wenn man an die damaligen, religiös kümmerlichen Zeiten denkt, sind solche Worte noch erstaunlicher. Die ganze Welt lebte im Götzendienst. Ihre Götter waren auf keinem Gebiet leuchtende Vorbilder, schon gar nicht beim Wohlwollen – emotional so unberechenbar wie die Erdlinge, oft mürrisch. Man musste sie umschmeicheln, überreden, besänftigen, um den kleinsten Gefallen zu bekommen.

Gott kam herab, um die Freiheit einzuführen: Er machte Israel zu seinem Volk, zur ersten freien Nation der Erde.

Mose sprach nicht verschwommen von Gott dem Herrn. Er kannte ihn von einer der Charakteroffenbarungen Gottes: *„… Wohlwollen dessen, der im Dornbusch wohnt!"* Jene erste Begegnung (2. Mose 3) war ein Überfließen spontaner Zuwendung gewesen. Mose hatte dort nicht gebetet, sich niedergeworfen oder darum geweint, dass etwas Übernatürliches geschähe. Er hatte keine Beschwörungen gerufen, keine Magie angewandt. Gott erschien ihm unverhofft und aus eigenem Antrieb. Jakobus 1,18 untermauert es: *„Aus freiem Willen hat er uns durch das Wort der Wahrheit geboren …"*

Gottes Wohlwollen bei dieser Gelegenheit ging sogar über Israel hinaus. Auf der ganzen Welt gab es keine freie Nation – da kam Gott herab, um die Freiheit einzuführen: Er machte Israel zu seinem Volk, zur ersten freien Nation der Erde. Ihr Sabbat verkündigte allen: „Menschen sollen keine Sklaven sein, die jeden Tag arbeiten müssen!" Ruhepausen waren Gottes Idee. – Wohlwollen! So ist der Herr, und die Bibel ermutigt uns, an ihn zu glauben.

Gottes guter Wille

Die Heilige Schrift hat viel über Gottes Willen zu sagen. (Dem großen Wort „Ich will" habe ich ein eigenes Kapitel dieses Buches gewidmet.) Nun, in der Heidenwelt hieß „Wille" lediglich Entscheidung, eine zu treffende Wahl ohne Gefühl. Doch jene, die Gott den Herrn kannten, dachten an **seinen** Willen und gaben dem Wort einen reicheren Sinn. Wenn man Gottes Willen erwähnte, meinte man sein Verlangen, seinen tief empfundenen Wunsch. Der Wille des Herrn ist kein kaltes Gericht oder Kalkül; er kommt aus dem Herzen. Gott erfreut sich an Güte!

> Um Israels Lage zu wenden und die Idee der Freiheit einzuführen, erschütterte Gott Ägypten und die Natur. Nichts konnte ihn aufhalten: Pharao, Armeen, Götter, Flüsse und Meer, nicht einmal Israels Undankbarkeit und Widerstreben. Sie schienen die Ketten, die sie gebunden hatten, umarmen zu wollen, aber das wollte Gott nicht hinnehmen.

Genau diese Eigenschaften ziehen sich durch die ganze Bibel. Gottes Wohlwollen wird zur Gewissheit. Wenn Atheisten ihre Anklagen vorbringen, mögen sie Krishna, Buddha oder Allah meinen, die wirklich keine Denkmäler für Offenherzigkeit und Großzügigkeit sind. Die Bibel aber stellt Gott, den Vater unseres Herrn Jesus Christus, heraus.

Auch im Neuen Testament beschreibt das Wort „Wohlwollen" einen Charakterzug Gottes. In Hebräer 6,17 steht es gleich zweimal: *„Gott* ***wollte*** *den Erben der Verheißung ausdrücklich zeigen, wie unabänderlich sein* ***Wille*** *ist …"** Römer 12,2 kennzeichnet Gottes Willen als *„gut"*, *„vollkommen"*, *„wohlgefällig"*. Er wird auch *„seine Lust"* genannt. Von Christus wurde prophezeit, dass er Gottes Willen mit Wonne tun werde. Gottes Sehnsucht war auch Christi Sehnsucht. Jesus sagte, es sei ihm eine Lust zu tun, was Gott gefiele, also Gott Wohlgefallen zu bereiten (Johannes 8,29). Und Gott Vater sprach, sein Sohn bereite ihm große Herzenslust (Lukas 3,22, vgl. Matthäus 12,18).

Der Heilige Geist bewirkt in uns, was er in Christus bewirkte, wie wir in Philipper 2,13 lesen: *„Denn Gott ist es, der in euch wirkt sowohl das Wollen als auch das Vollbringen zu seinem Wohlgefallen."**

Der Wille „dessen, der im brennenden Busch wohnte", war zuweilen furchterregend. Um Israels Lage zu wenden und die Idee der Freiheit einzuführen, erschütterte Gott Ägypten und die Natur; nichts konnte ihn aufhalten: Pharao, Armeen, Götter, Flüsse und Meer, nicht einmal Israels Undankbarkeit und Widerstreben. Sie schienen die Ketten, die sie gebunden hatten, umarmen zu wollen, aber das wollte Gott nicht hinnehmen.

Wohlwollen, leidenschaftliche Güte, so ist Gottes Charakter – bereit, die Welt wieder auf die Beine zu bringen. Dafür riss er sich sogar den eigenen Sohn vom Herzen, damit er zur Erde kam und des Vaters Willen erfüllte – zum Nutzen und Segen der unwürdigen Menschenkinder.

Wie ist Gott?

Wir fragen uns, wie Gott ist, aber er ist wie niemand und nichts, was wir kennen. Wir können ihn nicht hinreichend beschreiben. *„Mit wem wollt ihr mich vergleichen? Wem sollte ich ähnlich sein? spricht der Heilige … unergründlich ist seine Einsicht."* (Jesaja 40,25.28) Fest steht nur, dass Gott den Menschen nach seinem Ebenbild schuf. Leider „erschafft" sich der Mensch zu oft Gott nach seinem Ebenbild.

Und dennoch ist er nicht der unbekannte Gott! Wir können Kenntnis über ihn bekommen. Jesus sagte: *„Lernt von mir!"* (Matthäus 11,29), und Paulus schreibt von der Berufung, zu *„wachsen in der Erkenntnis Gottes"* (Kolosser 1,10).

Der Heilige

Israel hatte für Gott einen Namen, der so heilig war, dass sie seinen Gebrauch möglichst vermieden. In unseren Bibeln lautet er *„der Herr"*. Original hebräisch heißt es *„Jahwe"*. Die von Jesus gebrauchten biblischen Schriftzitate waren wohl in griechischer Sprache und nannten Gott an solchen Stellen „Herr" („kyrios"). „Herr" war ein alltägliches Wort. Der Ehrfurcht gebietende Name *„Jahwe"* wird im Neuen Testament so nie benutzt. Immer heißt es *„Herr"*, selbst bei Zitaten aus dem Alten Testament.

Experten haben herauszufinden versucht, woher der Name „Jahwe" kommt. Sie erwarteten, dass er zuvor schon von anderen östlichen Völkern verwendet wurde. Aber sie sind nicht weit gekommen. Der Name Jahwe war einzigartig, er wurde nur in Israel gebraucht und die göttliche Offenbarung füllte ihn mit einer Respekt einflößenden, tiefen Bedeutung. Die Namen heidnischer Gottheiten hatten nie diese Qualität. Tatsächlich drückte „Jahwe" aus, dass Gott abgesondert war, unabhängig – heilig. Jesaja gab unermüdlich weiter, dass es „keinen anderen außer diesem" Gott gab; er war *„der Herr, der Heilige Israels"*.

Der unaussprechliche Name

Der Name des Herrn ist nicht nur einfach ein Etikett. Mose fragte Gott, **was** sein Name sei (2. Mose 3,13). Er hatte den Namen wohl schon

Den Namen Jahwe oder den Namen eines Ozeans zu kennen, sagt noch nichts über seine geheimnisvollen Tiefen.

gehört, aber was sollte dieser bei seiner Offenbarung bedeuten? Schon Abraham kannte ihn, aber Gott hat Mose näher *„seine Wege kundgetan"* (Psalm 103,7). Mose fragte, worauf Gottes Name hinwies.

Mose erkannte, dass der Gott, der ihn nach Ägypten sandte, gewaltiger war, als bisher beim Gebrauch seines Namens angenommen. Den Namen Jahwe oder den Namen eines Ozeans zu kennen, sagt noch nichts über seine geheimnisvollen Tiefen. Gott war gewaltiger, als Mose je geträumt hatte. Ihm wurde gesagt, er solle seine Schuhe ausziehen (2. Mose 3,5), denn Gottes Gegenwart macht auch den Wüstensand heilig. Er ist „der Herr". Es gibt viele „Götter", aber nur einen Jahwe. Er passt in keine Kategorie von Göttern, er ist einzigartig.

Der Name „Jesus" ist nun der höchste Titel im Himmel und auf Erden, der Name des Königs der Könige. Doch dieser alles überragende Name vermittelt mehr über Gott, als dass er „nur" die allerheiligste Respektsperson ist: Für die unwürdigen Sterblichen wurde er Fleisch, litt, starb und ist auferstanden! Sein Titel „Herr" ist noch größer als das alttestamentliche „Jahwe". Er zeigt, wie Gott sich in Christus endgültig und restlos zu erkennen gibt.

Einige sprechen Jahwe als „Jehova" aus. In Jesaja 43,10 steht, dass Israel Zeuge für Jahwe (Jehova) sei. Jesus sagt, seine Zeugen seien seine Jünger (Apostelgeschichte 1,8). Das christliche Bekenntnis ist immer gewesen: *„Jesus Christus ist Herr!"* Der Name „Jesus" (hebr. „Jeschua", also Jahwe-Heil) ist nun der höchste Titel im Himmel und auf Erden, der Name des Königs der Könige. Doch dieser alles überragende Name vermittelt mehr über Gott, als dass er nur die allerheiligste Respektsperson ist: Für die unwürdigen Sterblichen wurde er Fleisch, litt, starb und ist auferstanden! Sein Titel „Herr" ist noch größer als das alttestamentliche „Jahwe". Er zeigt, wie Gott sich in Christus endgültig und restlos zu erkennen gibt.

Den Unausforschlichen erforschen

Das Neue Testament sagt, dass wir Ihn erkennen können, der *„alle Erkenntnis übersteigt"* (Epheser 3,19). Er ist *„der Gott und Vater unseres Herrn Jesus Christus"* (Epheser 1,3). Der biblische Gott hat ein hervorstechendes Merkmal: Er ist, was er tut. *„Dankt dem Gott aller Götter … der allein große Wunder tut!"* So rühmte der Psalmist Gottes Wohlwollen in Aktion (Psalm 136,2 und 4). Und der Prophet Elia erklärte: *„Der Gott, der mit Feuer antwortet, ist der wahre Gott."* (1. Könige 18,24) Als er mit Feuer antwortete, rief das Volk: *„Der Herr ist Gott! Der Herr ist Gott!"* (1. Könige 18,39)

Der Gott der Bibel hat ein hervorstechendes Merkmal: Er ist, was er tut. *„Dankt dem Gott aller Götter … der allein große Wunder tut!"* So rühmte der Psalmist Gottes Wohlwollen in Aktion. Und der Prophet Elia erklärte: *„Der Gott, der mit Feuer antwortet, ist der wahre Gott."* Als er mit Feuer antwortete, rief das Volk: *„Der Herr ist Gott! Der Herr ist Gott!"*

Die meisten Götter tun nichts. Anders *„Jesus von Nazareth, … der umherging und wohltat und alle heilte, die von dem Teufel überwältigt waren."* (Apostelgeschichte 10,38) Dieser Christus ist, wie Petrus schreibt, auch **unser** Vorbild: *„… damit ihr seinen Spuren folgt!"* (1. Petrus 2,21) Jesus kündigte es ja an: *„Wer an mich glaubt, der wird auch die Werke tun, die ich tue …"* (Johannes 14,12) Niemand „kann tun", was Buddha, Krishna, Mohammed oder Konfuzius tat, denn sie taten nichts, sondern vermittelten eher noch, dass nichts zur Veränderung der Dinge getan werden könne.

Vor einiger Zeit sagten die Hindus, ihre Götter hätten begonnen, Milch zu trinken. Eine Riesenbegeisterung entstand, Fernsehen und Presse zeigten Frauen mit Milchflaschen und wie sie ihren Götzen das Getränk einflößten. Doch das Ganze erwies sich als Täuschung: Die Statuen waren aus porösem Material, das die Milch aufsog; diese wurde schlecht und die Figuren rochen scheußlich! Doch allein der Gedanke, dass ihre Götter überhaupt etwas taten, und sei es auch nur Milch trinken, hatte die Götzenverehrer in helles Erstaunen versetzt.

Gottes Wesen ist Anteilnahme, Wohlwollen und Handeln. Der Herr und Gott Israels und unser Herr Jesus Christus haben Größeres getan, als sich Milch einlöffeln zu lassen. Tag für Tag und Stunde um Stunde wirkt Jesus Wunder. Er sagte: *„Mein Vater ist ständig am Werk und ich bin es auch."* (Johannes 5,17*) Jesus hat Rivalen, aber sie können sich nicht mit ihm messen. Sein Charakter überstrahlt alles, was sich je in Männern, Frauen oder Legenden dargestellt hat.

Das unvergleichliche Evangelium

Gottes Charakter wird in Christus und seinem Evangelium offenbar. Bei all unseren Einsätzen erweist sich die unnachahmliche Herrlichkeit der Christusbotschaft. Breite Massen kommen zu uns, weil ihre eigenen Religionen so wenig bieten. Das Evangelium Jesu Christi bietet alles! Göttliche Zeichen begleiten es, gewaltige Errettungen und Befreiungen, Wunder der Bekehrung und Heilung. Jesu wahrhaftiges Licht erhellt die Zukunft und leuchtet in die Ewigkeit. Böse Geister werden vertrieben. Christus schenkt Immunität gegen Zauber, Flüche und alle Werke des Teufels (1. Johannes 3,8). Bei unseren Evangelisationen haben wir es mit dem obersten Gott aller Götter zu tun. Millionen erkennen diese Tatsache an.

Tag für Tag und Stunde um Stunde wirkt Jesus Wunder. Er sagte: *„Mein Vater ist ständig am Werk und ich bin es auch."* Jesus hat Rivalen, aber sie können sich nicht mit ihm messen. Sein Charakter überstrahlt alles, was sich je in Männern, Frauen oder Legenden dargestellt hat.

Was Paulus predigte, predigen wir auch: *„Christus ist für unsere Sünden gestorben, gemäß der Schrift, und ist begraben worden. Er ist am dritten Tag auferweckt worden, gemäß der Schrift, und erschien …"* (1. Korinther 15,3-5) Unsere Botschaft besteht nicht in Theorien oder diskussionsfähigen Ideen. Wir predigen Christus als Tatsache, die zum täglichen Leben gehört wie die Sonne am Firmament.

> Wenn wir voll Vertrauen sein sollen, muss Gott treu sein. Und tatsächlich ist die Treue Gottes großes Markenzeichen.

Wir sollten solch einen Glauben an Gott haben. Es nicht zu tun, wäre ein Vergehen. Gott ist unser Vertrauen mehr als wert. „Ist Liebe so wunderbar göttlich, verdient sie Herz, Leben und alles." Welche moralische Alternative gibt es?

Was bedeutet „treu"?

Wenn wir voller Vertrauen sein sollen, muss Gott treu sein. Und tatsächlich ist die Treue Gottes großes Markenzeichen.[25] Das alttestamentliche Volk feierte Gott wegen seiner Treue und sang darüber Psalmen. Von jenen Israeliten heißt es nicht ausdrücklich, dass sie „Glauben" hatten; aber sie vertrauten Gott oder riefen ihn an und gehorchten ihm. Das Wort „Glaube" wurde auf den Herrn angewandt: Er behielt „Glauben", hielt seinem Volk die Treue.

Gottes Treue hieß, dass er von seinen Selbstaussagen nicht abwich. Er blieb sich treu. Gott entfernt sich nicht von dem, was er war – ein Gott der Verlässlichkeit, stets er selbst, beständig und identisch.

Gottes Treue hieß, dass er von seinen Selbstaussagen nicht abwich. Er blieb sich treu. Gott entfernt sich nicht von dem, was er war – ein Gott der Verlässlichkeit, stets er selbst, beständig und identisch. Was er auch tat, es entsprach immer seinem Wesen. Nie hat er etwas seinem Charakter Unangemessenes getan. Was Gott tat, das **war** er. Wegen dieser Verlässlichkeit konnten ihm Menschen in jeder Phase ihres Lebens vertrauen.

> Jesus ist heute noch derselbe Christus, der für uns am Kreuz hing. In der Mühsal jener bitteren Stunden ist seine Liebe nicht erloschen, sein Wohlwollen nicht erschlafft. *„Wir verkünden Christus den Gekreuzigten!"* Was er am Kreuz tat, dafür steht er auch jetzt. Der, der er blutend war, zerfleischt und mit Eisen aufs Holz genagelt, ist er noch jetzt, mit Herrlichkeit gekrönt und auf dem zentralen Thron aller Schöpfung sitzend.

Daraus ergeben sich für gläubige Christen wunderbare Folgerungen: Wie Jesus sich verhielt, als er nach Golgatha ging, am Kreuz hing, von den Feinden verspottet wurde und wieder auferstand – so ist er, war er und wird er bleiben! Er ist *„das geschlachtete Lamm von Grundlegung der Welt an"* (Offenbarung 13,8) und dasselbe Lamm, das Johannes auf dem Thron der Herrlichkeit sitzen sah.

Jesus ist heute noch derselbe Christus, der für uns am Kreuz hing. In der Mühsal jener bitteren Stunden ist seine Liebe nicht erloschen, sein Wohlwollen nicht erschlafft. *„Wir verkünden Christus den Gekreuzigten!"*

(1. Korinther 1,23) Was er am Kreuz tat, dafür steht er auch jetzt. Der, der er blutend war, zerfleischt und mit Eisen aufs Holz genagelt, ist er noch jetzt, mit Herrlichkeit gekrönt und auf dem zentralen Thron aller Schöpfung sitzend.

Er ist der Eine, der im brennenden Busch wohnte, der Gott des Wohlwollens. Gottes Charakter ist unvergleichlich. Der Gott der Treue ist derjenige, auf den wir vertrauen können, der Eine, der uns nichts als nur Gutes tun wird. Das ist, was er ist! Es gibt keinen außer ihm.

Kapitel 14

Glaube und die Namen Gottes

Lebenssaat

Säe den Samen des Wortes, dann wird er keimen! So ist das Gesetz der Auferstehung. Lebenskeim und Lebensfunke im Wort Gottes ist der Name des Herrn. Die Bibel ist das Auferstehungsbuch, ihr Auferstehungsfaktor aber ist Gottes Name; er macht das Wort *„lebendig und wirksam“* (Hebräer 4,12). Wie ein Kommentator es ausdrückt, „balanciert“ die Bibel auf Gottes Namen.

Es gibt natürlich viele Namen Gottes. Sie alle sind machtvoll und keine leblosen Etiketten. Jeder einzelne Name verdeutlicht einen Bereich des göttlichen Charakters. Sie zu kennen bringt Einsicht und Glauben. Aus ihnen „zapfen“ wir wie aus Steckdosen Erkenntnisse über Gott.

> Lebenskeim, Lebensfunke
> im Wort ist
> der Name des Herrn.
> Sein Name ist der
> Auferstehungsfaktor
> im Wort Gottes;
> er macht die Bibel
> *„lebendig und wirksam“*
> (Hebräer 4,12).
> Die Bibel ist das
> Auferstehungsbuch.

Man nennt Personen „vielversprechend“, wenn man sieht, dass etwas in ihnen steckt. So ist Gott. Seine Namen sind Versprechen! Sie zeigen, was in ihm steckt, und lassen uns Großes von ihm erhoffen.

Gott ist nicht der Namenlose

Ein Evangelisten-Kollege namens Georg besuchte überraschend eine Kirche und setzte sich ganz nach hinten. Der Leiter sagte: „Wir bitten Georg, uns im Gebet zu leiten.“ Der Evangelist betete aber nicht, weil er dachte, ein in der Gemeinde bekannter anderer Georg sei gemeint; so vertraut war sein Vorname ausgesprochen worden. Dabei ging es tatsächlich um ihn. Doch der Aufruf „Georg“ allein unterschied ihn nicht von andern Personen gleichen Namens.

In einer Kleinstadt gab es vier Prediger namens Reiter. Um nicht durcheinander zu kommen, nannten die Leute sie Pfarrer Aufreiter, Pfarrer Abreiter, Pfarrer Vorreiter und Pfarrer Ausreiter.

> Es gibt natürlich viele Namen Gottes. Sie alle sind machtvoll und keine leblosen Etiketten. Jeder einzelne Name verdeutlicht einen Bereich des göttlichen Charakters. Sie zu kennen bringt Einsicht und Glauben. Aus ihnen „zapfen" wir wie aus Steckdosen Erkenntnisse über Gott.

Vor tausend Jahren bekam man in Europa nur **einen** Namen. Als mehr Menschen mit diesem Namen geboren wurden, brauchte man eine Unterscheidungsmöglichkeit. Also verwendete man ihren Beruf als Nachnamen: Hans Schmied, Hans Bäcker, Hans Koch, Hans Müller … Oder man benutzte den Vornamen des Vaters, zum Beispiel Johannsson, Jakobsen … Biblische Personen taten das Gleiche: Jakobus, „der Sohn des Zebedäus", Barabbas („Sohn eines Vaters", vermutlich unehelich). Es hießen ja viele Männer Jakob und Johannes, also gab Jesus beiden Jüngern den Spitznamen *„Söhne des Donners"* (Markus 3,17). Als Jesus Simon, den Bruder des Andreas, traf, sagte er: *„Du bist Simon, der Sohn des Johannes; du wirst Kephas heißen, was mit Petrus* [Stein] *übersetzt wird."* (Johannes 1,42*) Seither kennt man den Apostelführer Simon nur unter dem Namen „Petrus".

Eines unserer Kapitel handelt von Gott, der sich selbst „Ich" oder „Ich, ich bin" nennt. Als Schöpfer und Besitzer von allem muss er sich nicht wirklich vorstellen. Schon wenn er sich nur „Ich" nennt, markiert ihn das als absolutes Oberhaupt von allem. Er ist „Ich bin" – die Gegenwart, der man nicht entfliehen kann und die man besser nicht ignoriert, wie uns Psalm 139,8 erinnert: *„Wollte ich mich im Totenreich verbergen – auch dort bist du!"*

Man möchte meinen, dass jeder von Gott wisse und dass er keine bestimmten Namen mehr brauche. Doch „Gott" ist kein persönlicher Name, sondern der Sammelbegriff für eine Kategorie; Gott aber passt in keine Kategorie. Gleichwohl glauben viele an Einzelgötter oder haben konfuse Ideen über Gott. Dagegen zeigen uns die verschiedenen Namen des einen Gottes, was für eine Person er ist und wie Menschen ihn erlebt haben.

Das wird in 1. Korinther 8,5f klar untermauert: *„Selbst wenn es … viele sogenannte Götter und Herren gibt, so haben wir doch nur einen Gott!“** Er ist der Eine, der alle Dinge schuf, der dreieinige Gott der christlichen Erlösung – Vater, Sohn und Heiliger Geist.

Wenn wir erst einmal an Gott denken, vervielfältigen sich seine herrlichen Namen vor unseren Augen. Er ist mehr, als alle Götter und Göttinnen zusammen je waren. Allerdings gab sich dieser eine Gott selbst verschiedene Namen. Sein großer Gottesname war „Jahwe“ oder „Herr“. Während dieser Name „Jahwe“ noch Gottes Geheimnis verhüllte, wurde er dann im Neuen Testament offenbart – das Geheimnis der Gottheit: Vater, Sohn und Heiliger Geist.

„Jesus“ malt in unser Gemüt die höchsten und besten Gottesbilder aller Religionen der Welt. Das dürfen wir getrost sagen, und keiner kann da mithalten.

Jeder Titel Gottes beschreibt eine an ihm wahrzunehmende Qualität. Wenn wir etwas anschauen, haben nicht einmal zwei Betrachter denselben Eindruck. Wenn wir auf Gott schauen, ist das genauso. Jeder Einzelne hat eine andere Sicht, alle schätzen Gott auf individuelle Weise. Wir geben ihm gern Lieblingstitel und sagen: „Was ich an Gott so schätze, ist …“ Nathanael rief während seiner Begegnung mit Jesus spontan aus: *„Rabbi, du bist der Sohn Gottes, du bist der König Israels!“* (Johannes 1,49) Als Maria Magdalena Christus nach seiner Auferweckung vom Tode sah, brach ihr ganzer Respekt in dem einen Wort hervor: *„Rabbuni! – Meister!“* (Johannes 20,16*). Wahre Gotteserkenntnis wandelt sich zu Verehrung und Anbetung. George Herbert, der demütig aristokratische Kleriker und berühmte Dichter, ein Liebling von König James I., liebte den Herrn innig. Oft hat Charles H. Spurgeon eine Zeile von ihm zitiert: „Wie schön das Wort ‚Mein Meister‘ klingt!“[26]

Selbstverständlich ist „Jesus“ der meistgeliebte Name im Himmel und auf Erden (Philipper 2,9f), aber dazu kommen wir noch. „Jesus“ malt in unser Gemüt die höchsten und besten Gottesbilder aller Religionen der Welt. Das dürfen wir getrost sagen, und keiner kann da mithalten.

Dabei geht es nicht um Rührseligkeit oder Wettbewerb. Nein, solche Namen beleuchten unterschiedliche Seiten der Gottheit, die sich unmittelbar auf den Glauben auswirken. Beispielsweise ist im letzten Buch der Bibel „Lamm“ der bevorzugte göttliche Titel und wird 29-mal gebraucht. Seine Botschaft lautet: Glaube an Christus als das Lamm ist **rettender** Glaube. Aber noch viele andere Namen in der Offenbarung beschreiben ihre eigenen Aspekte, allein elf in den ersten Kapiteln.

Arbeitstitel und Umschreibungen

Das erste Kapitel im Johannesevangelium benutzt elf verschiedene Titel für Jesus. Sie lauten:

… das Wort, das Licht, der Eine und Einzige, Jesus Christus, das Lamm Gottes, der Sohn Gottes, der Messias, Jesus von Nazareth, der Sohn Josephs, Rabbi, der König Israels, der Sohn des Menschen.

Er wird auch durch Namens-Umschreibungen gekennzeichnet:

Solche Namen beleuchten unterschiedliche Seiten der Gottheit, die sich unmittelbar auf den Glauben auswirken. Beispielsweise ist im letzten Buch der Bibel „Lamm“ der bevorzugte göttliche Titel und wird 29-mal gebraucht. Seine Botschaft lautet: Glaube an Christus als das Lamm ist rettender Glaube.

… der, von dem Mose im Gesetz schrieb (Johannes 1,45); er wird euch mit Heiligem Geist taufen (Matthäus 3,11); der nach mir kommt (Johannes 1,15); auf wen du den Geist herabkommen siehst (Johannes 1,33).

Die letzte Umschreibung (*„auf wen du den Geist herabkommen siehst“*) war damals nur ein Hinweis für Johannes den Täufer. Doch darin steckte mehr: „Messias“ ist **der Eine, der im Heiligen Geist tauft** – und das betrifft nicht nur eine biblische Einzelperson, sondern uns alle. Wenn wir nach Christi stärkstem Kennzeichen fahnden, dürfte das ein heißer Tipp sein – „Augen auf nach der Person mit diesem praktischen Nachweis!“ Wenn es je einen sicheren „Steckbrief“ für jemanden gab, dann hier.

Nicht einschmeichelnde, grandiose Worte machten ihn aus. Er hat sich durch das profiliert, was er aktuell tat und tut. Er tauft im Geist. Wenn heute viele nicht an diese Erfahrung glauben, verwerfen sie eines der größten biblischen Kennzeichen für die Gottheit unseres Herrn und

Heilands Jesus Christus. Man soll es persönlich erlebt haben, die bloße theologische Zustimmung reicht nicht.

Die Geistestaufe ist nicht gehaltlos, gewöhnlich oder nebensächlich, keine bloße religiöse Geste, kein Winken mit der Hand, um uns zu segnen. Sie ist unvergleichlich, was immer Menschen sonst begegnen mag. Sie ist ein exklusives Versprechen Jesu Christi, nur er allein hat es uns gegeben. Eine wundervolle, starke Realität.

Die Geistestaufe ist nicht gehaltlos, gewöhnlich oder nebensächlich, keine bloße religiöse Geste, kein Winken mit der Hand, um uns zu segnen. Sie ist unvergleichlich, was immer Menschen sonst begegnen mag. Sie ist ein exklusives Versprechen Jesu Christi, er allein hat es uns gegeben. Eine wundervolle, starke Realität.

Diese Erfahrung ist ein direkter, unverkennbarer Fingerzeig zu dem Einen, mit dem wir es zu tun haben. Sie bringt Fragen zur Ruhe. Ein bodenständiger Charakter wie der „zweifelnde" Thomas brauchte, nachdem er im Geist getauft war, keine weitere Bestätigung. Jesus ist der „Täufer im Heiligen Geist" – einer seiner herrlichsten Titel. In ihm zeigt er sich als der wahre „Ich bin", der eine und einzige Gott – derselbe, der die Propheten inspirierte und durch die Lippen Joels sprach: *„Ich will meinen Geist ausgießen über alles Fleisch"* (Joel 3,1*). Er hat dies zugesagt und hat es getan. So ist er.

„Amen"

Unter den vielen Titeln des Herrn findet sich auch der „Amen", zuerst in Jesaja 65,16 als „der Gott des Amen (der Wahrheit, der Treue)" und zuletzt in Offenbarung 3,14 als der „Amen". Es ist nicht nur der förmliche Abschluss eines Gebets, eine Art „aus und vorbei". Eigentlich wurde im Neuen Testament kein einziges Gebet mit „Amen" beendet. Auch bedeutet es nicht nur „Hört! Hört!" Es unterstreicht vielmehr die Unabänderlichkeit hinter dem, was gesagt wird, z. B. im Gebet: „So ist (oder: sei) es!" Doch all dies zusammen verkörpert Gott. *„Wer im Land segnet, wird bei dem Gott des Amen segnen, und wer im Land schwört, wird bei dem Gott des Amen schwören."* (Jesaja 65,16*) *„Dies sagt der ‚Amen', der treue und wahrhaftige Zeuge ..."* (Offenbarung 3,14)

Gott ist der „Amen". Er steht „treu und wahrhaftig" zu dem, was er von sich selbst gesagt hat. Er besitzt einen Namen, einen Ruf unveränderlicher Güte. David erwähnte in einem Gebet (2. Samuel 7,23), dass Gott hingegangen sei und sich ein Volk erlöste, *„um sich einen Namen zu machen und an ihnen Großes zu erweisen und Furcht gebietende Taten."* Dann appellierte David an die persönliche Treue des Herrn: *„Und nun, HERR Gott, … tu, wie du geredet hast; dann wird dein Name ewig groß sein!"* (2. Samuel 7,25f) Gott würde sich selbst nicht widersprechen, seinen Namen und Ruf nicht verspielen.

> Gott ist der „Amen",
> Er ist „treu und wahrhaftig"
> zu dem, was er von sich
> selbst gesagt hat.
> Er besitzt einen Namen,
> einen Ruf
> unveränderlicher Güte.

Viele Jahre später taucht jenes Motiv wieder auf: *„Du, Herr, bist der Gott, der Abraham auserwählt hat … Du hast Zeichen und Wunder getan … So hast du dir einen Namen gemacht, der gerühmt wird bis zum heutigen Tag!"* (Nehemia 9,7.10). Er wird dem treu bleiben, was er uns über sich beigebracht hat. Nehemia kannte den Gott, den Mose kannte, denselben unveränderten Charakter. Und wir heute, wir kennen den Gott, den die biblischen Menschen kannten – einen treuen, den Bund einhaltenden Gott. In Hesekiel 20,9 heißt es: *„Aber dann handelte ich um meines Namens willen anders; ich wollte ihn nicht entweihen vor den Augen der Völker, in deren Mitte sie lebten und vor deren Augen ich mich ihnen offenbarte, als ich sie aus Ägypten herausführte."* Was Gott einmal schuf, bleibt sein Ruhm, und er wird sich nie untreu.

Wir beten oft: „Herr, verherrliche deinen heiligen Namen!" und wünschen dabei, dass jeder ihn ehrt und preist, aber eigentlich ist der Sinn: „Bestätige deinen Namen", beweise, wer du bist! In seinem von Johannes aufgezeichneten Gebet sagte Jesus: *„Ich habe dich auf der Erde verherrlicht und das Werk zu Ende geführt, das du mir aufgetragen hast!"* (Johannes 17,4). Christus Jesus hatte getan, was sein Vater sagte, und damit hatte Gott seine Vorhaben und Versprechen ausgeführt. Im Namen Gottes kristallisiert sich seine Ehre. Wenn wir im Alten Testament vom „Namen" Gottes lesen, ist es immer Jahwe, und Jahwe ist stets dem treu gewesen, was er sagte und war. *„Er kann sich nicht verleugnen."* (2. Timotheus 2,13)

Dieser Gott des Amen hat eine durchweg aufbauende, nie gleichgültige Gesinnung. Wenn wir zu ihm kommen, lächelt er uns an, schenkt Liebe und sagt: „Amen“. Dieses Amen bedeutet „treu“, „gewiss“, „vertrauenswürdig“. Gott bemüht sich, uns sicher zu machen, unsere Unrast und Besorgnis zu stillen, indem er der „Amen“-Gott ist. Er ist verlässlich, nicht schwankend oder wechselhaft.

Wenn der Herr von dem abgewichen wäre, wie ihn die Bibel beschreibt, wäre die Bibel nutzlos. Wir würden den Herrn nicht kennen, nur als früheren Gott der Juden und uns unbekannte Größe X. Doch Christen wissen, dass er der treue und wahrhaftige Gott der Bibel ist!

Derselbe noch, derselbe noch!
Gott ist heut' derselbe noch.
Derselbe noch, derselbe noch!
Gott ist heut' derselbe noch.

Die „Jahwe“-Namen

Es gibt verschiedene „Jahwe“-Titel Gottes – jeder einzelne durch Offenbarung geschenkt. Mose kannte den Namen Jahwe, aber noch nicht dessen tiefes, überwältigendes Wunder. Schon Abraham kannte Jahwe. Und Jakob sagt in 1. Mose 27,20*: *„Jahwe, dein Gott* [Elohim], *hat es mir über den Weg laufen lassen.“* Später fragte Jakob nach dem Namen Gottes (1. Mose 32,30), bekam aber zur Antwort: *„Warum fragst du denn nach meinem Namen?“* Es war Jahwe, wie Jakob sehr wohl wusste, doch er wollte die Namensbedeutung erfahren. Ähnlich erging es dann Mose. Er bekam die hintergründige Auskunft: *„Ich bin, der ich bin!“* (2. Mose 3,14)[27] Das hieß: Wer immer er war – es war ein Geheimnis; allerdings ein Geheimnis, das im Laufe der Zeit den Glaubenden eröffnet würde.

Von Ereignis zu Ereignis sahen Menschen mehr, wie Gott war. Sein großer Name „Jahwe“ wurde enthüllt und bei neuen Offenbarungen mit einem entsprechenden Zusatznamen ergänzt. Und jeder weitere Jahwe-Titel verstärkte unsere Grundlage für einen stets wachsenden Glauben.

Kraft im Namen

Uns ist das Vorrecht gegeben, den Namen des Herrn zu **kennen**, nicht nur „seinen Namen anzurufen". Wir sind sogar nach seinem Namen genannt! Gottes weltweites Volk hat von ihm den Nachnamen „(Volk) des Herrn", wie Israel „Jahwes Volk" war (2. Korinther 6,16; Römer 14,8; vgl. Jesaja 43,7). Bevor Mose den Namen des Herrn erfuhr, sprach dieser: *„Tritt nicht näher heran!"* (2. Mose 3,5) Aber in Jesu Namen kommen wir *„Gott nahe"*! (Hebräer 7,19)

Jesus hat uns dieses große Vorrecht der Namensverbindung präzisiert: Es bedeutet Kraft, Vollmacht, allerdings nicht als magische Formel. Doch wenn wir wissen, wie jemand ist, und seine Stärken (oder Schwächen) kennen, können wir damit umgehen. In biblischen Zeiten empfanden die Menschen, dass sie mit ihrem Namen auch sich selbst preisgaben und andern einen Vorteil verschafften. Nach dem Namen zu fragen hieß, nach dem Charakter zu fragen. Wenn wir also zu Gott kommen und seinen Namen kennen, können wir gläubig kommen. „Jahwe" war aber anfangs nur ein unterscheidender Name und wurde erst nach und nach durch Gottes Taten verständlicher, näher, vielfältiger.

Uns wurde das Vorrecht gegeben, seinen Namen zu kennen, nicht nur *„seinen Namen anzurufen"*. Wir sind sogar nach seinem Namen genannt! Gottes weltweites Volk hat von ihm den Nachnamen „[Volk] *des Herrn"*, wie Israel „Jahwes Volk" war.

In diesem kurzen Kapitel können wir nicht alle „Jahwe"-Beinamen erkunden, aber ihr Reichtum sollte auch nicht unerwähnt bleiben. Greifen wir ein paar dieser Namen heraus:

Jahwe Zebaoth – der Herr der Heerscharen (1. Samuel 17,45). Diese Bezeichnung erscheint 250-mal in der Bibel. Zuerst „hören" wir sie bei Davids historischem Kampf gegen Goliath, den Meisterkrieger der Philister. David handelte nicht aufgrund dessen, was jedermann glaubte, sondern aufgrund der Tatsache, dass Gott mit Israels Armee war – der Gott ihrer Heerscharen. „Heerschar" war damals eine Bezeichnung für die Streitkräfte. Was Gott betraf, stellte man mit der Zeit fest, dass Israels Heer nicht sein einziges Hilfsmittel war. Er besaß ganz andere Reserven, Heerscharen über Heerscharen, war also der Gott „der Heerscharen".

Gott ist auf der Seite all derer, die ihn lieben und ihm vertrauen. *„Ist Gott für uns, wer ist dann gegen uns?“* (Römer 8,31) Menschen des Glaubens stehen im Widerspruch zur ganzen Philosophie dieser Welt, zu ihren Zielen und Methoden. Aber das ist kein verlorener Kampf. Christus hat die Welt schon überwunden, und in ihm sind wir mehr als Überwinder (8,37).

Jahwe Jireh – der Herr sieht vor (1. Mose 22,14). Diesen Namen gab Abraham dem Ort, an den er ging, um seinen einzigen Sohn Isaak zu opfern. Gott stoppte dieses Menschenopfer, das den damaligen Sitten und Methoden durchaus entsprochen hätte (wir sprachen schon darüber), und beschaffte Abraham stattdessen einen Widder. Teilweise erfüllte sich damit Abrahams Prophezeiung, dass Gott ein Opferlamm **besorgen** werde – doch die wahre Erfüllung kam später, als Gott **das** Lamm für die Sünden der ganzen Welt hergab. Größer als alles, was Gott materiell oder geistlich bereitstellt, und die höchste Erfüllung von Jahwe Jireh ist Christus, der unsere Stelle vor dem ewigen Gericht einnahm. Die Welt lebt von Gottes stofflicher und leiblicher Versorgung, doch sie übersieht die eigentliche Kernbotschaft von Gott dem Versorger.

> David handelte nicht aufgrund dessen, was jedermann glaubte, sondern aufgrund der Tatsache, dass Gott mit Israels Armee war – der Gott ihrer Heerscharen. „Heerschar“ war damals eine Bezeichnung für die Streitkräfte. Was Gott betraf, stellte man mit der Zeit fest, dass Israels Heer nicht sein einziges Hilfsmittel war. Er besaß ganz andere Reserven, Heerscharen über Heerscharen, war also der Gott „der Heerscharen“.

Jahwe Rapha – der Herr heilt (2. Mose 15,26). Auch dieser Offenbarung seines Wesens kann Gott nicht untreu werden, sowohl Israel als auch jeder andern Nation gegenüber. Hier sprach er von körperlicher Genesung, aber Gott ist ein heilender Gott bei jeglicher Gebrochenheit und Krankheit – physisch, häuslich, national, geistlich. Er ist Jahwe der Rettung, des Heils.

> Gott ist ein heilender Gott bei jeglicher Gebrochenheit und Krankheit – physisch, häuslich, national, geistlich. Er ist Jahwe des Heils.

Jahwe Nissi – der Herr ist mein Feldzeichen (2. Mose 17,15). Mose gab diesen Namen einem Dankaltar für Gott, nachdem Israel trotz geringer Kampfvorbereitung einen verräterischen Angriff der Amalekiter zurückschlagen konnte. Mose hatte diesen Sieg durchgebetet. Gott ist der Gott des Sieges.

Jahwe Schalom – der Herr ist Friede (Richter 6,24). So lautete der Name eines weiteren Altars, erbaut von Gideon, nachdem er durch göttlichen Besuch den Auftrag erhalten hatte, Israel von der midianitischen Besatzung zu befreien. Zu jenen frühgeschichtlichen Zeiten befand sich die Welt in ständigem Kriegsgetümmel. Gideons Sieg startete unblutig, denn dank seiner Glaubensstrategie gerieten die Eindringlinge in Panik und bewiesen, dass Gott auf Frieden und nicht auf Blutvergießen abzielt. „Schalom“, dieses große hebräische Wort wird in der Bibel sehr oft gebraucht. Es umfasst Geborgenheit, Gesundheit, Auskommen, Gelingen, Wohlbefinden rundum. Mit „Schalom!“ grüßte Jesus seine Jünger und tut dies noch immer – er schuf den *„Frieden durch das Blut seines Kreuzes“*. (Kolosser 1,20)

> Menschen des Glaubens stehen im Widerspruch zur ganzen Philosophie dieser Welt, zu ihren Zielen und Methoden. Aber das ist kein verlorener Kampf. Christus hat die Welt schon überwunden, und in ihm sind wir mehr als Überwinder.

Jahwe Zidkenu – der Herr, unsere Gerechtigkeit (Jeremia 23,6). Jeremia kündigte den kommenden Einen als *„gerechten Spross“* an, der *„als König regieren, verständig handeln und Recht und Gerechtigkeit im Land üben“* werde, und fügte hinzu: *„Dies wird sein Name sein, mit dem man ihn nennen wird: ‚Der HERR, unsere Gerechtigkeit‘.“* Eindeutig verknüpft dieser Titel den Namen Jahwe mit Jesus, dem Zweig oder Sprössling aus Davids Königslinie. Es ist Gottes eigener Name, erfüllt in Jesus Christus, der kein Blut außer dem eigenen vergoss und ewige Gerechtigkeit hervorbrachte.

Jahwe Schammah – der Herr ist hier (Hesekiel 48,35). Diese letzten Worte des Prophetenbuchs sind eine tief gehende Aussage über Gott. Der Herr kommt nie an, sondern ist immer „da“; wir können ihm nicht vorangehen. Jesus sagt: *„Wo zwei oder drei auf meinen Namen versammelt sind, da bin ich …“* (Matthäus 18,20*) Er ist vor allen Dingen, ist der ewige „Ich bin", wann und wo immer wir sind, und ist eine höchst gegenwärtige Hilfe. Dieses Geheimnis können wir nie ergründen, aber immer genießen.

Gott hat gesagt:
„Ich bin, der ich bin."
Er kann nichts anderes sein,
als was er ist,
stets und für jeden,
in allen Zeitabschnitten,
Orten und Umständen.

Viele weitere Jahwe-Beinamen könnten hinzugefügt werden, denn der Herr ist alles für alle Menschen. Immer aber gilt der Grundsatz: „Dir geschehe nach deinem Glauben!" Was alles Gott schließlich ist, wird auch der letzte Mensch auf Erden nicht erforscht haben, der Glaube aber erkundet Gottes gewaltige Qualitäten.

Er ist vor allen Dingen,
ist der ewige „Ich bin",
wann und wo immer wir
sind, und ist eine höchst
gegenwärtige Hilfe.
Dieses Geheimnis können
wir nie ergründen,
aber immer genießen.

Psalm 23 ist ein Musterbeispiel für das eben Gesagte. Hinter jeden Satz kann man Jahwes Namen setzen, wie unten gezeigt wird. Damit beenden wir das Kapitel des Glaubens, der Gottes Wesen kennen lernt und ihm Namen gibt.

Der HERR ist mein Hirte. *Jahwe Roheh*
Mir wird nichts mangeln. *Jahwe Jireh*
Er lagert mich auf grünen Auen,
er führt mich zu stillen Wassern. *Jahwe Schalom*
Er erquickt meine Seele. *Jahwe Rapha*

Er leitet mich in Pfaden der Gerechtigkeit
um seines Namens willen. *Jahwe Zidkenu*
Auch wenn ich wandere im Tal des Todesschattens,
fürchte ich kein Unheil, denn du bist bei mir. *Jahwe Zebaoth*
Dein Stecken und dein Stab, sie trösten mich. *Jahwe Makaddesch*[29]
Du bereitest vor mir einen Tisch angesichts meiner Feinde. *Jahwe Nissi*
Du hast mein Haupt mit Öl gesalbt. *Jahwe Rapha*
Mein Becher fließt über. *Jahwe Jireh*
Nur Güte und Gnade werden mir folgen
alle Tage meines Lebens. *Jahwe Schalom*
Und ich kehre zurück ins Haus des HERRN lebenslang. *Jahwe Schammah*

Gott hat gesagt: *„Ich bin, der ich bin."* Er kann nichts anderes sein, als was er ist, stets und für jeden, in allen Zeitabschnitten, Orten und Umständen. Die hier erwähnten Namen sollen uns an Momente und Ereignisse erinnern, wo Männer und Frauen feststellten, wie Gott ist. Ob die Fülle seiner Namen je ausgeschöpft wird?

„Ich bete an die Macht der Liebe …"

Kapitel 15

Glaube und Gottes „Ich will"

Gottes „Ich will"

Die Wendung „Ich will" steht etwa 4.000-mal in der Bibel. Es ist ein üblicher, von jedermann gebrauchter Ausdruck; jede Sprache dürfte eine entsprechende Formulierung haben.

Bemerkenswert ist aber: In der Bibel sagt Gott diese Worte weit häufiger als alle andern zusammengenommen.

Durch die Lippen der alttestamentlichen Propheten sprach der Herr ständig: *„Ich will …"*, wobei dieser Ausdruck an vielen Stellen noch eine spezielle Note bekommt. Im 2. Buch Mose gebraucht Gott ihn 96-mal, andere Personen tun es nur 22-mal, und Hinweise auf ihre Vorhaben sind 32-mal erwähnt. Die Häufigkeit, in der Gott diese Wendung benutzt, macht die Bibel zum **Wort und Willen** Gottes!

> Für Jakobus zählt, was Gott will, nicht, was uns so einfällt. Nicht unser „Ich will", sondern Gottes *„Ich will"*.

Das sind bedeutsame biblische Fakten. In 1. Mose 9 haben wir das erste Beispiel für Gottes spezielles *„Ich will"*. Zwischen den Versen 9 und 17 gebraucht er Ausdrücke wie *„Ich will"* 8-mal[30]. Auf dieser Basis geht der Herr mit allen um – unser Teil ist es, zu glauben. Der Prophet Jesaja gebraucht das „Ich will" an Gottes Stelle in fast jedem Kapitel; in der King-James-Übersetzung steht es allein in den Kapiteln 41 und 46 fast 50-mal. Ein paar hundert Mal spricht Gott sein *„Ich will"* durch den Mund des Propheten Jeremia; wir lesen es in 49 der 52 Kapitel, darunter 28-mal in Kapitel 30.

Des Menschen „Ich will"

Die Evangelien notieren bestimmte Fälle, wo Menschen sagten: *„Ich will …"* Manches menschliche oder ungöttliche *„Ich will"* scheiterte. Der reiche Mann sagte: *„So will ich es machen …"*, doch er tat es nicht, weil er starb. Der potenzielle Jünger sagte: *„Ich will dir folgen, wohin du auch gehst"*, tat es aber nicht. Petrus sagte: *„Ich werde dich nie verleugnen"*, tat es aber. Der Teufel sagte zu Jesus: *„All die Macht … will ich dir geben"* und tat es nie. Jesus sprach von einem Sohn, der sagte: *„Ich gehe …"*, es aber nicht tat, während sein Bruder sagte: *„Ich will nicht"*, aber dann doch ging. (Lukas 12,18; Matthäus 8,19; 26,35; 21,28-30; Lukas 4,6)

> Christus kam, um des Vaters „Ich will" zu erfüllen. Darum ist sein Wille das Höchste.

Der Jakobusbrief macht das „Ich will" regelrecht zum Thema: *„Ihr aber, die ihr sagt: Heute oder morgen werden wir in diese oder jene Stadt reisen, dort werden wir ein Jahr bleiben, Handel treiben und Gewinne machen – ihr wisst doch nicht, was morgen mit eurem Leben sein wird. Ihr solltet lieber sagen: Wenn der Herr will, werden wir noch leben und dies oder jenes tun."* (Jakobus 4,13-15) Für Jakobus zählt, was Gott will, nicht, was uns so einfällt. Nicht unser „Ich will", sondern Gottes „Ich will".

Das höchste „Ich will"

Christus kam, um des Vaters „Ich will" zu erfüllen. Darum ist sein Wille das Höchste. Schon im frühen Wirken Christi zeigte jemand enorme Einsicht in diesen Willen – ein unbekannter Aussätziger. Er wollte zu Jesus, als dieser nach der Bergpredigt in die Ebene kam (s. Matthäus 8,1-3). Der Mann war einer in der Menge, die zugehört hatte. Über sie lesen wir: *„Und sie erstaunten sehr über seine Lehre; denn er lehrte sie wie einer, der Vollmacht hat, und nicht wie die Schriftgelehrten."* (Markus 1,22)

Die Schriftgelehrten lehrten nur, was schon andere Gelehrte gesagt hatten. Mit den Akademikern heute ist es ganz ähnlich. Ein Großteil ihrer Lehre besteht aus Zitaten anderer Fachleute. Wenn Theologen nicht andere Theologen zitieren, hält man sie für ungenügend informiert, dabei gründet sich solche Autorität nur reihum auf die der anderen. Anscheinend sollen sie mit ihrer Arbeit nur die Äußerungen der Gelehrten erörtern und sich entscheiden, wer Recht hat. Das Resultat sind wackelnde Türme aus Meinungen, oft Kartenhäuser. Die Lehrer zur Zeit Christi taten das Gleiche. Jesus dagegen sprach in seiner eigenen, ursprünglichen Autorität. Seine Worte waren: „Wahrlich, wahrlich, (amen, amen,) ich sage euch …!"

Der Aussätzige kam, betete Christus an und rief: *„Herr, wenn du willst, kannst du mich reinigen!"* Jesus rührte ihn an und sprach: *„Ich will – sei gereinigt!"* Augenblicklich verschwand sein Aussatz. Folgendes ist beachtenswert: Dieser Mann bemerkte eine zweifache Autorität Christi. Erstens stand für ihn Christi Vollmacht außer Frage, und sie bedeutete grenzenlose Kraft. Zweitens betete er Jesus an, weil er sah, dass dessen Wille alles war, was zählte. Möglicherweise hatte niemand sonst in den Evangelien diesen tiefen Einblick; zumindest hat ihn keiner so klar ausgedrückt. Der Mann hatte keinen Zweifel an Christi Kraft. Er sah, dass dieser alles tun konnte. Doch er sah auch, dass alles am Wollen Christi lag.

> Jesus sagte: *„Ich will!"*
> Er sagte auch:
> *„Himmel und Erde werden vergehen, aber meine Worte werden nicht vergehen."*
> Somit wird das *„Ich will"* niemals vergehen.
> Es zeigt uns für alle Zeit, wie Jesus zum Aussatz und zum Bösen steht.

Jesus sagte: *„Ich will!"* Er sagte auch: *„Himmel und Erde werden vergehen, aber meine Worte werden nicht vergehen."* (Markus 13,31) Somit wird das *„Ich will"* niemals vergehen. Es zeigt uns für alle Zeit, wie Jesus zum Aussatz und zum Bösen steht. Die Worte Jesu richten sich an alle. Er offenbarte sein Wesen diesem Menschen. Und was er gestern war, ist er *„gestern, heute und für immer"*. (Hebräer 13,8*) Seine Offenbarung ging nicht nur privat an diesen Mann, sondern ist als Bestandteil in Gottes Wort für uns alle geschrieben. Indem Jesus diesen namenlosen Aussätzigen reinigte, erklärte er seinen Willen für alle Namenlosen, die unter den Übeln dieser Welt leiden.

> Schon zu Beginn der Schöpfung sprach Gott.
> Er sagte:
> *„Es werde Licht!"*,
> und bis zum heutigen Tag gibt es Licht.
> Sein Befehl dauert an und lässt die Sonne ihr Werk tun.
> Gottes Wort ist das Realste überhaupt.

Ähnlich sprach Gott zu Beginn der Schöpfung. (1. Mose 1,3; Johannes 1,1-3). Einst sagte er: *„Es werde Licht!"*, und bis zum heutigen Tag gibt es Licht. Sein Befehl dauert an und lässt die Sonne ihr Werk tun. Gottes Wort ist das Realste überhaupt. Indem der Herr zum Aussätzigen sagte: *„Ich will!"*, bekundete er die Art seines Willens. Sein Wille ist gut, barmherzig, positiv – dies ist der Kern seiner Selbstoffenbarung. Jesu Wort *„Ich will!"* zu einem Leidenden erging stellvertretend für alle Leidenden.

Wir müssen beten, dass sein Wille geschieht. Zumindest aber kennen wir ihn. Es ist nicht nötig zu beten: „Falls es dein Wille ist", wenn er ihn uns schon gezeigt hat.

Christus tut den Willen des Vaters, und wie der Vater, ist er der große *„Ich-will"*-Gott. Das dabei entstehende Bild Gottes zeigt sein offenes Antlitz und die auf uns scheinende Liebe: welch ein Licht auf unserem rauen Pfad durchs Leben! Der Satz *„Ich will"* charakterisiert Gott von vorn bis hinten, die ganze Bibel hindurch. Er sagt zur Menschheit: *„Ich will!"*

Das unbedingte Wesen des Glaubens ist es, heute darauf zu bauen, dass Gott der ist, der er gestern war. Wir haben keine andere Vertrauensbasis als die, dass er uns treu ist und bleibt. Er wird nicht heute so sein und morgen so. Gott ist nicht wetterwendisch.

So lautet auch der Satz, der am Traualtar von Bräutigam und Braut gebraucht wird, wenn sie sich einander versprechen. Es ist, als stünde auch der Allmächtige an einem „Traualtar" und würde sich uns mit denselben Worten versprechen. Jesaja 54,5.8 sagt: *„Dein Schöpfer ist dein Gemahl, ‚Herr der Heere' ist sein Name … ich werde mich über dich erbarmen, spricht der Herr, dein Erlöser."** So ist seine Haltung zu uns. Es scheint kein „Ich will nicht" zu geben. Gott ist nie mürrisch, unwillig, unnachgiebig, widerwillig, sondern wenn wir zu ihm kommen, ist sein Angesicht offen. Alles, was benötigt wird, ist, dass sein *„Volk willig ist am Tage seiner Macht"*. (Psalm 110,3*)

Positiv und negativ

Gottes „Ich will" ist immer positiv; aber von den 54 Hinweisen im 2. Buch Mose über menschliche Vorhaben beschreiben die meisten nur, was man **nicht** tun wollte. Schauen wir uns etwa 2. Mose 3,19f an: Gottes Wohlwollen stößt auf menschliche Verweigerung und Verneinung, doch Gott bleibt ausdauernd positiv dran und überwindet das menschliche Negative:

„Ich weiß wohl, dass der König von Ägypten euch nicht ziehen lassen wird, auch nicht durch eine starke Hand gezwungen. Deshalb werde ich meine Hand ausstrecken und Ägypten schlagen mit all meinen Wundern, die ich in seiner Mitte tun werde. Danach erst wird er euch ziehen lassen."

Sein Wort ist sein Wille

Die Bibel ist Gottes Wort, das seinen ewigen **Willen** erklärt. Was er getan **hat**, gibt Aufschluss darüber, was er tun **wird** und wer er ist. Es hätte nur wenig Gewicht, uns Gottes früheren Willen zu sagen, wenn dieser nicht stets derselbe bleiben würde. Dann fände er nur historisches oder akademisches Interesse. Nun zeigt aber die Bibel, wie Gott alle Zeitalter hindurch ist. *„Gedenkt seiner Wunder, die er getan hat, seiner Wahrzeichen und der Urteile seines Mundes! … Er ist der HERR, unser Gott; seine Urteile ergehen auf der ganzen Erde. Gedenkt ewig seines Bundes – des Wortes, das er geboten hat auf tausend Generationen hin!"* (1. Chronik 16,12-15)

Der Glaube sieht ihn als Herrn der Ewigkeit. Die Zeit beeinträchtigt ihn nicht, wohl aber jeden und alles sonst. Gott ist keine Gestalt der vergangenen Geschichte. Bei ihm ist alles gegenwärtig. In der Herrlichkeit ist Christus seit eh und je der Gekreuzigte, das Lamm Gottes.

Das unbedingte Wesen des Glaubens ist, heute darauf zu bauen, dass Gott der ist, der er gestern war. Wir haben keine andere Vertrauensbasis als die, dass er uns treu ist und bleibt! Er wird nicht heute das eine sein und morgen das andere. Gott ist nicht wetterwendisch. Er hat für immer **eine** Offenbarung über sich selbst gegeben. Wenn er nicht ihr gemäß lebt, ist die Offenbarung wertlos. Doch sein Name ist *„Treu und Wahrhaftig"*. Jesus hat selbst gesagt: *„Dies sagt der ‚Amen', der treue und wahrhaftige Zeuge …"* (Offenbarung 3,14)

> Christus tut den Willen des Vaters, und wie der Vater ist er der große *„Ich-will"*-Gott. Das dabei entstehende Bild Gottes zeigt sein offenes Antlitz und die auf uns scheinende Liebe: welch ein Licht auf unserem rauen Pfad durchs Leben! Der Satz *„Ich will"* charakterisiert Gott von vorn bis hinten, die ganze Bibel hindurch. Er sagt zur Menschheit: *„Ich will!"*

Wir sollten keine Operation an der Bibel vornehmen und sie in uns passend erscheinende Heilszeitalter zerschneiden. Letztlich gibt es nur **ein** Heilszeitalter – das der immer währenden Gnade Gottes. Schon Noah *„fand Gunst in den Augen des Herrn"*. (1. Mose 6,8) Gott handelt mit uns allen aus Gnade; er tat es so mit Adam und wird es immer tun bis zur letzten je geborenen Person. Die Gnade unseres Herrn Jesus Christus ist dieselbe Gnade, wie Gott sie Mose verkündete: *„Jahwe Gott, barmherzig und gnädig …“* (2. Mose 34,6)

Gott **ist** nicht nur etwas. Was er ist, wissen wir nur durch das, was er **tut**. Er ist ein Gott der Aktivität. Er sitzt nicht untätig hoch droben wie Allah, die Millionen indischen Götter oder Buddha. Allah lässt Dinge einfach nur zu, und man nennt es „Kismet“ – sein Wille oder Schicksal. Ein Christ aber glaubt nicht an Schicksal. Glauben an Gott haben heißt, an jemanden glauben, der handelt, Gebet beantwortet, Wunder wirkt.

Lies, wer er war,
und glaube, wie er ist:
*„der Herr Gott, der ist
und der war und der kommt,
der Allmächtige!“*
(Offenbarung 1,8)

Lies, wie er war, und glaube, wie er ist: *„der Herr Gott, der ist und der war und der kommt, der Allmächtige!“* (Offenbarung 1,8) Wenn Menschen zur Bibel greifen und erwarten, dass Gott sie segnet, ihre Gebete erhört, ihnen Gedeihen, Heilung, Wunder schenkt, dann ist es Glaube, wie ihn die Bibel kennt. Sie haben den Grundton der Bibel gefunden, ins Schwarze getroffen.

Die Bibel wird oft negativ ausgelegt. Viele glauben, dass die Bibel Gottes inspiriertes Wort ist, vieles in ihr aber nicht auf heute anwendbar sei. Was in vergangenen Zeiten geschah, sei keine Verheißung für heute, sondern eben Geschichte. Doch damit klammert man gerade aus, wofür die Bibel geschrieben wurde. Sie ist da, um Glauben an den Gott der Bibel zu erzeugen. Denn sie zeigt uns an Gottes Taten, wer und was er war – und ist.

Gottes Wort
ist nicht nur Information.
Es ist Leben, das man sich
aneignen darf.

Wenn Gott nicht mehr dieselbe Tätigkeit ausübt wie eh und je, haben wir nicht länger einen biblischen Gott, auf den wir unseren Glauben gründen können. Gottes Wort ist nicht nur Information. Es ist Leben, das man sich aneignen darf. *„Diese aber sind geschrieben, damit ihr glaubt … und … durch den Glauben Leben habt in seinem Namen.“* (Johannes 20,31) *„Fanden sich Worte von dir, dann habe ich sie gegessen, und deine Worte waren mir zur Wonne und zur Freude meines Herzens.“* (Jeremia 15,16)

Das „Ich will“ des Bundes

Wenn Gott „Ich will“ sagt, schafft er damit einen Bund. Er *„schwor bei sich selbst, da er bei keinem Größeren schwören konnte“* (Hebräer 6,13), um bestimmte Taten zu vollbringen. Gewöhnlich erfolgen Gottes Bündnisse bedingungslos, auch wenn manche nicht zustande kommen werden, ohne dass wir sie aufgreifen, gegenzeichnen, danach handeln. Man kann hier das Wort „einseitig“ gebrauchen – nur eine Partei handelt. Nehmen wir zum Beispiel 1. Mose 9,8-10:

Wenn Gott „Ich will“ sagt, schafft er damit einen Bund.

Und Gott sprach zu Noah und zu seinen Söhnen mit ihm: „Und ich, siehe, ich richte meinen Bund mit euch auf und mit euren Nachkommen nach euch und mit jedem lebenden Wesen, das bei euch ist, an Vögeln, an Vieh und an allen Tieren der Erde bei euch, von allem, was aus der Arche gegangen ist, von allen Tieren der Erde.“

Das ist ein Solo-Beschluss, ohne Gegenüber, einseitig. Aber er ist **für** ein Gegenüber. Er erfolgt für Noah, seine Söhne und Nachkommen, sogar für die Vögel und Landtiere, die gar keine Übereinkunft mit Gott treffen können. Der Bund enthält keinen Vorbehalt und legt keine Bedingungen fest.

Es ist wichtig zu sehen, dass Gottes „Ich-will“-Bündnisse zwei Eigenschaften haben. Sie sind **spontan** und sie sind **absolut**. Niemand drängte Gott dazu, und sie bestehen völlig voraussetzungslos. Von Anfang bis Ende sind sie ein reiner Akt der Gnade und Fürsorge. Daraus folgt, in den Worten Jesu: *„Habt Glauben an Gott!“* (Markus 11,22) Überlasst ihm Dinge, denn er macht alles wohl!

Es ist wichtig zu sehen, dass Gottes „Ich-will“-Bündnisse zwei Eigenschaften haben. Sie sind spontan und sie sind absolut. Niemand drängte Gott dazu, und sie bestehen voraussetzungslos.

Das „Ich will“ Christi

Das Matthäus-Evangelium notiert 13 Unternehmungen Jesu, bei denen er die Worte „Ich will“ gebraucht. Diese 13 sind keineswegs alles, was er je tun wollte, aber Christus spricht bereits in derselben Weise wie Gott, der Herr der Propheten. Damit steht der Sohn als der große „Ich will“ an der Seite seines Vaters.

Derartige Ansprüche Christi beziehen sich meist auf die unmittelbare Gegenwart, nicht auf eine ferne Zukunft. Zum Beispiel sagte er: *„Kommt her zu mir … und ich werde euch Ruhe geben!"* (Matthäus 11,28) – *„Wer zu mir kommt, den werde ich nicht abweisen!"* (Johannes 6,37) – *„Ich werde euch zu Menschenfischern machen!"* (Matthäus 4,19)

Christus stützt sich allein auf seine Wahrhaftigkeit. Er versucht nie, Menschen von dem, was er gesagt hat, zu „überzeugen", zu „argumentieren". Seine Worte reichen aus und beweisen sich, wenn sie geglaubt werden, selbst. Einen anderen „Beweis" gibt es nicht.

Dabei stützt sich Jesus allein auf seine Wahrhaftigkeit. Er versucht nie, Menschen von dem, was er gesagt hat, zu „überzeugen", zu „argumentieren". Seine Worte reichen aus und beweisen sich, wenn sie geglaubt werden, selbst. Einen anderen „Beweis" gibt es nicht. *„Seht, das ist mein Knecht, den ich stütze … Er schreit nicht und lärmt nicht und lässt seine Stimme nicht auf der Straße erschallen … treu bringt er das Recht. Er wird nicht müde und bricht nicht zusammen, bis er auf der Erde das Recht begründet hat."* (Jesaja 42,1-4*) Wir glauben voll an seine Autorität. Er hat gesagt: *„Wenn ihr nicht glaubt, dass ich bin, der ich bin, werdet ihr in euren Sünden sterben."* (Johannes 8,24*)

„Ich will" und ‚Er tat'

Christus hat gesagt: *„Ich werde meine Gemeinde bauen!"* Er hat es getan, tut es noch und wird es vollenden. Der Gläubige ist auf der Seite des Unabwendbaren. Er läuft im Sieg. Er hat die Morgenröte, nicht die Dunkelheit im Blick. Das Reich Gottes kommt.

Es gibt ein gewaltiges „Ich will" in Johannes 14,16. Es ist rückhaltlos und unvermeidlich, ein ganz unverlangter Akt göttlichen Willens. *„Ich werde den Vater bitten und er wird euch einen anderen Beistand geben, der für immer bei euch bleiben soll."* Christus sagte nicht: „Wenn ihr betet …" Er sagte: *„Ich werde bitten."* Die Jünger haben nicht dafür gebetet. Pfingsten war nicht das Resultat einer Gemeinde, die zu Gott flehte und in perfekter Einheit durchdrang, wie so oft behauptet wird. Es war das souveräne Handeln Christi und des Vaters, unabhängig von aller menschlichen Aktion.

Es gibt ein gewaltiges *„Ich will“* in Johannes 14,16. Es ist rückhaltlos und unvermeidlich, ein ganz unverlangter Akt göttlichen Willens. *„Ich werde den Vater bitten und er wird euch einen anderen Beistand geben, der für immer bei euch bleiben soll.“* Christus sagte nicht: „Wenn ihr betet ...“ Er sagte: *„Ich werde bitten.“* Die Jünger haben nicht dafür gebetet. Pfingsten war nicht das Resultat einer Gemeinde, die zu Gott flehte und in perfekter Einheit durchdrang, wie so oft behauptet wird. Es war das souveräne Handeln Christi und des Vaters, unabhängig von aller menschlichen Aktion.

Auch war es die Erfüllung des „Ich will“ aus Joel 3,1: *„Es wird geschehen, dass ich meinen Geist ausgießen werde über alles Fleisch.“** Gottes ausgegossener Geist ist keine Angelegenheit von menschlichem Wollen, Begehren und Beten. Der Beistand **ist** schon gekommen. Man braucht nicht zu beten: „Herr, reiß die Himmel auf und komm herab!“ **Er ist hier!** Nichts wird benötigt als Tatglaube. Wir dürfen Gewissheit und Ruhe aus der Tatsache schöpfen, dass Gottes Geist mit uns ist.

Die Jünger waren am Pfingsttag einfach zusammen. Es steht nicht geschrieben, dass sie beteten, aber dass sie „saßen“. Sie hatten sich wohl getroffen, um einander in kritischer Zeit zu helfen. Dann tat Jesus schlicht, was er gesagt hatte. Sie baten ihn nicht darum. Das war nicht nötig. Er hatte es ja versprochen.

Diese Verheißung erfüllt der Herr gerade auch im vorigen und im jetzigen Jahrhundert. Zwar versuchten größere Teile der Kirchen, sogar evangelikale, das, was hier geschah, zu stoppen. Sie hatten sogar um Erweckung gebetet, widersetzten sich aber der Form, in der sie dann kam. Als Gott seinen Geist ausgoss, erklärten mehrere protestantische Kirchenvertreter in Berlin, dies sei „von unten“. Doch Gott hatte gesagt, er werde seinen Geist ausgießen, und nichts konnte ihn aufhalten. Er tat es und er tut es. Halleluja! Inzwischen ist ein Großteil der weltweiten Gemeinde Jesu in den Strom eingetaucht, der von Gottes Thron fließt.

Christus hat gesagt: *„Ich werde meine Gemeinde bauen!“* Er hat es getan, tut es noch und wird es vollenden. Der Gläubige ist auf der Seite des Unabwendbaren. Er läuft im Sieg. Er hat die Morgenröte, nicht die Dunkelheit im Blick. Das Reich Gottes kommt.

Glaube und Gottes „Ich“

In diesem Kapitel werden wir intensiv Schriftworte betrachten. Beginnen wir mit einer einfachen Frage und der Antwort darauf:

Die Heilige Schrift schärft uns ein, dass wir Gott aufgrund seines Wesens, seiner Identität vertrauen können – und die wird uns in der Bibel ausgebreitet.

Warum glauben wir einer Person?
Wegen ihres Wesens, Rufs, Charakters.

Vielleicht sagt uns jemand: „Vertraue mir!“ Doch wir tun das nicht, bis wir ihn oder sie gut kennen. Wir vertrauen nicht einfach jedem.

Kennen heißt vertrauen

Die Heilige Schrift schärft uns ein, dass wir Gott aufgrund seines Wesens, seiner Identität vertrauen können – und die wird in der Bibel vor uns ausgebreitet. Wenn uns manche erzählen, dass ihnen eine bestimmte Erfahrung Gott bewiesen hätte, muss dies mit der Schrift belegbar sein. Erfahrungen können auch aus einer anderen Quelle kommen. 1. Johannes 4,1f sagt: *„Traut nicht jedem Geist … Jeder Geist, der Jesus Christus als im Fleisch gekommen bekennt, ist aus Gott.“** Menschen, die nur Lärm machen oder in Trance geraten, legen kein solches Zeugnis ab.

An manchen Stellen wird Glaube an Gott beschrieben als „an den Namen des Herrn glauben“, z. B. in Johannes 2,23: „… [es] *kamen viele zum Glauben an seinen Namen, als sie die Zeichen sahen, die er tat.*“ Sein Name war für sie gleichbedeutend mit Wunderzeichen. Gott hat aber verschiedene Namen, die zusammen sein Wesen ausmachen.

Wir können Menschen glauben, **was** sie sagen, oder ihnen als Person Lauterkeit zutrauen, **an** sie glauben. Es ist entscheidend wichtig, **an wen** wir glauben. Man kann an einen Arzt, einen Anwalt oder einen Pastor glauben und der jeweiligen Person in der Angelegenheit glauben, die sie für uns tun kann, etwa indem wir uns in die Hand eines Chirurgen

> Gott ist nicht jemand mit begrenzten Fähigkeiten, sondern der Allmächtige. Darum können wir ihm in jeder Angelegenheit volles Vertrauen schenken und unser Leben aushändigen.

begeben. Aber wie steht es mit Gott? Er ist nicht jemand mit begrenzten Fähigkeiten, sondern der Allmächtige. Darum dürfen wir ihm in jeder Sache volles Vertrauen schenken und unser Leben aushändigen. Er kann mehr daraus machen als jemals wir selbst.

Jesus hat gesagt:

„Ihr glaubt an Gott, glaubt auch an mich!“ (Johannes 14,1) *„Wer an mich glaubt, glaubt nicht an mich, sondern an den, der mich gesandt hat.“* (Johannes 12,44*)

Gottes Anspruch

> Wir können nicht besser sein als unser Glaube. Schon immer war die Zivilisation auf die Offenbarung eines untadeligen Gottes gegründet, dem wir alle verantwortlich sind.

Beim nochmaligen Lesen der zwei Verse entdecken wir viermal das Wort „mich“. Diese biblische ‚Spezialität‘ findet sich oft, wenn Gott der Redende ist. Immer wieder betont er das Pronomen **ich, ich selbst, mich, mir, meiner** – neben den Worten Jesu vor allem bei Jesaja. Wir sollen dadurch ermutigt werden, Gott wegen seiner Makellosigkeit zu vertrauen. Das „Ich“ wird besonders hervorgehoben: *„Ich, ich bin der Herr, und außer mir gibt es keinen Retter!“* – *„Gibt es einen Gott außer mir? Es gibt keinen Fels, ich kenne keinen!“* Daraus resultiert die Warnung: *„Weh dem, der mit seinem Bildner rechtet!“* (Jesaja 43,11; 44,8; 45,9) Wenn wir Gott nicht trauen können, der uns erschuf, sind wir verloren.

Als die Bibel geschrieben wurde, folgte jeder seinen Göttern – außer vielen Israeliten, die nichts mit den sichtbaren Götzen zu tun hatten: Sie riefen den unsichtbaren Gott an und wussten schon einiges von ihm. Bei ihnen finden sich die ersten Spuren bürgerlicher Freiheit – tausend Jahre vor Auftauchen der Griechen und Römer! Wir können nicht besser sein als unser Glaube. Schon immer war die Zivilisation auf die Offenbarung eines untadeligen Gottes gegründet, dem wir alle verantwortlich sind.

Gottes unvergleichliche Natur

Israel wusste, dass es den Herrn nicht als eine weitere Ausgabe im Pantheon der Gottheiten behandeln konnte. Er, *„der Heilige Israels"* (Jesaja 12,6), überstieg einfach alles, was es sonst gab. König Salomo weihte den Tempel ein, erklärte aber: *„Sollte Gott wirklich auf der Erde wohnen? Siehe, die Himmel und die Himmel der Himmel können dich nicht fassen; wie viel weniger dieses Haus, das ich gebaut habe!"* (1. Könige 8,27)

Nie hat jemand den heidnischen Göttern vertraut. Keiner gab sein Leben wirklich Aphrodite oder Zeus hin. Für moderne Menschen ist es schwer, die damaligen Verhältnisse zu würdigen. Die Menschen hatten bei all ihren Tempeln, Altären, Praktiken und heidnischen Feierlichkeiten doch kein rechtes religiöses Empfinden, geschweige denn geistliche Ideale. Erst das Christentum gravierte die moralischen Grundwerte ein. Die Heiden dagegen besuchten ihre Altäre aus Angst vor den Göttern und deren üblen Launen.

Der HERR (Jahwe) aber durchdrang das Leben als Ganzes. *„Ich bin der Herr – und sonst keiner!"* (Jesaja 45,6) Er war abgesondert, heilig. Bei einer Gelegenheit betete Mose, und Gott gab ihm neues Licht und Verständnis. Dieser in 2. Mose 34,5-7 beschriebene Abschnitt ist hochwichtig für jeden Einzelnen und alle Nationen auf der Erde, ob sie es zugeben oder nicht:

Da stieg der Herr in der Wolke herab, trat dort neben ihn und rief seinen Namen „Herr" aus. Und der Herr ging vor seinem Angesicht vorüber und rief: Der Herr, der Herr, Gott, barmherzig und gnädig, langsam zum Zorn und reich an Gnade und Treue, der Gnade bewahrt an Tausenden von Generationen, der Schuld, Vergehen und Sünde vergibt, obwohl er keineswegs ungestraft lässt … *

Dieser Abschnitt verknüpft Gottes Namen *„der HERR"* mit seinen natürlichen Eigenschaften: gnädig, liebevoll, langmütig. Wie William Barclay feststellt, ist „langmütig" ein christliches Wort. Es kommt im klassischen Griechisch gar nicht und im späteren Griechisch nur sehr spärlich vor. Für die Griechen war Langmut keine Tugend, sondern eine unmännliche Schwäche. Dr. Barclay sagt: „Die große griechische Tugend war, Kränkungen und Schäden ohne jede Duldung zu rächen."

Allein Israel sah den Geist der Vergebung und Langmut als Tugend an. In 2. Mose 34 gibt es mehr wahre Sittlichkeit als in allen Schriften von Homer oder Aischylos zusammen.

Das Ego und Gott

Immer und immer wieder sagt der Herr: *„Ich …“* Wenn Männer oder Frauen über sich reden und alles auf ein einziges „Ich, ich“ hinausläuft, sind sie eitel, egoistisch, narzisstisch. Denn so erhaben ist kein Sterblicher. Gott aber kann sagen: *„Es gibt keinen außer mir!“* und gebraucht beim Reden mit uns ständig das Wort „ich“. Warum? Er ist nun mal der feste Grund. – „In Christus hab ich festen Stand; was sonst es gibt, ist letztlich Sand.“[31]

Der Herr sagt aber nicht nur „ich“, sondern betont es noch in vielen Varianten. Oft heißt es: *„Ich, der Herr …“*, ein andermal hören wir die Wiederholung: *„Ich, ich …“* und die Verstärkung: *„Ich selbst“* oder *„Ich bin der …“* usw. (Jesaja 27,3; 41,14; 46,4; 48,15). Mit all dem beabsichtigt Gott, dass wir in seinem Wesen heimisch werden. Häufig verbindet er die Worte mit ergänzenden Selbstauskünften, so zum Beispiel: *„Ich, der Herr, der Gott Israels“* (Jesaja 41,17) oder: *„Ich bin der Herr, dein Gott, der Heilige Israels, dein Retter. Ich gebe Ägypten als Lösegeld für dich, Kusch und Seba an deiner Stelle.“* (Jesaja 43,3)

Auf diesen Nenner will es der Herr bringen. Er ist einzigartig und möchte uns ermuntern, ihm alles zuzutrauen. *„So spricht der Herr, euer Erlöser.“* (Jesaja 43,14) – *„Ich, ich bin es, der deine Verbrechen auslöscht um meinetwillen.“* (Jesaja 43,25) – Kein anderer war wie er oder tat solche Dinge. Wenn wir ihm nicht vertrauen, kommt auch sonst keiner in Frage. *„Kein anderer Name (ist) … den Menschen gegeben, in dem wir gerettet werden müssen.“* (Apostelgeschichte 4,12) Das war eine schlichte Tatsache. Niemand kannte einen, der erretten konnte, außer Gott. Psalm 73,25f sagt: *„Wen habe ich im Himmel als dich? Und auf der Erde habe ich nach nichts außer dir Verlangen … Gott ist auf ewig meines Herzens Fels und Anteil.“** In unserem Leben gibt es niemanden sonst, der der Eine ist.

Das Geheimnis von Ich – Er

Nun kommen wir zu etwas Ungewöhnlichem. Zunächst sei daran erinnert (1. Korinther 13,12), dass wir Gottes Welt nur *„in Umrissen"* erkennen, noch nicht *„von Angesicht zu Angesicht"*. Wir wissen, aber wir wissen nicht alles. Der Wissenschaftler Haldane meinte: „Die Schöpfung ist nicht nur wundervoller, als wir denken, sondern wundervoller, als wir denken **können**."

In Jesaja 41,4 wird ein merkwürdiger Ausdruck gebraucht: *„Ich, der Herr, bin … er"*.[32] Das Verb „bin" steht nicht im originalen Hebräisch, sondern wurde von den Übersetzern eingefügt. Aber eigentlich nennt Gott sich hier „Ich – Er".

Dies ist ein Beispiel für das Große, Wunderbare an Gott und seinem Namen. Als Manoach den Engel des Herrn nach seinem Namen fragte, bekam er zur Antwort: *„Warum fragst du nach meinem Namen? Er ist zu wunderbar."* (Richter 13,18) Das gleiche Wort wird in Jesaja 9,5 gebraucht: *„Und man nennt seinen Namen: Wunderbarer …"* Sein Name ist ein Wunder, ein Geheimnis. Dieses Wort wird in Matthäus 21,15 auch für Christi Wunder verwendet: *„Als aber die Hohenpriester und die Schriftgelehrten die Wunder sahen, die er tat …"* Gottes Name ist ein Wundername, ein Name voller Wunder. Er enthält Geheimnisse über ihn.[33]

Was heißt nun „Ich – Er", und was teilt es uns mit? Mehr darüber finden wir in zwei anderen Schriftabschnitten: *„Seht nun, dass ich … es bin und kein Gott neben mir ist!"* (5. Mose 32,39) – *„Über das Haus David und über die Bewohnerschaft von Jerusalem gieße ich den Geist der Gnade und des Flehens aus, und sie werden auf mich blicken, den sie durchbohrt haben, und werden über ihn wehklagen, wie man über den einzigen Sohn wehklagt …"* (Sacharja 12,10) „Mich" ist demnach derselbe wie „ihn": der, den sie durchbohrt haben und um den sie wehklagen – derselbe redende Gott. Es ist das Wunder-Geheimnis der Gottheit.

Dieser „mich" und „ihn" wird auch als Kind Israels beschrieben, wie jemandes einziges Kind. *„Ein Kind ist uns geboren, ein Sohn uns gegeben."* (Jesaja 9,5) Sacharja sagt von dem Kind, dass es durchbohrt worden sei. Das Matthäusevangelium identifiziert dieses Kind, diesen Sohn gleich zu Anfang als *„Jesus Christus, Sohn Davids, Sohn Abrahams"*, und Jesus selbst nennt sich *„Sohn des Menschen"*. Beide, Abraham wie David, hatten zwar besondere Söhne, aber keiner davon war der wahre, verheißene Sohn, von dem der Prophet Jesaja sagte, dass er kommen werde. Der wahre Sohn aus dem Hause David war Jesus, der Christus.

Er ist der Sohn, „das einzige Kind", von dem Gott durch den Propheten Sacharja sagte: *„Sie werden auf mich blicken, den sie durchbohrt haben, und werden über ihn wehklagen … und bitter über ihn weinen"*. Also ist das **mich** das **ihn** und das **ich** das **er**. Jesus sagt: *„Ich und der Vater (Ich und Er!) sind eins."* (Johannes 10,30)

Gott kann weder in ein Bild gefasst noch in Marmor gehauen noch in Worte eingepfercht werden.

Ich bin

Da Gott *„Ich bin"* ist, ist auch sein Sohn *„Ich bin"*. Der Vater ist *„Ich"* und der Sohn ist *„Ich"*. Der Eine, der durchbohrt wurde, war beides – *„mich"* und *„ihn"*. Gott Vater war beteiligt am Golgatha seines **Sohnes**, und Christus war's, durch den **Gott** *„die Welt mit sich selbst versöhnte"* . (2. Korinther 5,19) Gott nennt sich im Alten Testament *„dein Erlöser"*, und im Neuen Testament erlöst uns das kostbare Blut Jesu, der für uns durchbohrt wurde. Diese Durchbohrung des Sohns durchbohrte auch das Herz des Vaters.

Auch Jesaja 45,6 gebraucht den großen Gottestitel *„Ich bin"*: *„Ich bin der Herr und sonst keiner."* Dieser Name wurde Mose als *„Ich bin, der ich bin"* vermittelt. (2. Mose 3,14) Die Hebräisch-Experten haben ihn vielfältig übersetzt, aber man kann ihn einfach nicht richtig in andere Sprachen bringen, nicht einmal in gute hebräische Grammatik.

Mose fragte Gott nach seinem Namen. Er kannte ihn bereits als den HERRN (hebräisch: Jahwe), wie einst schon Abraham, aber die Bedeutung des Namens war noch nicht enthüllt. Abrahams Erfahrung mit Gott war die von „Gott Allmächtig" (El Schaddai), also nur einer Seite der göttlichen Größe. Gott versprach Sara einen Sohn, worüber sie lachte, doch der Herr sagte: *„Ist dem HERRN etwas zu schwer?"* (1. Mose 18,14*) Auf Dauer aber bedurfte es mehr als nur des Einsatzes von Allmacht. Mose sah das, und damit begannen all jene Bedeutungen des Namens „HERR" aufzukommen, die noch verhüllt waren.

Später natürlich veränderte sich der ganze Offenbarungsprozess: Er geschah nicht länger durch Propheten, sondern durch Gottes Sohn Jesus, den Christus (Hebräer 1,1f).

> Der Geist Gottes führt uns *in alle Wahrheit.* Wir können Gottes Ozean nicht mit unserer Spannweite erfassen und alle Dinge auf einmal wissen. Wir werden lernen, während er sein Wort erfüllt.

Der Gottestitel „Ich bin" wird im Johannesevangelium auf Jesus angewandt. Bei einigen Ereignissen ist Christi Wort „Ich bin" genau dasselbe wie das „Ich bin" des Herrn im Alten Testament. Jesus sagt zum Beispiel: *„Ich bin der gute Hirte"* (10,11), Psalm 23,1 aber bekennt: *„Der Herr ist mein Hirte"*, und in Psalm 80,2 wird der Herr als *„Hirte Israels"* bezeichnet. Jesus sagt: *„Ich bin das Brot des Lebens"* (6,35), wobei in 5. Mose 8,3 Gottes Worte Brot sind.

Jesus gebraucht „Ich bin" auch im absoluten Sinn, zum Beispiel mit den Worten: *„Ehe Abraham war, bin ich."* (Johannes 8,58) Er sagt nicht: „Ehe Abraham war, war ich", sondern: *„… bin ich"*.[34] Christus sprach ähnlich wie Gott, als dieser zu Mose sagte: *„So sollst du zu den Israeliten sagen: Der ‚Ich bin' hat mich zu euch gesandt."* (2. Mose 3,14*) Er ist der zeitlose Eine, für den Vergangenheit und Zukunft gleich sind.

Gott kann weder in ein Bild gefasst noch in Marmor gehauen noch in Worte eingepfercht werden. Er verbot den Israeliten, von ihm ein Bildnis anzufertigen, weil es eine falsche Vorstellung vermitteln würde. Einige Götzenbilder sind zudem so abscheulich, dass derartige Porträts einem Gott mit Selbstachtung nie gefallen könnten. Nun, die Heiden wünschten sich etwas zum Sehen und Fühlen; also machten sie Abbilder aus Holz oder Ton. Zephanja 3,17 aber weiß etwas über den Herrn, was die Heiden nicht wussten: Er ist *„ein Held, der rettet"*. Dieser mächtige Gott war nicht bloß plumpes Material oder Fleisch, sondern hatte ein unendlich wunderbareres Wesen – zu real für unsere schwachen Augen. Gott ist Geist. Es heißt von ihm: *„Wahrlich, du bist ein verborgener Gott – Gott Israels, der Helfer!"* (Jesaja 45,15*)

Gott sagt: *„Ich bin, der ich bin"*, und wir sollen über ihn schrittweise Einsicht gewinnen. Mose lernte Gott besser kennen, als er vor Pharao erschien, und noch mehr, als er in die Stiftshütte trat. *„Er hat Mose seine Wege kundgetan, den Kindern Israels seine Werke."* (Psalm 103,7)

Der Geist Gottes führt uns **in alle Wahrheit**. Wir können Gottes Ozean nicht mit unserer Spannweite erfassen und alle Dinge auf einmal wissen. Wir werden lernen, während er sein Wort erfüllt.

Heute spricht man von der Informationsschwemme. Das Internet und andere Quellen liefern mehr Details und Fakten, als wir sie zeitlich aufnehmen und verwerten können. Geschäftsleute sehen sich außerstande, vor einer Entscheidung alle verfügbaren Informationsmengen durchzugehen. Auch Gläubige können nicht alles über Gott wissen – doch wir können ihm vertrauen! Wahre Gotteserkenntnis verschweißt, sie brennt in unseren Herzen und bewegt uns. Jesus sagte: *„Lernt von mir!“* (Matthäus 11,29) – das heißt, von ihm … über ihn lernen.

Ihn kennen ist Leben.

Teil 6

Kapitel 17

Glaube in der Nacht

Glaube nur in „Leichtversion“ ist unrealistisch. Widmen wir uns nun also dem „Glauben in der Nacht“.

Von den vier Evangeliumsberichten ist der von Johannes wohl am tiefgründigsten. Er ist voll buchstäblich erzählter Geschehnisse und Ausdrücke, die man mit Feingespür lesen soll. Darauf werden wir noch näher eingehen.[35] Hier greife ich nur zwei, drei solcher bedeutsamen, wertvollen Ereignisse heraus, gemäß dem Ziel von Johannes: *„Diese sind geschrieben, damit ihr glaubt … und durch den Glauben Leben habt.“* (Johannes 20,31*)

In Johannes 6,17 und 22 steht: *„Als es aber Abend geworden war, gingen seine Jünger hinab an den See … Sie waren allein weggefahren.“**

Das sind nur zwei kleine Anmerkungen, aber wie wir sehen werden, macht eine weitere Aussage sie noch auffälliger. Jedenfalls möchte Johannes vermitteln, dass es bis zu Jesu Auftritt einfach **dunkel** ist[36]. So war es hier, und so ist es stets.

Die Griechen kamen und sagten zu Philippus: *„Herr, wir möchten Jesus sehen!“* (Johannes 12,20f) Sie befanden sich im Dunkeln. Die Griechen waren damals das höchstgebildete Volk der Erde, doch geistlich umnachtet. Ein Autor hat über ihre Zeit und ihre religiösen Vorstellungen geschrieben, sie seien sich zwar einer übernatürlichen Wirklichkeit bewusst gewesen, hätten dies aber nicht mit Wohlwollen zur Menschheit verbunden, sondern „blind“ und oft zerstörerisch gehandelt.

Dunkelheit. Jene Griechen kannten keinen Vater im Himmel, der aus Liebe zur Menschheit seinen Sohn schenkte. Jesus sagte ihnen, dass er sein Leben für sie geben werde. Ihre eigenen Ideen kreisten ja um gefährliche Götter. In einem antiken Schauspiel etwa erzürnt sich der Gott Dionysos über Pentheus, den König von Theben, weil dieser ihn nicht geehrt hat. Aus Rache macht er den König und dessen Mutter wahnsinnig, so dass sie ihren Sohn zerstückelt. Mit solchen Sagen hat sich Paulus gut ausgekannt und nennt jene Tage *„Zeiten der Unwissenheit“*. (Apostelgeschichte 17,30)

Aber zurück zur wahren Geschichte in Johannes 6:

Die Jünger, in der Dunkelheit hart gegen Wind und Wellen anrudernd, meinen plötzlich ein Gespenst zu sehen, das über die schäumende Oberfläche des Sees gleitet. Ihre Ängste steigern sich noch, und obwohl sie kernige Männer sind, schreien sie vor Entsetzen auf. Da durchtönt Christi Stimme den heulenden Sturm und die tosende Gischt: *„Ich bin's, fürchtet euch nicht!“* (Vers 20) Jesus war Zimmermann oder Baumeister und kein Seemann – doch er wusste: Mit ihm im Boot könnten die Jünger bald wieder „lachen, auch im Sturm“. Er war ja der Bezwinger von Dunkel und Dämonen.

Bis dahin waren sie allein (Vers 22). Das ist es, was auch die Menge bemerkte. In deren Augen hatte Jesus eine so gewaltige Erscheinung, dass, als die Jünger ohne ihn gingen, sie „allein“ wirkten. Ein Dutzend wettergehärteter Fischer beieinander, Bootsleute, Experten in bekannten Gewässern – doch weil Jesus nicht bei ihnen war, waren sie „allein“, ja, noch schlimmer als allein: Sie waren einsam und im Dunkeln!

Wenn wir
sechs Milliarden Menschen
auf diesem Planeten
keinen Jesus hätten,
wären alle miteinander allein
und in der Dunkelheit.
Die Welt wäre so grässlich
und einsam wie ein
Winter im antarktischen Eis.
Aber er ist da,
oder besser: hier!
Wir sind nicht allein in einem
unfreundlichen Universum.

Wenn wir sechs Milliarden Menschen auf diesem Planeten keinen Jesus hätten, wären alle miteinander allein und in der Dunkelheit. Die Welt wäre so grässlich und einsam wie ein Winter im antarktischen Eis. **Aber er ist da**, oder besser: hier! Wir sind nicht allein in einem unfreundlichen Universum. Wir haben einen Freund. *„Ich gehe, um euch einen Platz vorzubereiten … Ich komme wieder und nehme euch zu mir, damit ihr auch seid, wo ich bin!“* (Johannes 14,3*) *„Seid gewiss, ich bin bei euch alle Tage bis zum Ende der Welt!“* (Matthäus 28,20) Dieser Jesus löst unser aller Ängstlichkeit.

Selbst mit einem voll gelaufenen Kahn im Wirbel der tobenden Wellen sind seine Jünger im Nu erleichtert gewesen, als Jesus sprach: *„Ich bin's, fürchtet euch nicht!"* Die im Griechischen notierten Worte (egó eimí) bedeuten: „Ich, ich bin". Weil **er ist**, können wir uns sicher fühlen. *„Auch wenn ich wandere im Tal des Todesschattens, fürchte ich kein Unheil, denn* ***du*** *bist bei mir!"* (Psalm 23,4) Das ist alles, was wir wissen müssen.

Wenn Jesus zu uns kommt, sind wir angekommen, erreichen des Lebens Höhepunkt und Ziel. Christus ist das Ufer, auf das wir zuhalten, der Sinn unserer ganzen Reise.

Johannes ergänzt nun noch wie mit einem Federstrich (Vers 21): *„Sie wollten ihn nun in das Boot nehmen, und sogleich war das Boot am Land, wohin sie fuhren."* Kein Zweifel, die Jünger waren mehr als willig, Jesus ins Boot zu nehmen, aber Markus 6,48 notiert, dass er *„an ihnen vorübergehen"* wollte. Es lag also an ihnen: Wenn sie es wünschten, wollte er bei ihnen sein! Das ist Jesu Art. Er wartet auf die Einladung.

Und jetzt das wichtige Resultat: *„Sofort"* waren sie *„am Ufer, das sie erreichen wollten."* Als Jesus ankam, kamen sie an! Wenn Jesus zu uns kommt, sind wir angekommen, erreichen des Lebens Höhepunkt und Ziel. Christus ist das Ufer, auf das wir zuhalten, der Sinn unserer ganzen Reise.

In Matthäus 8,19f gibt es eine interessante Auseinandersetzung mit Jesus. Ein Mann sagt zu ihm: *„Ich will dir nachfolgen, wohin du auch gehst."* Er dachte wohl, dass Jesus irgendwohin ginge, und dass er, wenn er mitginge, auch irgendwo ankommen werde. Er wünschte sich eine Position, zumal bei jemandem, der von einem Königreich sprach. Der Mann war ein sozialer Karrierist. Welche Blindheit! Jesus will nicht irgendetwas sein oder irgendwohin gehen. Er **ist** das Irgendwo, das Überall, der Anfang und das Ende. Das Königreich **ist** Jesus.

Er ist das einzige Licht der Welt. Wenn du einem Licht folgst, wo wirst du dich wiederfinden? 'Beim Licht! Folge dem Licht Christi, und du wirst dich zu seinen Füßen wiederfinden. Er erleuchtet den Weg in eine Richtung: zu ihm selbst. Christus ist der Weg, sein Anfang und sein Ende, das *„Ufer, das sie erreichen wollten"*.

Manche laden uns ein, sie auf der Suche nach Wahrheit und Licht zu begleiten. Aber wenn sie noch kein Licht haben, wie wollen sie überhaupt etwas finden? Selbst wenn sie über die Wahrheit stolpern würden, könnten sie nicht wissen, was es war. Sie sagen gern, es sei „besser, hoffend zu reisen als anzukommen“, in anderen Worten: Suche stets und finde nie! Jesus aber sagt: *„Sucht, und ihr werdet finden!“* (Matthäus 7,7) Viele Menschen kennen nur die Suche, ein ständiges Jagen nach etwas; doch sie wissen nicht, was es ist, wie es aussieht oder ob es überhaupt da ist! Paulus warnt Timotheus vor solchen blinden Führern, die *„immer lernen und niemals zur Erkenntnis der Wahrheit kommen können.“* (2. Timotheus 3,7)

Manche laden uns ein, sie auf der Suche nach Wahrheit und Licht zu begleiten. Aber wenn sie noch kein Licht haben, wie wollen sie überhaupt etwas finden?

Darum mögen sie uns, die christlich Gläubigen, nicht; denn wir sagen, dass wir gefunden haben. *„Ich weiß, wem ich geglaubt habe!“* (2. Timotheus 1,12) Leute wie wir wollen keine ewigen Wanderer sein – wie der legendäre Fliegende Holländer, jenes Geisterschiff unter vollen Segeln, das angeblich bei Stürmen rund ums Kap der Guten Hoffnung gesichtet wird, aber nie einen Hafen erreichen kann. Mit Christus haben wir den Hafen schon erreicht! Er ist unsere ewige Heimat gegen die Finsternis.

Eine weitere Nacht begegnet uns im Johannesevangelium: *„Judas … ging … hinaus. Es war aber Nacht.“* (Johannes 13,30) *„Judas … und … kamen dorthin mit Fackeln, Laternen und Waffen.“* (Johannes 18,3)

Als Jesus an der Spitze seiner Jünger zum Garten Gethsemane aufbrach, trugen sie weder Fackeln noch Laternen. Er hatte ja schon oft das Olivenwäldchen zum Beten aufgesucht und kannte jeden Pfad, obwohl es selbst bei Mondschein dunkel war unter den Bäumen. Dann der Kontrast: Die Schar ohne Christus benötigte Laternen. Johannes hat sich wohl an die Worte Christi erinnert: *„Ich bin das Licht der Welt; wer mir nachfolgt, wird nicht in der Finsternis wandeln, sondern wird das Licht des Lebens haben.“* (Johannes 8,12)

Jesus macht Laternen überflüssig. Die Welt produziert ihr eigenes künstliches Licht und ist stolz auf solche Unabhängigkeit. Man stellt die

Denkkraft über Gottes Kraft. Mose aber warnt: *„Wenn du der Stimme des HERRN, deines Gottes, nicht gehorchst und sorgfältig all seine Gebote und Ordnungen tust, werden all diese Flüche … dich erreichen … mit Wahnsinn … und Herzensverwirrung … Am hellen Mittag tappst du im Dunkeln wie ein Blinder …"* (5. Mose 28,15.28f*) So etwas erlebte Hiob in seinen Tagen und zeichnete es auf (Hiob 12,24f): *„Den Häuptern des Landes nimmt den Verstand … sie tappen umher im Dunkeln ohne Licht, er lässt sie irren wie Trunkene."* Und Jesaja 59,9f bezeugt: *„Wir hoffen auf Licht, und siehe, da ist Finsternis … Wir tasten wie Blinde die Wand entlang … wir stolpern am Mittag …"**

Jesus macht Laternen überflüssig. Die Welt produziert ihr eigenes künstliches Licht und ist stolz auf solche Unabhängigkeit. Man stellt die Denkkraft über Gottes Kraft. Mose aber warnt: *„Wenn du der Stimme des HERRN, deines Gottes, nicht gehorchst und sorgfältig all seine Gebote und Ordnungen tust, werden all diese Flüche … dich erreichen … mit Wahnsinn … und Herzensverwirrung … Am hellen Mittag tappst du im Dunkeln wie ein Blinder …"*

Paulus sagte den Griechen in Korinth, dass die Welt *„auf dem Weg ihrer Weisheit Gott nicht erkannte"*. (1. Korinther 1,21) Dies ist einer der Bibelverse, denen keiner widersprechen kann. Sind nicht unsere Bibliotheken angefüllt mit den Gedanken der scharfsinnigsten Denker aller Zeiten? Aber sie sagen uns exakt nur, dass sie sich über nichts sicher sind. Laternen und Fackeln!

„Verwirrung" nennt es Mose. Zu den verwirrtesten Leuten der Erde zählen jene, die sich nur auf den Verstand stützen. Sie wissen nicht, wie man die Wahrheit erkennt. Ein Mann trug ein Schild mit den Buchstaben IBF und erklärte, das bedeute: „Ich bin verwirrt". Als ihm ein Freund andeutete, dass man „verwirrt" mit „v" und nicht „f" schreibe, erwiderte er: „Eben, so verwirrt bin ich!"

Die verwirrtesten Leute auf Erden sind jene, die sich nur auf den Verstand stützen.

Der Glaube räumt unser Inneres auf. Erstaunlicherweise macht es nicht beim Glauben Halt, sondern wird Erkenntnis und Licht. Glaube richtet die Blinden auf, nicht zugrunde.

Wir hatten zweieinhalbtausend Jahre des Denkens, und noch immer gelten die Worte von Mose, Hiob und Jesaja: Die Menschen tappen zur Mittagszeit im Dunkeln wie Blinde an der Wand. Dabei haben wir doch seit Christi Ankunft schon den Mittag. Das *„Licht ist gekommen!“* (Jesaja 60,1) – *„Die Sonne der Gerechtigkeit wird aufgehen!“* (Maleachi 3,20*) – Es zeigt sich, *„was wahr ist in ihm ..., und das wahrhaftige Licht leuchtet schon.“* (1. Johannes 2,8*) Jesus sagte: *„Wenn du glaubtest, so würdest du die Herrlichkeit Gottes sehen!“* (Johannes 11,40)

Schließlich berichtet Johannes noch von einer anderen Nacht (Johannes 20,1*): *„Am ersten Tag der Woche aber kam Maria Magdalena früh, als es noch dunkel war, zur Gruft.“*

Einmal mehr hat der Verfasser eine doppelte Bedeutung hinter seinen Worten. *„Als es noch dunkel war“* will sagen: Als Christus auferstand, kam die Morgendämmerung für alle Welt! In jenen grauenhaften Stunden allerdings – zumindest für die Welt, die Jünger und speziell Maria Magdalena – **schien** nicht nur alles dunkel, sondern es **war** sehr dunkel.

Der Glaube räumt unser Inneres auf. Erstaunlicherweise macht es nicht beim Glauben Halt, sondern wird Erkenntnis und Licht. Glaube richtet die Blinden auf, nicht zugrunde.

Vergessen wir nicht: Als Christus starb, wurde die Kerze der Hoffnung ausgeblasen. In den folgenden drei Tagen und Nächten war die Wahrheit verfinstert. Auf diese Zeiten hatte Jesus die Jünger mahnend vorbereitet: *„Es kommt die Nacht, da niemand wirken kann. Solange ich in der Welt bin, bin ich das Licht der Welt!“* (Johannes 9,4f) Er war gegangen, so dachten sie, und die Nacht war gekommen. Es war „noch dunkel“. Aber nicht lange ...

Maria *„lief“* zu Petrus und Johannes. Diese sprangen sofort auf, machten sich auf den Weg zum Grab, und zwar *„liefen beide“* schnell (Vers 4). Auch Maria kam nach. Johannes war offenbar jünger, kam als Erster zum Grab und beugte sich vor, um hineinzuschauen. Der Zugang war ja keine zwei Meter hoch, eher die Hälfte. Johannes findet die Anmerkung wichtig, dass er *„die Leinenbinden liegen“* sah (Vers 5).

Nun kam Petrus angerannt. Impulsiv, wie er war, ging er hinein in die Gruft. Wieder merkt Johannes an, dass auch Petrus die Leinenbinden liegen sah.

> Als Christus starb,
> wurde die Kerze der
> Hoffnung ausgeblasen.
> In den folgenden
> drei Tagen und Nächten
> war die Wahrheit verfinstert.
> Auf diese Zeiten
> hatte Jesus die Jünger
> mahnend vorbereitet:
> *„Es kommt die Nacht, da
> niemand wirken kann.
> Solange ich in der Welt bin,
> bin ich das Licht der Welt."*
> Er war gegangen,
> so dachten sie, und
> die Nacht war gekommen.
> Es war *„noch dunkel"*.
> Aber nicht lange ...

Interessant ist nun Folgendes: Johannes erwähnt, dass alle drei Personen die Tatsachen **sahen**. Doch er gebraucht dafür **drei unterschiedliche Wörter** – denn Maria, Petrus und Johannes stellen drei verschiedene Arten, Phasen und Betrachtungsweisen von Menschen dar.

(1) Dass **Maria** den weggewälzten Stein „sah", beschreibt Johannes mit dem allgemeinen griechischen Wort für „sehen" – blépo. Als **Johannes** eintraf, bückte er sich und „sah" in der gleichen Weise wie Maria – nämlich die Leinenbinden mit all dem Übrigen. Es war ein oberflächliches, momentanes Sehen.

Dies ist der eine Weg des Sehens. Viele hören Zeugnisse über Christus, seine umwandelnde Kraft, seine Wunderheilungen; vielleicht greifen sie sogar zur Bibel und lesen darin. Aber all das tun sie nur sprunghaft. Sie verwenden kaum einen zweiten Gedanken darauf. In dieser Art des Sehens steckt noch kein Glaube. Eigentlich ist es blindes Sehen, eine dunkle Laterne, etwas nur Körperliches, dem das Geistliche fehlt. An jenem Punkt war es für Maria „noch dunkel" – und das ist es für alle, die bei übernatürlichen Bestätigungen des lebendigen Jesus nur mit den Achseln zucken.

(2) Dann kam **Petrus** und ging der Sache nach. Zunächst betrat er die Gruft. Dort *„erblickte"* er die Leinenbinden. Hier steht ein anderes griechisches Wort – theoréo.[37] Es bedeutet, dass Petrus ihnen besondere Aufmerksamkeit schenkt. Was immer mit Jesu Leichnam passiert war, diese leinenen Tücher durften da nicht liegen; sie hätten mit Jesus verschwunden sein müssen. Das war seltsam und bedurfte einer Erklärung. Doch Petrus beließ es dabei.

Das ist die zweite Art des Sehens. Menschen nehmen Notiz und wünschen eine Erklärung. Das Universum ist wunderbar. Bemerkenswerte Dinge geschehen. Gebete werden beantwortet. Sterbende genesen. So etwas macht viele, sogar Wissenschaftler, zu Ahnenden. Millionen geben zu, dass es ein Geheimnis, etwas Ungewöhnliches gibt. Doch es bleibt ein Geheimnis, das auf Enthüllung wartet. Sie freuen sich sogar an dem Geheimnis und erkennen doch nichts im Dämmerlicht des Grabes.

(3) Schließlich betritt auch **Johannes** das Grabmal. Er sieht, was Petrus „erblickte", aber Johannes hat die Augen eines Sehers. Es heißt: *„Er sah und glaubte"* (Vers 8). Dieses Sehen kennzeichnet der Evangeliumsbericht wieder mit einem anderen griechischen Begriff – „horáo", „wahrnehmen". Parallel sagt Vers 9: *„Sie verstanden die Schrift noch nicht, dass er aus den Toten auferstehen musste."* In dem Fall wissen wir also nicht, wann Johannes exakt zu glauben begann. Aber eins wissen wir sicher: Er glaubte an Christus, nämlich, dass Jesus immer der Meister, der Gewinner war. Johannes hatte weder Kenntnis noch eine Vorstellung von so etwas Phantastischem wie der Auferstehung. Doch sein Glaube erstarkte, obwohl er das alles nicht verstand. Irgendwie musste Jesus gesiegt und die Grabtücher beiseite geworfen haben. Johannes **„nahm wahr", er „begriff"**.

So etwas
bewirkt der Glaube –
gewissermaßen
„ihn, den Unsichtbaren",
zu *„sehen".*
Er ist es!
„Wir sehen Jesus."
Er ist der Eine.
Er ist der biblische Gott,
der biblische Jesus,
jener, der tot sein sollte,
es aber nicht ist!
Was wir sehen, ist der, der er
war und weiterhin bleibt:
Menschenherzen gewinnend,
auf Gebet antwortend,
Kranke heilend,
unsere Seele segnend,
erschaffend tätig
und neu schaffend.

Dies ist die dritte Art des Sehens: **„sehen und glauben"**. Wir können uns umschauen und dieselben Dinge wie die andern sehen, die gleiche Bibel, die gleichen Zeugnisse, die gleiche Welt – und doch mit andern Augen, tief in uns etwas verstehend. Unser Geist erkennt unseren Ursprung, er sieht, dass jenes angebliche „Etwas" persönlich, fürsorglich, wirklich ist.

Maria „sah" noch weiterhin, ohne zu sehen (ab Vers 11). Sie **sah** zwei Engel und dann Jesus, aber es war immer noch nicht mehr als ein Hinstarren, ähnlich wie bei Petrus, als er die Grabkleidung „beschaute". Dann aber redete Jesus, und was ihr die Augen nicht sagten, vermittelten die Ohren: Keiner konnte so wie Jesus „Mirjam!" sagen. *„Da wandte sie sich um …"* (Vers 16) Es war der größte Umschwung und Wandel. Sie erkannte, dass Jesus lebte.

So etwas bewirkt der Glaube – gewissermaßen **„ihn, den Unsichtbaren"**, zu **„sehen"**. Er ist es! *„Wir sehen Jesus."* (Hebräer 11,27* und 2,9) Er ist der Eine. Er ist der biblische Gott, der biblische Jesus, jener, der tot sein sollte, es aber nicht ist! Was wir sehen, ist der, der er war und weiterhin bleibt: Menschenherzen gewinnend, auf Gebet antwortend, Kranke heilend, unsere Seele segnend, erschaffend tätig und neu schaffend. Wir **„sehen und glauben"**. Dinge geschehen, Belege häufen sich, und sie passen nur zu einer Person – Jesus.

Es ist dunkel, bis Jesus kommt. Es ist einsam, bis er da ist. Es ist alles rätselhaft, bis er auftritt. Und wenn wir ihn **„ins Boot nehmen"** wollen, kommen wir auch an **das Ufer, das wir „erreichen wollten"**.

Kapitel 18

Glaube und Nachtsicht

Das Unsichtbare sehen

Mancher bringt vor, er könne Gott ja nicht sehen. Na und? Es gibt noch viel mehr unsichtbare Wirklichkeiten.

Wir schwimmen geradezu in einem Meer unsichtbarer Kräfte. Können wir etwa Radiowellen sehen? Oder jene Magnetfelder, die die Sterne in ihren uralten Positionen halten? Rings um uns her und sogar in unserem Körper wirken Ströme, die wir nur mit Hilfe von Instrumenten entdecken können. Die menschliche Wahrnehmung ist sehr begrenzt. Schon eine Katze hört manches, was uns verborgen bleibt, und eine Schlange sichtet ihre Beute selbst in pechschwarzer Nacht.

Jesu erste Worte zu seinen Jüngern lauteten: *„Kommt und seht!"* Er kam, um uns sehtüchtig zu machen – auch in der Dunkelheit.

Jesu erste Worte an seine Jünger lauteten: *„Kommt und seht!"* (Johannes 1,39) Er kam, um uns sehtüchtig zu machen – auch in der Dunkelheit. Ihm lagen Dinge am Herzen, die für uns so lebenswichtig sind wie stoffliche Dinge der Natur. Die innere Schau wird zum großen Thema im Johannesevangelium. Sie nimmt mehr wahr, als an unser Auge gelangt. Die geistliche Welt gehört zu einer anderen Kategorie. Physische Augen können Geistliches nicht erfassen.

Die geistliche Welt gehört zu einer anderen Kategorie. Physische Augen können Geistliches nicht erfassen.

Johannes erwähnt, dass etliche zwar Christi Wunder miterlebten, aber keine Schlüsse daraus zogen. Schafe sind im Kopf „blind", und geistlich sind die Menschen nicht besser. Sichtbares verdeutlicht zwar das Unsichtbare (*„die Himmel erzählen die Herrlichkeit Gottes"*, Psalm 19,2) – aber nicht den Ungläubigen. Hinzu kommt, dass die Welt in Bosheit und geistliche Finsternis verstrickt ist. Das Unsichtbare ist ihr doppelt unsichtbar.

Das „Infrarot“ des Glaubens

Im physikalischen Bereich haben wir Mittel, um das Unsichtbare sichtbar zu machen. Eine Infrarotkamera ermöglicht Fotos in schwärzester Nacht. Die Polizei benutzt Radar-Hubschrauber, mit denen sie sogar nachts und unter Bäumen einen Dieb aufspüren kann. Auch auf geistlichem Gebiet braucht niemand im Dunkeln zu tappen. Es gibt einen Weg, *„den Unsichtbaren“* (Hebräer 11,27) zu sehen. Das Instrument dafür heißt: Glaube! Er ist unser „Infrarot“. Damit haben wir Augen, um zu sehen, und können uns in der Unwissenheit und Dunkelheit unserer Welt wie bei Tageslicht bewegen. Gläubige sind „Kinder des Lichts“. *„Wir wandeln im Glauben und nicht im Schauen.“* (2. Korinther 5,7)

Eine Lampe ist für die Dunkelheit

Glaube ist wie eine Lampe – bei Tageslicht unnötig. Die einzige Chance, die der Glaube je bekommt, ist heute, in dieser Welt der Sünde und Not. In einem gefahrlosen Himmel braucht sich Glaube nicht zu betätigen. Dort wird er ins Schauen übergehen. *„Wir sehen nun undeutlich wie durch einen Spiegel, doch dann von Angesicht zu Angesicht. Jetzt aber bleibt Glaube …“* (1. Korinther 13,12f*)

- Glaube ist unser Navigator für den Flug, nicht für die Landung in der Herrlichkeit und das Schreiten dort auf goldenen Straßen.

- Glaube ist wie Gold.
  Er kann Feuer aushalten.

- Glaube, der das Feuer nicht übersteht, ist wie „Narrengold“, Schwefelkies, der nur wie echt aussieht.

- Schönwetter-Glaube ist gar kein Glaube.
  Glaube ist nur bei Sturm und Wolken möglich.

Das Licht besiegt die Finsternis

Wenn wir über Glauben und Licht sprechen, ist das Johannesevangelium unsere Hauptquelle. Licht und Finsternis sind für das ganze Buch wie eine Gliederung. Johannes gebraucht das Wort „Finsternis“ 15-mal und gibt schon im fünften Vers die Richtung an: *„Das Licht scheint in der Finsternis, und die Finsternis hat es nicht erfasst."*

Das Wort *„erfasst"* verdient einen zweiten Blick. Andere Bibelausgaben gebrauchen unterschiedliche Begriffe. „Erfasst" schreiben neben der Elberfelder Übersetzung noch einige andere; Luther übersetzt mit „ergriffen", Hoffnung-für-alle mit „auslöschen", das Albrecht-NT mit „überwinden", die Gute-Nachricht-Ausgabe spricht vom „sich verschließen", und man könnte noch weitere Varianten aufzählen. Das von Johannes benutzte Wort **katalambáno** hat all diese und weitere Facetten – begreifen, verstehen, erfassen, erreichen, überwinden, überrumpeln, packen, meistern und Ähnliches.

Auch auf geistlichem Gebiet
braucht niemand
im Dunkeln zu tappen.
Es gibt einen Weg,
„den Unsichtbaren"
zu sehen.
Das Instrument dafür heißt:
Glaube.
Er ist unser „Infrarot"!
Damit haben wir Augen,
um zu sehen,
und können uns in der
Unwissenheit und Dunkelheit
unserer Welt wie bei
Tageslicht bewegen.

Warum gebraucht der Evangelist solche Ausdrücke und mehrdeutigen Anspielungen? Die Antwort ist bedeutsam: Statt seine Leser einzuschüchtern oder mit Wissen zu blenden, stellt Johannes sie auf die Probe. Sie können seine Worte nach Belieben interpretieren und sich mit dieser Wahl festlegen. Damit zeigen sie, wer sie sind.

Betrachten wir dieses Wort noch einmal selbst. Die lange Liste seiner Bedeutungen sagt uns, was die Finsternis alles nicht kann, z. B. überwinden, beherrschen und erobern. Welches Wort man auch nimmt, Johannes versichert uns: Wie immer die Drohungen heißen mögen, ob überrumpeln, gefangen nehmen oder anderswie – nie und nimmer kann sich die Finsternis gegen das Licht durchsetzen!

Die Gläubigen sind auf der Siegerseite – nicht per Zufall, sondern unbedingte Gewinner. Die Finsternis kann gegen das Licht nicht bestehen.

Johannes will dies auf mancherlei Art belegen. Eine davon ist, dass er die physikalische Dunkelheit oder irdische Nacht mehrfach erwähnt und ihr jeweils eine besondere Bedeutung gibt – als Hinweis an uns, zwischen

Israel hatte das Licht verloren. Es herrschte religiöser Stromausfall, und trotz aller brillanten Rabbis konnte ihn niemand beheben.

den Zeilen zu lesen. Ich möchte dieses und das nächste Kapitel dazu nutzen, einmal solche Fälle zu betrachten. Das wird uns auf dem Lebensweg behilflich sein, wie es Johannes beabsichtigte und wie es Psalm 109,105 ausdrückt: *„Dein Wort ist meines Fußes Leuchte und ein Licht auf meinem Pfad."**

Der Mann in der Nacht

Zuerst schauen wir uns Johannes 3,1-7 an. *„Ein Mensch aus den Pharisäern mit Namen Nikodemus, ein Oberster der Juden … kam zu ihm bei Nacht."* Was Jesus diesem Vertreter der führenden Frommen sagte, ist berühmt geworden: *„Ihr müsst von neuem geboren werden!"* Damit meinte Jesus nicht nur Nikodemus, sondern auch die Leute, die ihn wohl vermutlich geschickt hatten; denn er gebraucht das allgemeine Wort *„jemand"* (Verse 3 und 5) und die Pluralform *„ihr"* (Vers 7).

Dreimal erwähnt das Johannesevangelium Nikodemus, und zwar immer in Verbindung damit, dass er bei Nacht zu Jesus kam. Wir sollen erfassen, worauf Johannes hinaus will: nicht nur, dass es nach Sonnenuntergang war, sondern dass Nikodemus in der Dunkelheit jener Zeit kam! Israel hatte das Licht verloren. Es herrschte religiöser Stromausfall, und trotz aller brillanten Rabbis konnte ihn niemand beheben.

Es gibt so etwas wie eine falsche Sicht – Trugbilder, bei denen einem Dinge real vorkommen. In der Wüste erscheint dann eine Oase, aber dort gibt es kein Wasser.

In Jerusalem gab es die besten religiösen Geräte: reichhaltig, teuer und sehr dekorativ. Tausende von Priestern taten im Wechsel Dienst. Der Tempel als zusätzliches Weltwunder besaß ein goldenes Dach, auf dem sich kein Vogel niederlassen konnte. Man hatte beeindruckende tägliche Zeremonien und Opfer, wundervolle Männerchöre, die schönsten je verfassten Liederbücher (Psalmen) und besonders das **Gesetz**, die **Propheten**, die **Schriften**, also die jüdische Heilige Schrift, das komplette Alte Testament.

Alles war vorhanden. Die Situation der Juden erinnert an ein elektrisches Versorgungssystem, das eigentlich eine Stadt mit im Dunkel schwingenden Lampen und Laternen erhellen soll, aber selbst dunkel ist. Der Jerusalemer Tempel illustrierte das. Er hatte weder Licht noch Fenster. Die dort dienenden Priester benutzten Öllampen – ein Symbol für künstlichen Glauben, der die *„Form der Gottseligkeit"* hat, *„deren Kraft"* aber verleugnet (2. Timotheus 3,5). Ursprünglich wurde das Heiligtum von Gottes Herrlichkeit erleuchtet und kein Fenster benötigt. Nun aber gab es einen Zustand, den ihr eigenes Wort „Ikabod" beschrieb: Die Herrlichkeit war gewichen.

Der Jerusalemer Tempel hatte weder Licht noch Fenster. Die dort dienenden Priester benutzten Öllampen – ein Symbol für künstlichen Glauben, der die Form der Gottseligkeit hat, deren Kraft aber verleugnet. Ursprünglich wurde das Heiligtum von Gottes Herrlichkeit erleuchtet und kein Fenster benötigt. Nun aber gab es einen Zustand, den ihr eigenes Wort „Ikabod" beschrieb: Die Herrlichkeit war gewichen.

Gleichwohl waren sich alle Bibellehrer Israels sicher, richtig zu liegen. Und Jesus war sicher, dass sie falsch lagen! Er sagte zu Nikodemus: *„Du bist Lehrer Israels und verstehst das nicht?"* (Vers 10*) Der Glaube bringt Verständnis. Das ist eine seltsame, aber reale Erfahrung. Wenn man Christus vertraut, wird die Zukunft plötzlich wie der am Horizont anbrechende Tag. Man weiß es einfach.

Es gibt so etwas wie eine falsche Sicht – Trugbilder, bei denen einem Dinge real vorkommen. In der Wüste erscheint dann eine „Oase", aber dort gibt es kein Wasser. Viele führende Personen zur Zeit Jesu hatten eine Trugbild-Religion. Sie besaßen einen glühenden Glauben, aber er war so dürr wie die Wüste. Ihnen fehlte das Wasser. Wohl verteidigten sie feurig ihre Religion und waren bereit, dafür zu sterben. Sie taten eine Menge für den Glauben – doch er tat nichts für sie. Er war Gesetz, aber kein Licht.

Heute gibt es viele nutzlose Götter, die alles verlangen, aber nichts tun. Kein Lebenswasser, nur Pflichten und Hoffnungen. Für Millionen Menschen, ja, ganze Völker ist Gott nur ein anderer Name für das stumme Schicksal. Er spricht nicht und hat alles schon vorher bestimmt; sein Wille liegt fest. Er tut nichts, verändert nichts und hört auf kein Bitten. Solch ein Gott stillt keinen Durst. Die schlimmste aller Dunkelheiten ist religiöse Dunkelheit. Jesus sagte: *„Wenn nun das Licht in dir Finsternis ist, wie groß muss dann die Finsternis sein!"* (Matthäus 6,23)

Sogar Gläubige in der Bibel dachten so von Gott, hielten ihn für einen „von gestern", eine „War-einmal"-Gottheit. Für solche Menschen ist der aktive Gott der Bibel nicht mehr so aktiv. Aber wenn Gott nicht mehr tut, was er einst tat, wie können wir dann sagen, er sei derselbe? Einige gehen sehr logisch, fundiert und korrekt vor, aber beim Übernatürlichen hören sie damit auf.

Wir können nicht für das ursprüngliche Evangelium eintreten und seine ursprüngliche Kraft verleugnen.

Wir können nicht für das ursprüngliche Evangelium eintreten und seine ursprüngliche Kraft leugnen. Menschen können auch zu einem Lehrgebäude bekehrt werden, statt zu einer geistgeborenen Erfahrung des Lebens. Der Glaube aber schaltet den Strom ein, und dann werden Christen zur *„Stadt, die auf einem Berg liegt"* (Matthäus 5,14*) – voller Licht.

Zu den erschütterndsten Bibelzeugnissen gehört, dass die aus Ägypten befreiten ehemaligen Sklaven wieder dorthin umkehren wollten. Sie machten ein goldenes Kalb, das sie zurückbringen sollte. Sie murrten, weil sie die Salate aus der Sklavenzeit vermissten, und hätten ihre Freiheit gern für Gurken, Knoblauch, Zwiebeln und Fisch eingetauscht. Das sind typisch menschliche Seelenvorgänge, die man besonders in Religionen feststellt. Die Leute leben so lange im Düstern, dass sie den Sonnenschein nicht ertragen. Sie haben ihre Fesseln so liebgewonnen, dass sie sie behalten wollen.

Der Glaube schaltet den Strom ein, und dann werden Christen zur *„Stadt, die auf einem Berg liegt"* – voller Licht.

Der Glaube an Christus bedeutet Freiheit und keine Sklaverei, Licht und keine Düsternis! Doch viele haben solche Wohltaten zornig abgewiesen. Die Gefängnistüren sind offen, aber sie weichen zurück in ihre Zellen, bevorzugen eher *„die Finsternis als das Licht"*.

Allerdings gibt es zu dem Thema noch andere Aspekte. Wir behandeln sie im nächsten Kapitel.

Kapitel 19

Glaube und Licht

Es gibt drei Arten des Sehens:

- mit den Augen
- mit dem Verstand
- durch Herzensglauben.

Herzensglaube nimmt den Glauben vom Reißbrett und bringt ihn zur Ausführung.

Genau dieser Tatsache geht Johannes 9 nach, ein ganz köstliches Kapitel.[38] Mit jedem neuen Abschnitt dreht dieses Evangelium ja den Lampendocht höher und erhöht den Glanz, bis wir mit Johannes sagen können: *„Wir haben seine Herrlichkeit gesehen!"* (1,14) Am Ende des Kapitels bündelt Jesus selbst die Thematik mit den Worten:

„Zum Gericht bin ich in diese Welt gekommen, damit die Nichtsehenden sehen und die Sehenden blind werden … Wenn ihr blind wäret, so hättet ihr keine Sünde. Nun aber sagt ihr: Wir sehen. Daher bleibt eure Sünde." (Johannes 9,39.41)

Das ist eigentlich ein doppelter Widerspruch, typisch für Jesu Lehrweise. Wir werden seine Bedeutung bald herausfinden.

Gespräch statt Glaube

> Herzensglaube nimmt den Glauben vom Reißbrett und bringt ihn zur Ausführung.

Als Steven Langton die Bibel vor 700 Jahren in Kapitel einteilte, begann er Johannes 9 an der falschen Stelle. Hier wird berichtet, dass Christus einen blinden Mann heilt, nachdem man ihn steinigen wollte (Johannes 8,59). Eigentlich müsste man den Text so lesen: *„Jesus aber verbarg sich und verließ den Tempel. Unterwegs sah Jesus einen Mann, der seit seiner Geburt blind war."* (8,59 und 9,1) Selbst auf der Flucht vor Fanatikern,

Selbst auf der Flucht vor Fanatikern, die ihn zu ermorden suchten, wandte sich Jesus noch einem unter lebenslanger Blindheit leidenden Mann zu. Das ist seine Art.

die ihn zu ermorden suchten, wandte sich Jesus noch einem unter lebenslanger Blindheit leidenden Mann zu. Das ist seine Art.

Die Jünger sahen den Mann nicht so. Den Anblick blinder Bettler gewöhnt, nahmen sie erst von ihm Notiz, als Jesus es tat. Da ihr Meister einen Moment schwieg, meinten sie natürlich, einen Kommentar abgeben zu müssen. Wir reden gern, ob sinnvoll oder nur so daherredend um Worte zu machen. Den unausgegorenen Vorstellungen ihrer Zeit gemäß stellten die Jünger eine bekannte Plattheit in den Raum: warum dieser Mann wohl blind geboren sei. Entweder war es seine Sünde vor der Geburt (?) oder seine Eltern hatten gesündigt. Eins von beidem – aber welches? Als ob das wichtig wäre!

Jesus hatte ein ähnliches Interesse am Philosophieren über Krankheit wie ein Chirurg, dessen Patient auf dem Operationstisch liegt. Statt feilgebotener Erklärungen lesen wir: *„Der Sohn Gottes ist erschienen, um die Werke des Teufels zu vernichten!"*

Es ist typisch Mensch, über Leid zu sprechen, siehe Hiobs viel redende „Tröster" Elifas, Bildad und Zofar. Für einige ist das Leben nur problematisch. Es gibt Prediger, die sich mit nichts anderem beschäftigen. Sogar am Ostersonntagmorgen, dem Auferstehungstag, steigen sie auf die Kanzel und sagen: „Freunde, unser Problem an diesem Morgen ist …" Manche Gemeinden haben mehr mit der Leid-Problematik zu tun, die ihnen Sonntag für Sonntag auferlegt wird, als mit allem sonst, was sie bewältigen müssen. Oft ist Reden ein Ersatz für Glauben und manche Predigt eine Rechtfertigung für Unglauben.

Jesus hatte ein ähnliches Interesse am Philosophieren über Krankheit wie ein Chirurg, dessen Patient auf dem Operationstisch liegt. Statt feilgebotener Erklärungen lesen wir: *„Der Sohn Gottes ist erschienen, um die Werke des Teufels zu vernichten!"* (1. Johannes 3,8*) Christi Antwort besteht nicht aus Worten, sondern *„durch seine Striemen ist uns Heilung geworden"*. (Jesaja 53,5) Gott spricht, und seine Worte sind schöpferisch. Er sagt „Amen" zu seinen eigenen Worten und tut, was er sagt.

Die Jünger hatten nichts wirklich Nützliches zu sagen. Sie plapperten nur billige volkstümliche Ansichten nach. Ich frage mich, warum sie Jesus nicht auf die Nerven gingen. Er hat eine endlose Geduld gezeigt. Ihr Kommentar war das einzige Interesse an dem Blinden und erforderte weder Glauben noch Tun. Jesus aber löste im Nu die Frage, ob der Mann oder seine Eltern gesündigt hätten, mit der Antwort: *„Keiner!"* Das verblüffte die Jünger und warf 2.000 Jahre alte religiöse Ideen über den Haufen. Die Heilung dieses Blinden-wurde zu einer 2.000-Jahre-Neuheit.

Sehen – Gottes und unser Werk

Jesus fügt aber noch hinzu: *„Die Werke Gottes sollen an ihm offenbar werden!"* Bewusst verweist er auf *„die Werke Gottes"*. Gott hatte am Anfang den Menschen aus Lehm geschaffen. Konnte man Gottes Arbeit mit Lehm wiederholen? Wenn Jesus so etwas fertig brachte, sagt das eine Menge über ihn aus. Später hören wir von ihm: *„Ihr glaubt an Gott, glaubt auch an mich!"* (Johannes 14,1) Christus hat uns allen Grund dazu geliefert – er tat, was Gott tat.

> Gott spricht,
> und seine Worte
> sind schöpferisch.
> Er sagt „Amen"
> zu seinen eigenen Worten
> und tut, was er sagt.

1. Mose 2,6f berichtet: *„Aber ein Quellstrom stieg auf von der Erde und tränkte die ganze Fläche des Erdbodens. Da bildete Gott, der Herr, den Menschen aus Staub vom Erdboden …"*[39] Wasser und Staub! Wir bestehen zu 70 Prozent aus Wasser. Johannes sah, was Jesus tat: „[Da] *spuckte er auf die Erde; dann machte er mit dem Speichel einen Teig, strich ihn dem Blinden auf die Augen und …"* Adam wurde dort erschaffen, wo es Flüsse und Teiche gab, und Jesus schickte den Blinden in eine ähnliche Umgebung: Er sollte sich im Teich Siloah waschen (Siloah heißt: „Gesandter"). Christi Geist wartete dort, des Schöpfers Hand wirkte wieder ihr ewiges Wunder, und wie der erste Mensch sah, tat es auch dieser Mann. Der Eine, der dies hier bewirkte, bewirkte es auch in Eden.

Niemals war Blindheit ein Werk Gottes. Adam wurde nicht blind erschaffen. Gott wollte, dass niemand blind war, weder von Geburt an noch durch andere Umstände. Gottes Werk ist das Sehen, nicht die Blindheit. Er möchte nicht, dass wir blind durchs Leben gehen, weder geistlich noch körperlich.

Gott hat diesen Mann nicht blind gemacht, um ihn dann zu heilen. Das wäre Fatalismus, Schicksalsglaube. Wir sind nicht Gottes Meerschweinchen. Gott ist nicht zynisch. Es gab schon genug Blinde und bedurfte keines weiteren. *„Es werde Licht!“* So ist Gott. Was Jesus wirklich aussagte, war: *„**Es mögen** die Werke Gottes geschehen“*, nicht: *„damit die Werke Gottes geschehen“*. So sollte der Vers übersetzt werden.

Dann machte Jesus dieses herrliche Wunder zu einem praktizierten Gleichnis. Er sagt nachdrücklich: *„Solange es Tag ist, **müssen wir** die Werke dessen tun, der mich gesandt hat; es kommt die Nacht, da niemand wirken kann. Solange ich in der Welt bin, bin ich das Licht der Welt.“*[*40] Haben wir es bemerkt? Jesus wechselt vom „Ich“ zum „Wir“! **Wir** müssen die Werke des Einen tun, der Christus gesandt hat. Natürlich geht es um dasselbe Werk, zu dem Gott Christus sandte – Licht und Sicht zu bringen. Es ist Gottes Geschäft und wir sind seine Geschäftspartner oder vielleicht Ladenassistenten, die allen, die kommen, seine Güter aushändigen. Der Eine, der sprach: „Es werde Licht!“, sagte auch seinen Jüngern in der Bergpredigt: *„Ihr seid das Licht der Welt!“* (Matthäus 5,14)

*„Solange es Tag ist, **müssen wir** die Werke dessen tun, der mich gesandt hat; es kommt die Nacht, da niemand wirken kann. Solange ich in der Welt bin, bin ich das Licht der Welt.“* Haben wir es bemerkt? Jesus wechselt vom „Ich“ zum „Wir“! Wir müssen die Werke des Einen tun, der Christus gesandt hat.

Wir gehen zur Kirche und empfangen Stärkung. Das ist auch richtig so, aber nicht das höchste Ziel. Wir sind Lichter im Dunkel für die Sturmgepeitschten. Mose betrat Gottes Gegenwart nicht nur, um sie zu genießen, sondern auch, um etwas von der Herrlichkeit sichtbar zu den Israeliten mitzunehmen: Sie entdeckten es in seinem Gesicht.

Eines der sieben Weltwunder war „Pharos“, der Leuchtturm von Alexandria (auf der Insel Pharos), damals das höchste Gebäude der Welt und der einzige Leuchtturm überhaupt. Ein Feuer bildete sein Licht. Pharos war auch ein religiöses Symbol. Licht in der Dunkelheit war damals ein seltenes Gut, auch geistlich. Zuerst gab es nur Christus, bis er in seinen Jüngern das Feuer entzündete und sie aussandte, um es auf der Erde zu verbreiten, so dass die Sturmgepeitschten ihren Weg nach Hause finden. Nach wie vor gibt es kein anderes Licht.

Glaube vom Minus zum Plus[41]

Jetzt müssen wir aber eine Frage beantworten – **die** Frage: Was war der Grund, dass Jesus diesem Mann das Augenlicht gab?

Niemand drängte ihn dazu. Der Mann schrie auch nicht um Hilfe wie der blinde Bartimäus. Jesus tat es einfach, ohne um Genehmigung zu bitten. Wir wissen, dass Christus das Recht und die Kraft zum Heilen hatte. Aber warum sollte er sich damit abgeben? Warum griff Gott ein?

Die Theologen sprechen von einem souveränen Akt Gottes, aber das erklärt nichts. „Souverän" heißt nichts anderes, als dass Gott handelte, wie es ihm gefiel – aber das tut er sowieso immer. Es ist, wie wenn jemand Hexenschuss hat und der Doktor es „Lumbago" nennt – Lumbago bedeutet nichts anderes als Hexenschuss. Ähnliches gilt für unsere Fragen: Warum beschloss Gott, so zu handeln? Was hat ihn motiviert?

Es reicht einfach nicht aus, von „Souveränität" zu sprechen. Jesus kam nicht, um uns zu erzählen, dass Gott geheimnisvoll und ganz unbegreiflich sei. Mit seinem Kommen verbürgte er uns Gottes unfehlbare Güte. Das war mehr, als ihn zu kennen; es hieß, ihn zu verstehen. Er zeigte sich nicht als Gott mit ungewissem Charakter, der plötzliche, zusammenhanglose Freundlichkeits-Ausbrüche hinlegt.

Jesus hat Wunder getan, die den unwandelbaren Gott erklären und in uns Vertrauen schaffen sollen: *„Doch ich entziehe ihm nicht meine Huld, breche ihm nicht die Treue."* (Psalm 89,34) Ohne Gottes massive Zuverlässigkeit ist Glaube unmöglich.

Jesus hat Wunder getan, die den unwandelbaren Gott erklären und in uns Vertrauen schaffen sollen: *„Doch ich entziehe ihm nicht meine Huld, breche ihm nicht die Treue."* (Psalm 89,34) Ohne Gottes massive Zuverlässigkeit ist Glaube unmöglich. Gott arbeitet, ohne zu „ruckeln". So etwas wäre nicht „souverän" und erst recht keine Glaubensgrundlage. Seine Taten mögen manchmal unser Begriffsvermögen übersteigen, aber sie geschehen in völliger Lauterkeit, Wahrheit und Weisheit. Die Heilige Schrift sagt über Gott: *„Du hast dein Wort gehalten, denn du bist gerecht."* (Nehemia 9,8)

Gott arbeitet, ohne zu „ruckeln". So etwas wäre nicht „souverän" und erst recht keine Glaubensgrundlage.

Es gibt also einen Grund, warum Gott diesen Mann und andere geheilt hat. Sein Motiv ist so offensichtlich, dass es uns leicht entgeht – wie wenn man durch ein Fenster schaut, um Glas zu finden: Die Fensterscheibe **ist** Glas! Gott heilte diesen Mann, weil er so **ist**. Sein Grund ist seine Natur! Wenn wir irgendwohin gehen, um Musik zu hören, ist schon Musik in uns. Wenn man uns zum Konzert schleppen muss, ist keine Musik in uns. Was wir freiwillig tun, zeigt, wer wir sind. Gott handelt nie an seinem Charakter vorbei. Dass er diesen Mann heilte, zeigt seinen Charakter.

Gott ist Liebe und somit von Liebe geleitet. „Dein Wesen und dein Name sind Liebe!" hat jemand gedichtet. Das spontane Ausströmen der Güte Gottes soll man nicht auf eine mysteriöse, ewige „Souveränität" zurückführen, sondern als „typisch Gott" ihm selbst zuschreiben. Er kam, um Licht zu bringen, die Blinden sehend zu machen und uns zu führen. Dass er einem solchen Mann „Augen" gab, sagt uns alles, was wir wissen wollen. Wir lernen Gott verstehen.

Von Glauben zu Glauben

Das spontane Ausströmen der Güte Gottes soll man nicht auf eine mysteriöse, ewige Souveränität zurückführen, sondern als „typisch Gott" ihm selbst zuschreiben. Er kam, um Licht zu bringen, die Blinden sehend zu machen und uns zu führen.

Dieser blindgeborene Mann war keineswegs der Einzige, den Jesus geheilt hat und noch heilt – Gott sei Dank auch in unseren eigenen Versammlungen. Dann wünsche ich mir immer so sehr, dass Gottes Barmherzigkeit die Menschen zu ihm selbst zieht, und frage mich: Wie geht wohl die Geschichte ihres Glaubens weiter – ja, überhaupt der Glaube von jedem sonst, den Gott geheilt hat? Johannes verfolgte die Spur dieses einen Mannes, fand die Antwort heraus und hat sie uns vorgelegt:

Kurz nachdem der Blinde geheilt war, wurde er gefragt, wer das getan habe. Er antwortete: *„Der Mensch, der Jesus heißt."* Ein Mensch – das war das Erste, was ihm einfiel. Er hatte nicht weiter nachgedacht. Was denn sonst als Menschen waren in seiner Umgebung gewesen? Er wusste nur, dass es sich um keine Frau handelte. Trotzdem begannen die religiösen Leiter ihn zu verhören. Da begann der Mann, näher nachzusinnen, und erkannte, dass es sich hier um keinen gewöhnlichen Menschen handeln konnte. Er hatte von den Propheten gehört, obwohl diese dünn gesät waren und der letzte wohl vor 400 Jahren gelebt hatte. Da fragte man ihn anders: *„Was sagst* ***du*** *von ihm?"* Er erwiderte: *„Er ist ein Prophet."* Mit Glauben tastete er sich an das Wunder heran.

Aber das war nicht die von den Religionshütern gewünschte Antwort. Sie hatte negativ zu sein. Schließlich war der Mann ein beachtliches Beispiel für die Aktivitäten Christi. Er konnte ein starker Wortführer gegen Jesus werden, wenn man ihn nur genug einschüchterte. Wenn er sagte, Jesus sei ein Sünder, würde das sehr nützlich werden.

Also verhörten sie ihn ein zweites Mal, nachdem sie auch noch mit seinen Eltern gesprochen hatten. Sie wollten von ihm wissen, ob Jesus ein Sünder sei. Das war eine theologische Frage. Der religiöse Hintergrund des Mannes ist uns nicht bekannt, nur dass er Jude und seine Eltern Mitglieder der Synagoge waren. Eins war jedenfalls nicht Bestandteil seiner Religion, nämlich die frische Erfahrung: *„Ich war blind und jetzt sehe ich!"* Er wollte aber keine religiöse Anschauung akzeptieren, die mit einer so positiven Erfahrung nicht übereinstimmte – **niemand** sollte das.

Ich freue mich an Errettung, Heilung, Taufe im Heiligen Geist und tausend anderen Tatsachen. Mein Glaube muss zu dem passen, was mich erfreut; diesen Glauben finde ich im gleichen Wort Gottes wie Jesus oder Paulus, Luther, Wesley und Freunde. Die Rationalisten, liberalen Gelehrten und ihre Unglaubens-Genossen offerieren mir ständig wechselnde weltanschauliche Ansichten. Sie können das Gewicht meiner Erfahrung weder einordnen noch ertragen und hantieren mit dem Schmähwort „Fundamentalist". Aber was Gott getan hat, kann nicht aus dem Gedächtnis radiert werden. Man kann die Geschichte nicht umschreiben. Ich lade meine Fracht mit Gold, meinem Glaubens-Gold, im Feuer erprobt; jene *„Weisen und Klugen"* aber, wie Jesus sie nennt[42], sitzen am Ufer und sagen mir, es sei nichts wert. Lassen wir sie! Ich bin kein Richter darüber. Doch keinesfalls werde ich meinen Glauben über Bord werfen, wie einleuchtend die Ratschläge auch daherkommen.

Der ehemals blinde Mann war zunehmend irritiert über die religiösen Kritiker. Sie wollten, dass er ihnen das Geschehen noch einmal schilderte – offensichtlich, um einen Fehler finden zu können. Aber ein Mann wie dieser ist niemandem verpflichtet. Er sagte: *„Ich habe es euch schon gesagt, und ihr habt nicht gehört."* Wie bezeichnend! Wenn es um Fakten, um Wahrheit über Gott geht, wollen die Leute nichts davon wissen. Licht ist da, aber man liebt die Finsternis mehr als das Licht. Wenn die Fakten nicht geleugnet werden können, verlegt man sich auf persönlichen Spott. Diese Tempeloberen handelten so und verhöhnten den Mann als einen Jünger Jesu. Wenn er erwiderte: „Nein, das bin ich nicht!", dann galt er nicht als Freund von Jesus. Aber er bestritt es nicht.

> Der Glaube hat ein höchstes Ziel – Leben, und eine höchste Reaktion – Anbetung. *„Der Vater sucht solche als seine Anbeter."*

Und dann sprach der einst Blinde etwas für sie beängstigend Wahres aus: *„Wir wissen, dass Gott Sünder nicht erhört, sondern wenn jemand gottesfürchtig ist und seinen Willen tut, den erhört er. Noch nie hat man vernommen, dass jemand die Augen eines Blindgeborenen geöffnet hat. Wenn dieser nicht von Gott wäre, so könnte er nichts ausrichten."** Ihr Kreuzverhör hatte den Mann nur ins Nachdenken gebracht, wie oder wer Jesus eigentlich war. Und ihm war klar geworden: Jesus war *„von Gott"*.

Da warfen sie ihn hinaus. Typisch Welt. So war sie immer und ist es noch. Wenn du ihr „zu" hingegeben an Jesus wirst, ganz gleich, was er für dich tat, besonders, wenn er dir die Augen geöffnet hat – und das ist immer der Fall, bist du schon im Konflikt mit der Art der Welt. Sie ist das Tal der Blinden.

> Glaube ist die Infrarotkamera mit Weitwinkel-Objektiv. Als begrenzte Menschen gehen wir oft im Dunkeln, aber der Glaube gibt „Nachtsicht"-Augen.

Doch *„Jesus hörte, dass sie ihn hinausgestoßen hatten, und fand ihn"*.* Das war es wert. Jesus war eine bessere Gesellschaft als die engstirnigen, religiösen Ungläubigen vom Tempel. Er hatte dem Mann das Augenlicht geschenkt, aber jetzt verfolgte er auch seinen Glauben bis zur letzten Kerbe. Es war unüblich für Jesus, aber diesmal fragte er: *„Glaubst du an den Sohn Gottes?"*[43] Das ist die Millionen-Euro-Frage, denn: *„Wer an den Sohn glaubt, hat ewiges Leben."* (Johannes 3,36) Augen sind eine Sache, aber das Leben ist unendlich mehr.

Der Mann fragte zurück, wer es denn sei, damit er an ihn glauben könne. Jesus sprach: *„Du hast ihn gesehen, und der mit dir redet, der ist es."* Nach einem langen Anlauf sah dieser geheilte Mensch jetzt nicht nur mit den körperlichen **Augen**, sondern mit einer neuen **Wahrnehmung**. Er glaubte, obwohl er noch Erkenntnis benötigte; wie Johannes, als er die Beweislage im Grab Christi untersuchte. Jesus gab jetzt Zeugnis von sich selbst. Der Mann wusste schon, dass Jesus *„von Gott"* war; jetzt wurde ihm die Art dieser Beziehung genannt: Jesus war *„der Sohn Gottes"*.

Was jetzt? Wie antworten? Sollte er sagen: „Ich folge dir!" oder: „Du kannst dir meiner Sympathie gewiss sein!"? Diesmal bekam Christus die Antwort, nach der er stets suchte. Der Mann erklärte: *„Ich glaube, Herr!"* und *„warf sich vor ihm nieder"*. Der Glaube hat ein höchstes Ziel – Leben, und eine höchste Reaktion – Anbetung. *„Der Vater sucht solche als seine Anbeter."* (Johannes 4,23)

Sehen oder nicht sehen?

Johannes' große Frage heißt: „Sehen oder nicht sehen?" Trotz 20 Millionen Büchern im Britischen Museum und neuesten Forschungen bleibt das Leben ein Geheimnis. Jahrtausendelang sind Menschenhirne an die großen Fragen herangegangen, aber von den Antworten so weit weg wie eh und je. Gott beklagt dies durch den Propheten Jesaja: *„Israel hat keine Erkenntnis, mein Volk hat keine Einsicht."* (Jesaja 1,3) Gott will nicht, dass wir über den Sinn des Lebens unwissend sind.

Hier aber zeigt sich unweigerlich der Zusammenhang mit geistlichen Fragen. Und die kann uns nur Gott beantworten. Ja, Gott ist die Antwort, er selbst ist das „Warum" von allem. Die dementsprechenden Auskünfte sind göttliche Offenbarung und können außer durch Glauben nie empfangen werden. Glaube ist der einzig mögliche Weg zum „Erkennen". Der erste Johannesbrief spricht 26-mal von „(er)kennen" und „wir erkennen". Glaube ist die Infrarotkamera mit Weitwinkel-Objektiv. Als begrenzte Menschen tappen wir oft im Dunkeln, aber der Glaube gibt „Nachtsicht"-Augen.

Die moderne Denkweise ist stark vom dänischen Schriftsteller Søren Kierkegaard beeinflusst. Leider beschreibt er den Glauben als einen „Sprung ins Dunkle". Welch ein Unsinn – er ist ein Sprung ins Licht!

Ein großer Autor, der Apostel Paulus, sagt von Gott: *„Er hat uns errettet aus der Macht der Finsternis und versetzt in das Reich des Sohnes …“* (Kolosser 1,13)

Das wahre Licht scheint jetzt, aber viele ziehen die Vorhänge des Unglaubens zu und tasten, ständig unsicher, umher.

Johannes präsentiert uns Jesus und was mit ihm verbunden ist, als lebendig und aktiv. Das Christenleben ist eine tägliche, fortwährende Glaubenserfahrung. Das wahre Licht scheint jetzt, aber viele ziehen die Vorhänge des Unglaubens zu und tasten, ständig unsicher, umher. Weshalb im Düstern, beim Flackern menschlich-gedanklicher „Kerzen“ blinzeln? Verstandeskraft vor Gottes Kraft?

Jene, die am meisten von „Wahrheitssuche“ reden, rechnen mit gar keinem Ergebnis. Sie reisen, erwarten aber nicht, irgendwo anzukommen. Jesus dagegen sagt: *„Der Suchende findet!“* – wenn er wirklich finden will. Doch etliche nennen sich „Agnostiker“ und bestreiten als grundsätzliche „Weiß-nicht“-Menschen, überhaupt etwas erkennen zu können. Ich frage mich nur, wie sie **wissen** können, dass sie **nichts** wissen können? Das Allerletzte, was sie finden möchten, ist, dass das Evangelium wahr sein könnte. Es gibt wohl kaum eine verdrehtere Haltung. Paulus beschrieb solche Menschen schon in 2. Timotheus 3,7: *„… immer lernen und niemals zur Erkenntnis der Wahrheit kommen können.“* Und Johannes erklärt, warum: *„Die Menschen haben die Finsternis mehr geliebt als das Licht, denn ihre Werke waren böse.“* (Johannes 3,19)

Der Herrlichkeits- und Lichtglanz, der auf die Gläubigen fällt, mag für die Unreinen zu stark und unerträglich sein. Aber es kam noch nie jemand sauber zu Christus – alle aber, die kamen, gingen gereinigt ihren Weg!

Teil 7

Kapitel 20

Glaube im Namen Jesus

Die heidnischen Götter standen immer abseits des menschlichen Daseins; sie verbreiteten Angst und Misstrauen. In Israel dagegen war Vertrauen zum Herrn, Jahwe, eine Lebenseinstellung. Den Christen bedeutet Jesus Christus sogar noch mehr – der Glaube an ihn pulsiert in ihnen, er ist ihr geistliches Herzblut.

Die Götter waren stets Schmarotzer, sie forderten viel und gaben nichts. Jahwe dagegen wünschte nur Liebe und gab alles.

Wenn wir beginnen, an den Namen Jesus zu glauben, sind wir nicht nur „Gläubige", sondern neu positioniert; in uns findet eine Veränderung statt, ein Umbau größter Bedeutung. Die Bibel sagt, dass wir in Gottes Familie eingefügt werden. Damit eine sündige Person ein Kind Gottes wird, muss die wunderbarste Verwandlung stattfinden. Das geschieht, wenn wir unser Leben Christus schenken.

Wir sind keine Clubmitglieder, die sich für Jesus durchzählen lassen, sondern sind **in** all das hineingenommen, wofür sein Name steht. Wir leben **in** ihm, inmitten all seiner Taten! Gläubige werden zu etwas ganz Besonderem, das dem Wesen Christi entspringt. Momentan wissen wir noch nicht, was dies wirklich bedeutet. 1. Johannes 3,2 bestätigt das: *„Jetzt sind wir Kinder Gottes, und es ist noch nicht offenbar geworden, was wir sein werden."* Aber auch, wenn wir nur „bruchstückhaft" erkennen, müssen wir einen Blick darauf werfen.

Der Glaube gibt dem Leben Sinn und macht es erklärbar, auch übers Grab hinaus. Diese Erfahrung ist ähnlich befreiend, wie wenn Waisen den Vater finden.

Einige Auswirkungen des Glaubens sind schon offenbar. Der Glaube gibt dem Leben Sinn und macht es erklärbar, auch übers Grab hinaus. Diese Erfahrung ist ähnlich befreiend, wie wenn Waisen den Vater finden, Verurteilte begnadigt werden, das Licht die Dunkelheit verjagt. Das dunkle, leere Jenseits füllt sich mit Wärme und Licht.

Von Jahwe zu Jesus

Leute fragen gern, was hinter einem Namen steckt. Bezüglich Gott haben einige Kapitel dieses Buches diese überaus wichtige Frage schon fürs Erste beantwortet. Nun aber kommen wir zum höchsten Namen von allen: Was steckt im Namen Jesus?

> Wenn wir beginnen, an den Namen Jesu zu glauben, sind wir nicht nur „Gläubige", sondern neu positioniert; in uns findet eine Veränderung statt, ein Umbau. Wir sind keine Clubmitglieder, die sich für Jesus durchzählen lassen, sondern sind in all das hineingenommen, wofür sein Name steht.

Um das herauszufinden, betrachten wir uns zuerst wieder den großen Gottesnamen „HERR" (Jahwe). Israel betrachtete diesen Namen als heilig und Ehrfurcht gebietend. Anfangs war er nur wie ein Titel, ein versiegeltes Buch. Den Inhalt kannten sie nicht. Er umschloss das rätselhafte Wesen ihres Gottes höchstpersönlich – ein heiliges Geheimnis. Selbst Mose musste näher nachfragen. Gottes Antwort war: *„Ich bin, der ich bin."* Was das bedeutete, sollte noch enthüllt werden.

Doch der Herr *„tat seine Wege kund dem Mose, den Söhnen Israel seine Taten"*. Zeile für Zeile und Schicht für Schicht eröffnete Gott dem Volk Israel seine Herrlichkeit. Name reihte sich an Name, wie schon betrachtet – aber sein größter Name blieb noch zu offenbaren. Er würde nicht nur ein Titel oder Geheimnis sein, sondern eine einzige große Erläuterung. Man würde ihn nicht erkennen, ehe man ihn mit all seiner Erhabenheit, Tiefe und Wunderbarkeit aufnahm.

Es ist der Name **Jesus**.

„Gott hat … ihm den Namen verliehen, der alle Namen übertrifft, damit in dem Namen Jesu alle Himmlischen und Irdischen und Unterirdischen ihre Knie beugen und jede Zunge bekenne, dass Jesus Christus Herr ist, zur Ehre Gottes, des Vaters." (Philipper 2,9-11*)

Die Botschaft ist Er

Das Evangelium ist kein theologisches System. Markus 1,1 nennt es *„Die Gute Nachricht von Jesus Christus“*. Es ist nicht irgendeine positive Nachricht über ihn. Man kann gute Nachrichten über Menschen haben, über ihre Erfolge oder ihr Glück. Aber sie selbst sind keine Nachricht. Im Gegensatz dazu ist Jesus Nachricht, nicht Geschichte. Er ist die lebendigste Nachricht der Welt! In jeder Stunde liefert er Nachrichten. Jesus ist nicht nur eine historische Gestalt, sondern die größte lebende Person.

Das Evangelium, die „Gute Nachricht“, ist die gute Nachricht **von** Jesus; er ist die gute Nachricht. Markus gebraucht nicht die Worte „über“ oder „betreffend“. Wir haben Glauben an **ihn**, nicht nur an das, was er sagte, oder an Glaubenssätze über ihn. Er ist kein Vorschlag, sondern unser großer Freund. Man hat ja Bücher über Gott als „den Urgrund unseres Seins“ geschrieben. Aber das ist nicht Jesus. Der Jesus, den Millionen kennen, ist von einer warmen Gegenwart und streckt seine lebendige Hand aus, um zu retten, zu trösten und anzuspornen.

Gottes Botschaft an uns handelt von ihm selbst, nicht nur von Moral oder hehren Zielen. Die Bibel soll nicht vorrangig philosophischem und intellektuellem Interesse dienen, sondern eine Liebessituation schaffen.

Der Hebräerbrief beginnt so: *„Gott hat im Sohn zu uns geredet.“* (Hebräer 1,1f*) Gemeint ist, dass er über sich selbst gesprochen hat, und direkt im Anschluss wird näher gesagt, wer er ist. Gottes Botschaft an uns handelt von ihm selbst, nicht nur von Moral oder hehren Zielen. Die Bibel soll nicht vorrangig philosophischem und intellektuellem Interesse dienen, sondern eine Liebessituation schaffen. In Gott ist alles vorhanden. Er ist der Anfang und das Ende, die Quelle der Wirklichkeit. Sein Name, Jesus, birgt Millionen Segnungen.

Jesus war *„ein Lehrer, von Gott gekommen“* (Johannes 3,2), wie Nikodemus erkannte, aber seine Lehre hat stets ihn selbst zum Zentrum und Ziel. Er betonte: *„Die Schriften zeugen von mir“*, und seine Botschaft war: *„Kommt her zu mir … lernt von mir!“* (Johannes 5,39*; Matthäus 11,28f)

Israel hatte seine wunderbare Gotteserkenntnis, aber Jesus erhob diese zum siebten Himmel.

Weiter sagte Jesus: *„Wer mich gesehen hat, hat den Vater gesehen!“* (Johannes 14,9) Wenn der Vater wie Jesus ist, dann ist Gott herrlicher, als je einer dachte oder las. Israel hatte wohl seine wunderbare Gotteserkenntnis, doch Jesus erhob diese zum siebten Himmel. Wir sprachen über die Namen des Herrn, zum Beispiel Jahwe Jireh. Doch der Name Jesus ist höher als jeder andere Name, denn er schließt sie alle ein. *„Es ist kein anderer Name unter dem Himmel den Menschen gegeben, in dem wir gerettet werden müssen.“* (Apostelgeschichte 4,12) Was immer die Jahwe-Namen über Gott aussagten – Jesus verkörpert es! Hebräer 1,3 erklärt, dass er das *„Abbild“* von Gottes Wesen ist. Eine Übersetzung nennt es die *„Darstellung der Realität Gottes“*, eine andere die *„Ausstrahlung der göttlichen Herrlichkeit“*.

Wenn Gott wie Jesus ist, ist er keine gefühllose Säule in einem fernen Himmel. Er konnte nicht ruhig auf dem Thron sitzen, während die Dinge hier unten schief liefen, sondern musste kommen und etwas dagegen unternehmen. Jesus ist Gott in Aktion, ebenso der Heilige Geist. Als der erste christliche Märtyrer seine Augen erhob, sah er Jesus zur Rechten Gottes **stehen**, nicht sitzen (Apostelgeschichte 7,55f). Der Herr hatte sich erhoben, um seinen Freund in Empfang zu nehmen.

Als der erste christliche Märtyrer seine Augen erhob, sah er Jesus zur Rechten Gottes stehen, nicht sitzen. Der Herr hatte sich erhoben, um ihn in Empfang zu nehmen.

Als Jesus kam, wurde Gottes Herrlichkeit sichtbar. Auf dieser Erde wird Menschen das zur Ehre, was sie tun oder herstellen. Eines Künstlers Ruhm zum Beispiel besteht in großer Malerei, beim Ingenieur mag es eine grandiose Brücke sein. Gottes Herrlichkeit sind seine Werke – nicht nur die Feuersäule (Schechina) im Allerheiligsten oder das gewaltige Schauspiel des bebenden Sinai. Seine Herrlichkeit, das waren Liebe, Mühe, Selbstlosigkeit und Aufopferung, Demut und Gehorsam. Seine allergrößte Herrlichkeit aber wurde das Kreuz, wie uns das Johannesevangelium in seinen letzten Kapiteln klarmacht.

Gott der Sohn ist gleichbedeutend mit Gott dem Vater. Er ist kein undurchdringliches, in sich eingehülltes Wesen, kein Solo-Gott, sondern eine wunderbare Gottheit. Er ist der dreimal heilige Dreieinige mit unaufhörlicher Wechselbeziehung, ewigem Miteinander, nicht nachlassender Verbundenheit und einer Liebe, die die ganze Schöpfung durchdringt.

Wenn wir an den Namen Jesus glauben, glauben wir an alles, was darin steckt. Schon Kinder können seinen Namen nennen und so mächtige Ereignisse in Gang setzen.

> Jesu Herrlichkeit bildeten Liebe, Mühe, Selbstlosigkeit und Aufopferung, Demut und Gehorsam. Seine allergrößte Herrlichkeit aber wurde das Kreuz.

Eine Tatsache ist zu schön, um **nicht** wahr zu sein: Der Sohn Gottes wurde Menschensohn! Das ist nach menschlichem Dafürhalten unmöglich. Wenn man es nicht glauben kann, konnte man es erst recht nicht erfinden. Hätte dieses Ereignis nicht stattgefunden, wäre es Menschen schwerlich eingefallen. Niemand, der davon nicht gehört hat, dachte oder erträumte so etwas. Um erzählt zu werden, musste es geschehen! Die Wahrheit übersteigt unsere Denkkraft. Wir können nur dastehen, uns wundern und anbeten.

> Gott der Sohn ist gleichbedeutend mit Gott dem Vater. Er ist kein undurchdringliches, in sich eingehülltes Wesen, kein Solo-Gott, sondern eine wunderbare Gottheit. Er ist der dreimal heilige Dreieinige mit unaufhörlicher Wechselbeziehung, ewigem Miteinander, nicht nachlassender Verbundenheit und einer Liebe, die die ganze Schöpfung durchdringt.

Es war Gottes alleinige Erfahrung; wir können sie nicht nachvollziehen. Und noch überwältigender als seine Menschwerdung ist die Tatsache, dass er als Mensch starb. Gott erlebte den Tod! Der Unsterbliche starb, der *„Fürst des Lebens“ „schmeckte den Tod für alle“*.[44] Was das bedeutete, können Sterbliche nie ermessen.

„Krönt, krönt ihn, unsern Herrn, seht seine Wunden an!
Sie strahlen seine Liebe aus, die niemand fassen kann.
Kein Engel kann sie schau’n, er senkt den Blick davor
und rühmt in Anbetung das Lamm im hohen Himmelschor.“
(G. J. Elvey)

Der Jesus, an den wir glauben

Menschen können sich nur schwer über das Vorrecht des Glaubens und Betens in Jesu Namen freuen, bis sie über dessen Hintergründe nachsinnen. Das Alte und das Neue Testament erklären einander und liefern wie zwei Zeugen Aussagen über den Namen „Jesus". Dessen Bedeutung liegt nicht im bloßen Wort selbst, sondern darin, dass er der Code für Gottes Wirksamkeit auf der Erde ist und bleibt – bis in alle Ewigkeit.

Das Alte und das Neue Testament erklären einander und liefern wie zwei Zeugen Aussagen über den Namen „Jesus".

Sein Name Jesus wurde beschlossen, bevor er zur Erde kam (vgl. Matthäus 1,21). Es war ein gewöhnlicher menschlicher Name – andere hießen ebenfalls Jesus (Apostelgeschichte 13,6) bzw. (hebräisch) Joschua. Um einer von uns und einer mit uns (Immanuel) zu sein, nahm Jesus menschliche Natur und einen menschlichen Namen an. Das weist ihn als Mitglied unserer Rasse aus. Er gehört zu uns hier und wird auch hierher zurückkommen, wo er geboren wurde. Er ist für immer *„der Mensch Christus Jesus"* (1. Timotheus 2,5; Hebräer 13,8).

Warum dieser Name?

Das Wort „Name" kommt in der Heiligen Schrift über 1.000-mal vor. Namen waren also geistlich wichtig. Die Bibel nennt sieben Gründe, warum Menschen ihre Namen bekamen. Einige davon stehen auch hinter der Namensgebung Jesu.

Jesu Name sollte …

… Prophetien erfüllen
… ihm eine menschliche Identität geben
… die Menschen mit Gott verbinden
… die Rettung als Werk Gottes darstellen
… ein neues geistliches Verständnis vermitteln
… aussagen: *„Er wird sein Volk erretten von seinen Sünden."*[45]

Viele Namen waren Prophezeiungen. Jesaja z. B. verwendete ganze Sätze für seine Kinder. Einer davon war: *„Maher schalal hasch baz"* (Jesaja 8,1) und bedeutete „Schnelle Beute, Rascher Raub". – Jesu Name aber war keine Prophetie, er war die Erfüllung von Prophetie! In ihm kam alle Prophetie auf einen Nenner. Er war der Eine, der kommen sollte.[46] Der erste Name im Neuen Testament ist „Jesus", weil das Neue Testament sich erfüllende Prophetie ist.

Manchmal wurden Namen verändert, wenn sich eine Person veränderte. Abram wurde zu Abraham, Jakob zu Israel, und Naomi bat darum, sie zum Gedenken an ihre jüngeren Erfahrungen „Mara" zu nennen. Saulus von Tarsus, benannt nach dem stolzen König Saul, wurde nach der Begegnung mit Jesus zum demütigen Paulus. – Jesu Name aber hat sich nie gewandelt. Keine Erfahrung konnte ihn verändern. Er kam, um sein Volk von Sünde zu erretten, und genau das tut er!

Auch wenn sich Jesu Name nie änderte, wurden doch zwei Titel hinzugefügt. Nach seinem Triumph am Kreuz samt Auferstehung verkündete Petrus in Jerusalem, dass *„Gott diesen Jesus sowohl zum Herrn als auch zum Christus gemacht hat"*. (Apostelgeschichte 2,36*) **Jesus** ist sein persönlicher Name, **Herr** sein Rang und Amt, **Christus** kennzeichnet sein Wirken als der gesalbte Eine, der die Gefangenen befreit (Jesaja 61,1).

Jesu Name aber war keine Prophetie, er war die Erfüllung von Prophetie. In ihm kam alle Prophetie auf einen Nenner.

Jesus (die griechische Namensform) leitet sich von dem eigentlichen hebräischen Namen ab – Joschua oder Jehoschua, verkürzt zu Jeschua. Es bedeutet: „Der Herr (ist) Rettung" (oder „Heil") und verbirgt sich z. B. in Jesaja 62,11: *„Sagt der Tochter Zion: Siehe, dein Heil kommt!"*

Zusammengefasst: „Jesus" bedeutet „Retter" (Heiland).

Jeder, der von Jesus oder einem Christentum ohne Rettung spricht, redet Unsinn. Rettung ist die Bedeutung von „Jesus". Das Herzstück des christlichen Glaubens ist, dass *„durch diesen"* bzw. *„durch seinen Namen"* die *„Vergebung der Sünden verkündigt wird"* (Apostelgeschichte 13,38; 10,43). In *„keinem andern"* Namen können wir errettet werden (Apostelgeschichte 4,12).

An Jesu Namen zu glauben ist dasselbe, wie an ihn zu glauben, denn sein Name bündelt alles, was er ist. In den Psalmen wird vom Namen des Herrn in denselben Wendungen gesprochen wie von ihm selbst. Psalm 145,1f erklärt: *„Ich will dich erheben, mein Gott, du König, und deinen Namen preisen immer und ewig. Täglich will ich dich preisen, deinen Namen will ich loben immer und ewig."* Man entdeckt dies z. B. auch zu Beginn der Psalmen 20, 113 oder 115.

An Jesu Namen zu glauben ist dasselbe, wie an ihn zu glauben, denn sein Name bündelt alles, was er ist.

Glaube an den Namen Jesu aktiviert in uns sein Leiden und Sterben. Der Glaube vernetzt uns mit dem vollbrachten Werk am Kreuz. Und was Jesus **für** uns tat, ist **an** uns getan. Wir werden das, wofür er die Bahn gebrochen hat. Seine Mühsal brachte geistliche Söhne zur Geburt. Es ist jene kraftvolle geistliche Beförderung der Gläubigen in Christi Stellung. *„Gott hat uns ... mit dem Christus lebendig gemacht ... er hat uns mitauferweckt und mitsitzen lassen in der Himmelswelt."* (Epheser 2,5f*) Wir sind mit seiner Heiligkeit bekleidet. *„Der Herr ist meine Gerechtigkeit"* (Jahwe Zidkenu).

Wir werfen gleich einen Blick darauf, was Glaube an den Namen Jesu für unser Beten bedeutet. Allerdings muss uns klar sein, dass er noch viel weitreichendere Verflechtungen hat. Wir werden aufgefordert: *„Alles, was ihr in Wort oder Werk tut, tut im Namen des Herrn Jesus, und sagt Gott, dem Vater, Dank durch ihn!"* (Kolosser 3,17) Christ sein ist nicht nur Beten und Bibel. Es bedeutet auch Freundlichkeit, Werke der Liebe, eine ähnlich hohe Wertschätzung für die Mitmenschen wie für Gott. Nach solchen praktischen Taten der Güte werden einst die Nationen bewertet, wie Jesus in Matthäus 25 sagt. Dagegen werden etliche, die sich ihrer Werke und Glaubenswunder brüsteten, aus der Gegenwart des Herrn verwiesen oder nichts gelten, wie 1. Korinther 13 mahnend sagt.

Aber wir sind ja jetzt dem Glauben auf der Spur – und stoßen auf die Heilige Schrift, denn *„der Glaube kommt aus der Verkündigung, die Verkündigung aber durch das Wort Christi"*. (Römer 10,17) Die Bibel wurde nicht für Menschen mit großem Glauben geschrieben, sondern für Menschen, die keinen Glauben haben; und sie ist da, um Glauben zu erzeugen und uns auf diesem entscheidenden Weg zu stärken.

Das Gebet des Glaubens in seinem Namen

Jesus lehrte seine Jünger beten (Matthäus 6,6-15; Lukas 11,1-4). Dabei gab er uns auch das so genannte „Gebet des Herrn". Bemerkenswerterweise fehlen am Anfang oder Ende die Worte „im Namen Jesu". Es beginnt vielmehr mit: *„Unser Vater ..., geheiligt werde dein Name."* Jedoch hat Jesus Nachdruck auf Gebet in seinem Namen gelegt (Johannes 14,14; 16,23f.26), und wir werden unterwiesen, alles, ob „Wort oder Werk, im Namen des Herrn Jesus" zu tun (Kolosser 3,17*).

Daraus kann man ableiten, dass die Formulierung „Wir bitten im Namen Jesu" nicht absolut und unverzichtbar wesentlich ist. Der Gebrauch dieser Worte ist eine Feststellung für und über das eigene Herz: Wir **sind** in seinem Namen und sprechen aus dieser wunderbaren Position – wir sind des Himmels „Eingeborene"! Bloße Ausdrücke enthalten keine Kraftsteigerung für unser Beten und Dienen. Gebet kann auch still geschehen, kann eine Träne, ein Seufzen sein. Gott hörte Israels Stöhnen in Ägypten, obwohl sie seinen Namen vergessen hatten. Aber wir bitten **in Jesus**, denn wir sind in ihm, wenn wir aufgrund seines Namens glauben.

Wenn wir mit seinem Wort dienen oder Kranken die Hände auflegen, handeln wir für Christus; denn wir tun, was er tun würde. Aber es geht noch einen kräftigen Schritt weiter: Wir handeln nicht nur an Christi Stelle, sondern mit ihm, in ihn gekleidet, eins mit ihm[47]. Das ist es, was „in Jesu Namen" bedeutet.

> Glaube an den Namen Jesu aktiviert in uns sein Leiden und Sterben. Der Glaube vernetzt uns mit dem vollbrachten Werk am Kreuz. Und was Jesus für uns tat, ist an uns getan.

Das neue Privileg

In Gott zu sein, war unbekannt, bevor Christus kam. Die alttestamentlichen Heiligen, z. B. Abraham, Josef, Hiob, sprachen auch nicht entfernt davon, „in Gott" zu leben. Eine derartige Intimität hätte Israel nie zu beanspruchen gewagt. Der Herr war der Erhabene, die Ewigkeit Bewohnende, vor dem man in Ehrfurcht erbebte. Die poetischen Schriften des Alten Testaments enthalten zwar Aussagen, dass der Name des Herrn eine starke Festung sei, in der sich die Gerechten bergen können,[48] aber diese bildhafte Formulierung kannte noch nicht jenes Glaubensgut, dass ein ganzes Menschenleben mit Christus in Gott geborgen sein kann.

Auch betete niemand: „Wir erbitten es in deinem Namen!" oder: „In deinem Namen geschehe dies!" Ein berühmtes Beispiel für die Art, in der man damals betete, ist das Ende von Daniels großem Vermittlungs- und Fürbittegebet für Israel (Daniel 9,19):

„Herr, höre! Herr, vergib! Herr, merke auf und handle! Zögere nicht, um deiner selbst willen, mein Gott! Denn dein Name ist über deiner Stadt und deinem Volk ausgerufen worden!"

Daniel betete nicht **in** dem Namen des Herrn, er betete nur **für** seinen Namen. Sein Status als vor Gott gerechter Mann gründete sich auf Glaubensverdienste, nicht auf die volle Gerechtigkeit des Erlösers.

In Apostelgeschichte 10,4 sagt ein Gottesbote dem römisch-italischen Soldaten Kornelius: *„Deine Gebete und deine Almosen sind hinaufgestiegen zum Gedächtnis vor Gott."* Als dann Kornelius das Evangelium hörte, wurde der Heilige Geist auf ihn und die bei ihm Versammelten ausgegossen. Augenblicklich wurden sie in eine völlig andere Beziehung erhoben, nämlich im Heiligen Geist getauft. Er war in ihnen und sie in ihm – nicht nur bildlich, sondern als kraftvoller Tatbestand.

Alttestamentliche Personen beriefen sich auf ihre Unschuld oder ihre Qualität; sie kamen also in ihrem eigenen Namen zu Gott, verließen sich auf die eigenen Tugenden als Basis einer Erhörung. In Psalm 17,1.3 z. B. heißt es: *„Höre, Herr, die gerechte Sache, horche auf mein Schreien, nimm zu Ohren mein Gebet von Lippen ohne Trug … Du hast mein Herz geprüft, hast mich des Nachts durchforscht; du hast mich geläutert – nichts findest du. Ich habe überlegt: nichts wird meinem Mund entschlüpfen."* Und Psalm 26,1.6 geht noch weiter: *„Hilf mir zum Recht, Herr! Denn in meiner Lauterkeit bin ich gewandelt … Ich wasche meine Hände in Unschuld und umschreite deinen Altar, Herr."* Ähnliches gilt für Psalm 18,20ff. und andere Stellen im Alten Testament.

Christus betete und wurde aufgrund seiner Persönlichkeit erhört! Nun zeigte er ihnen, dass auch sie aufgrund seiner Persönlichkeit erhört werden konnten – also in seinem Namen, nicht wie David oder Daniel in ihrem eigenen Namen. Es war ein *„neuer und lebendiger Weg"*.

Christus lehrt uns, in einer anderen Weise zu beten. Offensichtlich haben die Jünger auch vorher gebetet, aber als sie Jesus beten hörten, war es ihnen etwas völlig Neues. Sie wünschten von ihm Gebetsanleitung; wollten seine Art und Weise kennen lernen. Denn sie wussten, dass es da einen Unterschied gab. Christus betete und wurde aufgrund seiner Persönlichkeit erhört! Nun zeigte er ihnen, dass auch sie aufgrund seiner Persönlichkeit erhört werden konnten – also in seinem Namen, nicht wie David oder Daniel in ihrem eigenen Namen. Es war ein *„neuer und lebendiger Weg"*[49].

> Unsere Erwartungen fußen auf dem, was Jesus tat. Der Glaube klinkt uns bei ihm ein, wenn er wirkt. Glaube ist der demütige Handlanger derer, die Gottes Willen tun.

Wenn man die ganze Geschichte betrachtet, die Größe und das Werk Christi, und alles würdigt, wofür sein Name steht, kann man erkennen, warum Gebet in seinem Namen einen riesigen Rückhalt gibt. Christus Jesus hat uns vor Gericht vertreten und nahm die Verlassenheit auf sich. Er trat für uns ein, obwohl wir ein Schandfleck waren. *„Als wir noch Sünder waren, starb er für uns"* (Römer 5,8*), *„der Gerechte für die Ungerechten"* (1. Petrus 3,18). Jeder zählt zu denen, für die dieses gewaltige Werk vollbracht wurde.

Keine Magie

Es ist Kraft im Namen Jesus – wenn wir, wie eben erklärt, in Christus sind! Bei nur formelhafter Wiederholung des Namens zeigt sich kein Unterschied zu andern Begriffen. Als Wort allein bewegt er Gottes Hand nicht mehr als irgendein sonstiges, ob heilig oder profan. Es mag weise sein, wenn wir beim Dienst sagen: „Im Namen Jesu …", aber vor allem für die Anwesenden, weil unterstrichen wird, dass die Ehre allein dem Herrn gehört. Entsprechend sagte Petrus nach der Heilung des Krüppels: *„Was starrt ihr uns an, als hätten wir aus eigener Kraft oder Frömmigkeit bewirkt, dass dieser gehen kann? … Gott hat seinen Knecht Jesus verherrlicht … Sein Name hat durch den Glauben an ihn diesem Mann vor aller Augen die volle Gesundheit geschenkt!"* (Apostelgeschichte 3,12f.16*)

Mit anderen Worten: Wir können im Namen Christi zu Gott kommen, aber kein Name oder Wort an sich wird Gott nötigen oder zwingen, uns einen Gefallen zu tun. Das wäre Schamanismus, Magie oder dergleichen, bei denen man Zauberwörter ausspricht, um übernatürliche Kräfte und Geister zu aktivieren. Gott kann man nicht dirigieren.

Gebet in Jesu Namen soll immer Gottes Willen ermöglichen. Christus lehrt uns, so zu beten: *„Dein Wille geschehe auf der Erde so wie im Himmel!“* (Matthäus 6,10*) Es gibt keine Wunderformeln, um Gottes Geist zu manipulieren oder Ereignisse in den Griff zu bekommen. Wir müssen **beten**, fürbitten, flehen, Gottes Angesicht demütig und verbindlich suchen, statt einen Namen wie einen Zauberstab zu gebrauchen.

Es gibt keine Wunderformeln, um Gottes Geist zu manipulieren oder Ereignisse in den Griff zu bekommen.

Heilungen geschahen auch, ohne dass der Name Jesus ausdrücklich erwähnt wurde; sogar der Schatten von Petrus brachte Heilung. Petrus erweckte Dorkas vom Tode („Tabita, steh auf!“), ohne Jesus zu nennen, aber er betete vorher (Apostelgeschichte 9,40).

Unsere Erwartungen fußen auf dem was Jesus tat. Der Glaube klinkt uns bei ihm ein, wenn er wirkt. Glaube ist der demütige Handlanger derer, die Gottes Willen tun.

Glaube und Gebet

Gottes Gegenwart ist dauerhaft

Gebet ist kein Interview mit Gott, das auf „Amen" endet und damit meint: „Bis dann, Herr!" Gott ist ebenso bei dir, wenn du nicht betest, wie dann, wenn du es tust: *„Nie werde ich dich aufgeben oder verlassen!"* (Josua 1,5*) – *„Seid gewiss: Ich bin immer bei euch ...!"* (Matthäus 28,20*) Gottes Gegenwart begleitet uneingeschränkt alle, die ihn lieben.

Gottes Gegenwart begleitet uneingeschränkt alle, die ihn lieben.

Wenn wir uns versammeln, kommt es oft vor, dass jemand betet: „Herr, sei hier heute gegenwärtig, sei unter uns!" Ist das nötig? Er hat doch gesagt: *„Wo zwei oder drei zu meinem Namen hin versammelt sind, da bin ich in ihrer Mitte!"* (Matthäus 18,20) „Sei mit uns, Herr!" unterstellt beinahe, dass er nicht bei uns sein wird, wenn man ihn nicht drängt, von uns Notiz zu nehmen, wie es die Baalsjünger auf dem Berg Karmel mit Baal versuchten. Ist das Glaube? Der Glaube vertraut dem Wort Christi. Er bittet Christus nicht, Versprechen zu erfüllen, die ohne Bedingungen gegeben wurden. Für den Glauben ist das Erwünschte schon geschehen, aktualisiert.[50]

Der Herr sagt nicht: „Ich werde in ihre Mitte kommen", sondern *„Ich bin in ihrer Mitte"*. Er „kommt" nicht in eine Versammlung von Anbetern, sodass man an einem gewissen Punkt sagen kann: „Gott ist unter uns getreten!" Er wird weder durch unsere Inbrunst noch durch eine hergestellte „richtige Atmosphäre" herbeigezogen. Eigentlich kommt er nicht in unsere Gegenwart – **wir** sollen in **seine** Gegenwart kommen: *„Wo zwei oder drei zu meinem Namen hin versammelt sind ..."* Das ist Jahwe Schammah, „der Herr ist da". Er ist das „Alpha", stets der Anfang. Er ist kein Irrlicht, kein flüchtiger Geist, kaum zu packen, heute hier und morgen verschwunden. Wir brauchen keine Techniken oder Formeln, um seine Gegenwart zu erzeugen. Aber wir können die Tatsache seiner Gegenwart durch Nebel des Zweifels aus unserem Gesichtsfeld löschen, wie auch das riesige Felsmassiv des Mount Everest hinter einer Wolkenwand verschwinden kann.

Jesu Verheißung wird oft missverstanden. Sie meint nicht, dass für seine Gegenwart zwei oder drei Personen benötigt werden, sondern dass seine Gegenwart als der entscheidende Faktor bei unseren Treffen zugesagt ist. Im konkreten Kapitelzusammenhang geht es ja darum, dass zwei Personen ihre Differenzen beilegen – und selbst da ist dann der Herr, nicht nur, wenn wir völlige Harmonie erreicht haben. Christus gehört der Vorrang. Er ist das Haupt der Gemeinde, nicht der Pastor. Er, und nicht der Vorsitzende, ist Leiter des Gemeindevorstands. Das Haupt des Hauses ist Christus.

Christi Versprechen, unter uns zu sein, kann man auch als Warnung nehmen: Er ist Herr der Gemeinde. Wenn es dort Zank, Politik, Intrige, Neid, Postenjagd, Gegnerschaft oder offenen Streit gibt, **ist er immer noch da**. Wenn Christen als Christen zusammenkommen, ist er dabei, ob es ihnen passt oder nicht. Man wird Jesus nicht los; da können wir machen, was wir wollen. Wir mussten ihn nicht bitten zu kommen und können ihn nicht bewegen zu gehen. Wir sollten nur mit seiner Anwesenheit rechnen, sie ausnutzen oder zur Warnung nehmen. *„Da redeten die miteinander, die den HERRN fürchteten, und der HERR merkte auf und hörte. Und ein Buch der Erinnerung wurde vor ihm geschrieben.“* (Maleachi 3,16).

Die oben zu Grunde gelegte Bibelstelle handelt von unserer Beziehung zueinander, und zwar wenn einer den andern verletzt und Vergebung nötig wird. Was da geschieht, geschieht im Angesicht von Christus selbst. Zwei kommen zusammen, um ihre Unstimmigkeiten zu beenden, vielleicht mit einem Dritten als Schiedsrichter. Zudem ist Christus hier immer noch als Hauptperson zu betrachten. Und nun heißt es: *„Was ihr auf Erden bindet, das wird auch im Himmel gebunden sein ...“* (Matthäus 18,18) Der Vers hat überhaupt nichts mit dem Austreiben von Dämonen zu tun, denn um sie geht es im gesamten Kapitel nicht, sondern um eine zurechtbringende, vergebende Haltung.

Daraus folgt: Wo der Glaube die Verheißungen Christi ergreift und weiß, dass er gegenwärtig ist, welken alle Fehlhaltungen und Feindseligkeiten dahin. Glaube ist der Schlüssel zu Frieden und Harmonie.

Seine Gegenwart wird nicht fabriziert

Glaube an Gott bedeutet Glaube an einen **gegenwärtigen** Gott, keinen entfernten Gott, der von einem abgelegenen Himmel zurückgerufen werden muss. Wir beten einen Herrn an, der immer mit uns ist. Wir sprechen von einer „Begegnung mit Gott während der Anbetung", in der Kirche und zu einer bestimmten Zeit. Wenn wir ihn nur da anbeten, erreichen wir kaum alttestamentliches Niveau, geschweige denn neutestamentliches. Jesus sagt, wir würden weder an diesem noch an jenem Ort den Vater anbeten (Johannes 4,21). Man „trifft" Gott nicht, wie man eine Verabredung einhält und hofft, dass der andere auftaucht. Er hat den Tag nicht in der Nachbarstraße verbracht. Wenn Paulus sagte: *„Ich beuge meine Knie vor dem Vater"* (Epheser 3,14*), dann meinte er damit keine übliche Gebetshaltung, sondern seine Lebensweise – er lebte in der Anbetung Christi. Anbetung in der Bibel war kein gelegentliches Ereignis, sondern eine ständige Gesinnung.

> Wo der Glaube
> die Verheißungen Christi
> ergreift und weiß,
> dass er gegenwärtig ist,
> welken alle Fehlhaltungen
> und Feindseligkeiten dahin.
> Glaube ist der Schlüssel
> zu Frieden und Harmonie.

Gebet erzeugt nicht Gottes Gegenwart. Wir beten, weil Gott anwesend **ist**. Wenn er es nicht wäre, würde unser Gebet nur die Decke und nicht den Thron erreichen. Und Gott ist **voll** da, nicht nur sein Finger, sein Angesicht oder ein matt scheinendes Licht. Es wurde die Idee verbreitet, je mehr wir beten würden, desto intensiver sei auch Gottes Kraft und Gegenwart. Jemand schrieb, dass die Kraft Gottes in genauer Proportion zu der Zeit stünde, die man im Gebet dafür verbringen würde. Nirgends in der Heiligen Schrift finden sich derartige Hinweise. Wir lesen auch keine Empfehlung, nach der Taufe im Heiligen Geist um Kraft zu bitten. Charles Spurgeon nannte Christi Gegenwart „die einzige Gewissheit des Christen".

> Gebet erzeugt
> nicht Gottes Gegenwart.
> Wir beten,
> weil Gott anwesend ist.
> Wenn er es nicht wäre,
> würde unser Gebet
> nur die Decke und
> nicht den Thron erreichen.

Glaube ohne Gebet

Petrus und Johannes waren auf dem Weg zum Beten und heilten einen Gelähmten, ohne für ihn zu beten (Apostelgeschichte 3). Die Gebetszeit, zu der sie unterwegs waren, wurde sogar gestrichen, weil das Wunder einen solchen Wirbel verursachte. Die beiden konnten den Mann heilen, ohne vorher zu beten, weil Christus mit ihnen war und sie im Glauben handelten (Apostelgeschichte 3,6.16).

Der Glaube, dass Gott bei uns ist, inspiriert uns zum Beten. Es ist natürlich, mit Gott reden zu wollen, wenn wir wissen, dass er zuhört. Wenn Menschen nicht beten, dann deshalb, weil sie nicht glauben, dass er zuhört. Jesus betete, **weil** er sich seines Vaters vollkommen und unmittelbar gewiss war. Er sagte: *„Vater, ich danke dir, dass du mich erhört hast. Ich wusste zwar, dass du mich allezeit erhörst …“* (Johannes 11,41f*) Manchmal heißt es sogar, dass Jesus betete, indem er einfach nach oben blickte und „sprach“ (Markus 7,34; vgl. 6,41).

In gewisser Weise ist Glaube ohne Gebet möglich, aber Gebet ohne Glauben ist nutzlos. Jesus hat gesagt: *„Wenn ihr bittet, dann glaubt …!“* (Markus 11,24*) Es ist das Gebet des Glaubens, das Resultate bringt. Gebet ist kein Seufzer der Verzweiflung, sondern ein Akt siegreichen Glaubens. Sich an Gott zu wenden und mit ihm zu sprechen ist selbst schon ein Sieg. Darauf lassen sich weitere Siege setzen.

Nachhakender Glaube

Glaube ist das entscheidende Prinzip beim Beten. Können wir deshalb, nachdem wir einmal geglaubt haben, mit Beten aufhören und es dabei bewenden lassen? Bedeutet das Gebet des Glaubens, dass wir vorwärts gehen und uns keine Gedanken mehr machen? Ist es ein Zeichen von Unglauben, wieder zu beten? Die Antwort lautet: Glaube ist nicht etwas, was man für fünf Minuten einschaltet, wenn man Gott ein Anliegen vorbringt. Das Glaubensgebet stellt eine Glaubenssituation her. Man steht vor Gott und bleibt in dieser Situation oder Beziehung, bis die Gebetserhörung komplett ist.

Glaube ist nicht etwas, was man für fünf Minuten einschaltet, wenn man Gott ein Anliegen vorbringt. Das Glaubensgebet stellt eine Glaubenssituation her. Man steht vor Gott und bleibt in dieser Situation oder Beziehung, bis die Gebetserhörung komplett ist.

Wir kennen die biblische Weisung: *„Betet unablässig!“* (1. Thessalonicher 5,17) Das bedeutet nicht, 24 Stunden am Tag und 365 Tage im Jahr nach Gebetsanliegen Ausschau zu halten. Die Botschaft ist: Wenn ihr einmal begonnen habt, gebt nie auf und lasst nicht nach mit euren Appellen an Gott! Am Gebet dranzubleiben ist kein Zeichen von Unglauben, sondern von Glauben. Tatsächlich beweist du, dass du glaubst, wenn du weiter betest: *„Man sollte immer beten und nie aufgeben.“* (Lukas 18,1*)

Die Geduld des Glaubens

Gebet ist Glaube in Aktion. Der Jakobusbrief greift zwei biblische Geschichten auf und erklärt sie zu Vorbildern für beharrliches Glauben und Beten. Aber beachten wir vorher noch andere Aussagen in dem Brief.

> Wenn Menschen nicht beten, dann deshalb, weil sie nicht glauben, dass er zuhört.

Jakobus 5,11.17f erinnert: *„Vom Ausharren Hiobs habt ihr gehört, und das Ende durch den Herrn habt ihr gesehen: Der Herr ist voll innigen Mitgefühls und barmherzig. Elia … betete inständig, dass es nicht regnen möge, und es regnete nicht auf der Erde drei Jahre und sechs Monate. Und wieder betete er, und der Himmel gab Regen.“**

Jakobus 5,7f nennt die Notwendigkeit eines geduldigen Glaubens: *„Habt nun Geduld, Brüder, bis zur Ankunft des Herrn! Siehe, der Bauer wartet auf die köstliche Frucht der Erde und hat Geduld ihretwegen … Habt auch ihr Geduld, stärkt eure Herzen! Denn die Ankunft des Herrn ist nahe gekommen.“**

Kommen wir zurück auf **Elia** und sein Gebet um Regen (1. Könige 18): Keineswegs war es so, dass er betete, glaubte und dann alles sich selbst überließ. Zunächst handelte er im Glauben, indem er dem König mitteilte, dass es regnen werde; er solle gehen und ein Mahl einnehmen, denn es gebe schon ein Rauschen von Regen (1. Könige 18,41). Dann ging er auf den Gipfel des Karmel, warf sich zur Erde nieder, steckte seinen Kopf zwischen die Knie und verblieb in dieser wartenden Haltung. Es heißt nicht ausdrücklich, dass Elia betete. Vielleicht sagte er nicht mal ein Wort. Gebet kann wortlos sein. *„Der Geist selbst leistet Fürsprache mit unaussprechlichen Seufzern.“* (Römer 8,26*) Elia wartete einfach

Hiobs Geduld betraf nicht sein Leid, sondern Gott. In der Richtung sehen wir keinen Schimmer von Misstrauen. Verwirrung wohl, Fragen ja, Frustration auch, aber keine hochkochende Kritik an Gott.

in kindlicher Zuversicht. Er bat seinen Diener, es ihn wissen zu lassen, wenn die Wolken erschienen. Siebenmal kletterte der Diener auf einen Bergrücken und sah nie etwas, außer beim letzten Mal, und da war es eine kleine Wolke, die Sturm ankündigte. Was Elia betrifft – er wartete einfach. Er hatte den Fuß in der Himmelstür, also würde sie sich auch nicht schließen. Auch wenn der Diener 50-mal hätte gehen müssen, hätte Elia gewartet. So sieht die Geduld, die Beharrlichkeit des Glaubens aus.

Jakobus gibt uns noch eine andere Illustration – die Geduld von **Hiob**. Inwiefern war Hiob geduldig? Viele sagen, er sei es in seinen Leiden gewesen. Das dritte Kapitel im Buch Hiob klingt aber gar nicht so. Wir lesen: *„Danach öffnete Hiob seinen Mund und verfluchte seinen Tag. Und Hiob begann und sagte: Vergehen soll der Tag, an dem ich geboren wurde, und die Nacht, die sprach: Ein Junge wurde empfangen!“* In diesem Tonfall bleibt er 26 Verse lang, wobei man eines auffallend vermisst: ein Zeichen von Geduld im Leiden.

Auch sonst zeigt die Bibel keine besondere Toleranz gegenüber dem Leiden. Anders als die restlichen Religionen, die Ergebenheit fordern, lehnt sich biblischer Glaube gegen Krankheit und Schmerzen auf. In den ersten fünf Büchern des Neuen Testaments, also mehr als der Hälfte des Buchs, führte Jesus einen Angriff gegen körperliches Leiden, das ein Werk des Teufels war. Christus zeigte keine Geduld mit dem Elend der Welt.

Hiobs Geduld betraf nicht sein Leid, sondern Gott. In der Richtung sehen wir keinen Schimmer von Misstrauen. Verwirrung wohl, Fragen ja, Frustration auch, aber keine hochkochende Kritik an Gott. Er formulierte einige der größten Sätze, die wir kennen: *„Prüfte er mich, wie Gold ginge ich hervor.“ – „Komme auf mich, was mag … er mag mich töten: ich harre auf ihn.“ – „Ich weiß, dass mein Erlöser lebt … und mag meine Haut noch so zerschunden sein, werde ich doch aus meinem Fleisch Gott schauen!“* (Hiob 23,10; 13,13.15; 19,25f*) Der Herr selbst sagte später, dass Hiob über ihn Richtiges geredet habe (Hiob 42,7).

Viele haben Fragen zu Krankheit und Leiden: Warum lässt Gott es zu? Wieso hat Gott diesen Menschen noch nicht geheilt? Gewünscht wird Heilung, keine Erklärung. Erklärungen helfen nicht sehr viel, wenn wir Zahnschmerzen haben! Hiob gibt uns die wahre Antwort auf Leiden: Glauben, anhaltendes Gottvertrauen. Dazu gehört auch Geduld, die eine Qualität des Glaubens ist.

Nicht nur Jakobus, auch Jesus sprach über die Geduld des Glaubens, und zwar in Lukas 18. Ein Richter, der sich weder um Gott noch um Menschen scherte, ließ eine Witwe, die Gerechtigkeit wollte, abblitzen. Sie kam aber immer wieder, bis er entschied, sich besser mit ihr zu beschäftigen, als von ihr noch tätlich angegriffen zu werden. Jesus folgerte: Wenn dieser ungerechte Richter so handelte, wieviel mehr würde Gott *„das Recht seiner Auserwählten … ausführen, die Tag und Nacht zu ihm schreien"* und es bei ihnen nicht *„lange hinziehen"* (Vers 7). Gott wird damit keinem ungerechten Richter gleichgestellt, der sich durch schiere Aufdringlichkeit überreden lässt. Es soll lediglich betont werden, dass wir nach dem Beten Geduld brauchen – *„Ausdauer in gutem Werk"* (Römer 2,7).

Jesus führte einen Angriff gegen körperliches Leiden, das ein Werk des Teufels war. Christus zeigte keine Geduld mit dem Elend der Welt.

„Geduld" wird im Neuen Testament 32-mal gebraucht und ist nur einer von vielen Ausdrücken, die uns zu Ausdauer im Glauben und Beten ermutigen. Römer 12,12 rät uns: *„Seid fröhlich in Hoffnung, geduldig in Bedrängnis, beharrlich im Gebet!"** Der Herr ist geduldig mit uns. Er ist *„der Gott der Geduld"* (Römer 15,5); 2. Thessalonicher 3,5 spricht von der *„Geduld Christi"*. Andere Übersetzungen formulieren, dass man *„unbeirrt auf Christus wartet"* o. ä. – doch eigentlich ist es Christus, der beharrlich wartet.

Gott hört Gebet immer. Auch wenn er es nicht immer zeigt, hört er doch jedes Mal hin, wenn wir unsere Lippen bewegen. Er kann uns keine Bestätigung schicken wie: *„Dein Gebet wird gehört und bekommt Aufmerksamkeit!"* Es mag scheinen, als hörte er nicht zu oder wäre gerade beschäftigt. Nun, wir dürfen *„Tag und Nacht zu ihm schreien"*, wie Jesus sagt. Aber wir sollten auch das schlichte Vertrauen an den Tag legen, dass er uns nicht im Stich lässt. Heilungen geschehen nicht, indem Menschen ihren Glauben bis zur „Zündung" aufputschen müssen oder aber erwartungslos in den Heilungsgottesdienst gehen.

Manche sind krank und haben gebetet, wurden aber nicht geheilt. Gott hat ihre Gebete gehört, wartet aber auf eine Glaubensleitung, die mit seiner Kraft verbindet. Der Herr weiß gut zu entscheiden, wem er diesen „Anschluss“ bereitstellt. Die Folge ist Heilung, nicht immer erst durch das Gebet des Evangelisten, sondern durch vorherige, von Gott längst vernommene Gebete.

> Gott hat ihre Gebete gehört, wartet aber auf eine Leitung des Glaubens, die mit seiner Kraft verbindet.

So wirken die Heilungsgaben[51] – Gott tut hier nichts ohne Gebet. Wenn unsere Stimme sein Ohr erreicht hat, sucht er jemanden, der diese Heilung zu dem trägt, der sie gerade benötigt. Das ist die einzige in der Heiligen Schrift erwähnte „Gabe der Heilung“. Es ist die Gabe der Heilung für die kranke Person, von Gott durch dienende Hände übermittelt. Ein Evangelist zum Beispiel wird Laufjunge Gottes, einer mit Glauben, der sagt: „Hier ist die Heilung, um die du Gott gebeten hast. Er hat mich mit ihr losgeschickt!“

Glaube wird uns gegeben, weil wir in der Dimension der Zeit leben, nicht in der Ewigkeit, und weil Gott den Zeitfaktor einbeziehen muss, wenn er seine Wunder vollzieht. Sie mögen nicht immer sofort geschehen. Manche Menschen kommen und wollen eine schnelle, billige Heilung, die ihnen die Zeit und Mühe mit Ärzten und Krankenhäusern erspart. Und sie gehen voller Kritik nach Hause, wenn Gott sich nicht überschlägt, sie zufrieden zu stellen, obwohl sie sich Zeit genommen haben, ihn aufzusuchen.

Die gleichen Leute fügen sich aber medizinischen Autoritäten und verbringen Stunden, Tage, Wochen im Krankenhaus, nehmen jahrelang dreimal täglich Medizin und finden nie Zeit, Gottes Angesicht zu suchen. Das war die Sünde von König Asa (2. Chronik 16,12). Ein hartnäckiger, lebendiger Glaube, der im Gebet durchringt, liegt ihnen natürlich fern. Entweder sorgt Gott für eine bequeme, reibungslose Heilung oder sie lassen Gott fallen. Nur wenige Menschen erscheinen mehr als einmal in einer Gemeinde, um Heilung zu empfangen. Wenn es beim ersten Mal nicht klappt, vermuten sie das auch fürs nächste Mal. Aber auch wenn die Heilung geschieht, finden sie es unnötig, wiederzukommen. Sie gehen, und Gott lässt es zu.

Kann anhaltendes Gebet dem Glauben schaden?

Ist es möglich, dass wir uns „aus dem Glauben beten"? Ja, wenn unsere Gebete mehr Ausdruck der Sorge sind als Taten triumphierenden Glaubens. Wir können uns aus dem Glauben beten, wenn wir zu Beginn nicht wirklich glaubten. Gebet erzeugt keinen Glauben. Glaubenszuwachs kommt durch Gottes Wort, wie es der Heilige Geist unserem Herzen öffnet, nicht durch das, was wir uns aus Büchern o. ä. aneignen. Der Glaube ist nichts chirurgisch Eingepflanztes aus der himmlischen Welt. Wenn wir zu Beginn echten Glauben haben, muss er nicht besser werden. Wenn wir ohne Glauben begannen, wird er durch Gebet aber auch nicht schlechter!

> Glaube wird uns gegeben, weil wir in der Dimension der Zeit leben, nicht in der Ewigkeit, und weil Gott den Zeitfaktor einbeziehen muss, wenn er seine Wunder vollzieht.

> Gebet erzeugt keinen Glauben. Glaubenszuwachs kommt durch Gottes Wort, wie es der Heilige Geist unserem Herzen öffnet, nicht durch das, was wir uns aus Büchern o. ä. aneignen.

Überaus eindeutig sagt die Bibel, dass Gott Gebete immer hört. Aber nicht immer muss er ihnen auch zustimmen, als hätte er Angst, uns zu beleidigen. Gott ist nicht da, um unseren Willen zu tun – wir sind hier, damit sein Wille geschehe.[52] Er ist Gott der Herr, Schöpfer des Himmels und der Erde, nicht der Flaschengeist, der auf die richtigen Worte hin antanzt und uns zu bedienen hat. Es gibt kein Wunder in Worten, im Aufsagen bestimmter Formeln wie bei den Heiden, oder indem man Jesu Namen wie ein Mantra gebraucht. Die ihn ehrfürchtig lieben, werden erhört.

> Der Glaube ist nichts chirurgisch Eingepflanztes aus der himmlischen Welt. Wenn wir zu Beginn echten Glauben haben, muss er nicht besser werden.

Kapitel 22

Glaube und Furcht

Furcht ist so natürlich wie Essen und Trinken und gehört zu den wesentlichen Elementen unseres menschlichen Lebens.

Aber keins von ihnen ist immer gut. Manche Menschen geraten in Esszwänge, andere in Trunksucht, die einen sind vom Sex beherrscht, die andern von Furcht … Ein Fresser, Trinker, Sittenloser zu sein, bedeutet auch Schuld – und ähnlich schuldig werden wir, wenn wir Ängsten erlauben, unser Leben zu knechten.

Wir können der Furcht regelrecht am Haken hängen. Was dann? Dann kann uns wieder nur Furcht vom Haken holen. Sie ist das einzig bekannte Gegengift nach dem Schlangenbiss zwanghafter Sorge. Das werde ich gleich erläutern. Aber zunächst lassen wir Jesus zu Wort kommen. Er hat gesagt: *„Fürchte dich nicht, glaube nur!"* (Lukas 8,50) Warum „nur"? Weil das alles ist, was wir tun können, wenn uns dieser Fluch droht. Es ist aber auch alles, was wir zu tun **brauchen**. Vielleicht haben uns ja große Furcht und kleiner Glaube erst in die beängstigende Gefahr gebracht? Furcht und Sorge sind mörderisch.

Manche Furcht ist gut und manche schlecht. Wir entdecken das in der Bibel. Sie nennt Furcht auch eine Tugend – im Buch der Sprüche gleich 14-mal. Es heißt z. B.: *„Die Furcht des Herrn ist der Weisheit Anfang … ist eine Quelle des Lebens … ist Reichtum und Ehre und Leben"* (Psalm 111,10; Sprüche 14,27; 22,4) usw. Dagegen sagt 1. Johannes 4,18: *„Furcht zittert vor Strafe. Wer sich aber fürchtet, ist nicht vollendet in der Liebe."**

Wenn man 2. Mose 20,20 liest, findet man dort beide Aspekte: *„Fürchtet euch nicht! Denn um euch zu prüfen, ist Gott gekommen, und damit seine Furcht euch vor Augen sei, dass ihr nicht sündigt."*

Es gibt sogar nicht weniger als 25 hebräische Worte, für die unsere Bibelübersetzungen das eine Wort „Furcht" gebrauchen.

Ursache jedes größeren Anstiegs von Verbrechen ist ein Verlust des Glaubens an Gottes Strafmaßnahme – Gericht.

Aber wie kann denn „Furcht" beides sein, gut und schlecht? Die Antwort hängt davon ab, was oder wen wir fürchten. Gott zu fürchten ist eine heilsame Haltung. Den Teufel zu fürchten, ist ein Zeichen dafür, dass man Gott nicht fürchtet, keinen Glauben hat.

Analyse der Furcht

Sünde wird in der Bibel eng mit Unglauben verknüpft. Kein Gottvertrauen – keine Gottesfurcht. Und wenn wir Gott nicht fürchten, werden wir sündhaft leben. Aber Gott verächtlich zu behandeln heißt, seine Heiligkeit und Gerichte zu verspotten. Kein Glaube an Gott bedeutet keine Hemmschwelle zum Bösen.

Zur Furcht gehört, dass wir uns mit etwas konfrontiert sehen, was größer ist als wir, sei es eine Person, Intelligenz oder Macht. Was wir als das Größte ansehen, ist auch Sitz unserer Furcht. Ist für uns Gott das Größte, werden wir ihn mehr fürchten als den Teufel oder Menschen. Wenn wir den Teufel am meisten fürchten, halten wir ihn für größer als Gott.

Die Furcht des Herrn ist gut. Der Herr ist groß – groß an Bedeutung, groß an Weisheit, groß an Kraft. Ihn zu fürchten hat eine heilsame Wirkung. Es handelt sich um eine gesunde Furcht, die Gutes hervorbringt. Wenn wir im Bewusstsein Gottes leben, setzen wir unsere Schritte nicht falsch. Im Wissen, dass seine Hand uns hält, werden wir *„Böses hassen"*, wie Sprüche 8,13 sagt. Gott zu fürchten, macht uns Gott wohlgefällig.

Was motiviert uns zur gesunden Ehrfurcht vor Gott? Seine überwältigende Macht, aber auch sein unbeirrbarer Wille. Nichts modelt seine Absichten um. Er wäre groß genug, uns zu zerdrücken, und ist groß genug, uns Erbarmen zu schenken. Die Furcht des Herrn ist die einzige gute Furcht! Andere Arten der Furcht sind schlecht: Ruhelosigkeit, Sorge, Ängstlichkeit, Grauen, Panik, tödliche Beklemmung sind schreckliche Gemütszustände. Doch darauf gibt es eine Antwort – Gott zu fürchten, ihm zu vertrauen!

Analyse der Sünde

Die Bibel sieht Sünde eng verknüpft mit Unglauben. Kein Gottvertrauen – keine Gottesfurcht, und wenn wir Gott nicht fürchten, werden wir sündhaft leben. Aber Gott verächtlich zu behandeln heißt, seine Heiligkeit und Gerichte zu verspotten. Fehlender Glaube an Gott bedeutet fehlende Hemmschwelle zum Bösen.

Ursache jedes größeren Anstiegs von Verbrechen ist ein Verlust des Glaubens an Gottes Strafmaßnahme – Gericht. Als Abraham nach Gerar kam, vermutete er, dass es *„keine Gottesfurcht an diesem Ort"* gebe und man ihn töten werde, um sich seiner Frau zu bemächtigen (1. Mose 20,11*).

Wenn wir Gottes Macht und Größe verachten, berauben wir uns selbst. Er hat uns seine Eigenschaften nicht gezeigt, damit wir nur feststellen: „Herr, wie wunderbar bist du!" Er will uns nicht beeindrucken, sondern segnen. So **zugewandt** ist er uns! Unglaube aber durchtrennt die Verbindung. Paulus sagte, er bete ständig für die Epheser, dass ihnen das nicht passiere: *„Er erleuchte die Augen eures Herzens, damit ihr wisst, ... was die überragende Größe seiner Kraft an uns, den Glaubenden, ist."* (Epheser 1,18f)

Durch Unglauben tut niemand seinem Leben etwas Gutes; er ist negativ, tötend. Der Glaube aber tritt den Ängsten entgegen, die unsere Zukunft bevölkern, und den tausend andern Befürchtungen, die uns jagen. Entweder fürchten wir Gott oder wir fürchten alles.

Ohne Glauben suchen die Leute überall nach Gewissheit, selbst in den nutzlosesten, kläglichsten Richtungen. Man wendet sich sogar an die stummen Sterne, studiert die Tierkreiszeichen, um Glückssignale zu erhaschen, und paddelt umher wie schiffbrüchige Seeleute nach einer Planke. Jesaja beobachtete das alles schon vor 3.000 Jahren und zeigte Flagge: *„Wenn sie euch sagen: Befragt die Medien und Spiritisten, die flüstern und murmeln!, dann antwortet: Soll nicht ein Volk seinen Gott befragen? Warum die Toten für die Lebenden befragen?"* (Jesaja 8,19*)

Wer Gott fürchtet, befürchtet nichts. Der Herr bekräftigt es: *„Folgt nicht dem Beispiel der anderen Völker! Sie mögen vor ungewöhnlichen Himmelserscheinungen erschrecken, ihr sollt das nicht!"* (Jeremia 10,2*)

Wir würdigen Gott in seiner gewaltigen Größe und seiner Kraft, uns zu erretten. Nichts und niemand hat größere Kraft.

Furchtloser Glaube

Der Apostel Paulus ging in die Gegenden Europas, wo es keine Christen gab, und verkündigte das Evangelium. Das war ein offener Angriff auf das Bollwerk der Heidenkultur mit dem Kaiser als Schirmherrn aller Götter. Unerschrocken forderte Christi Apostel die antike Welt heraus und brandmarkte das Machtgehabe eines brutalen Weltreichs.

Dieser einzelne Jude und unbekannte Christ erlebte ein Europa und Asien voller Furcht – Furcht vor Geistern und Omen, Furcht vor den rachsüchtigen und launischen Göttern, Furcht vor den Himmeln oben und den Tiefen unten, Furcht vor der Zukunft und der rätselhaften Umwelt. Millionen gingen in geistlicher Finsternis einher, gebeugt von krankhafter Todesangst. Paulus aber wurde durch Gottesfurcht auf eine höhere Warte gestellt und konnte sagen: *„Christus ist mein Leben und Sterben ist mein Gewinn!"* Das sind die Triumphe des Glaubens! Der Gott des Paulus macht aus unsern Pfaden Segenswege.

In seinem Brief nach Rom, der mit eiserner Faust regierenden Hauptstadt, äußerte Paulus: *„Ich bin überzeugt, dass weder Tod noch Leben, weder Engel noch Gewalten, weder Gegenwärtiges noch Zukünftiges, noch Mächte, weder Höhe noch Tiefe, noch irgendein anderes Geschöpf uns wird scheiden können von der Liebe Gottes, die in Christus Jesus ist, unserem Herrn!"* (Römer 8,38f)

Das Neue Testament hat eigentlich für den Begriff „fürchten" nur das eine Wort „phobéo". Jesus sagte also sinngemäß: „Hab' keine Phobie, sondern Glauben!"[53] Er wollte nicht Angsthasen züchten, sondern seine Jünger zurüsten: *„Fürchtet euch nicht vor denen, die den Leib töten, die Seele aber nicht zu töten vermögen; fürchtet aber vielmehr den, der sowohl Seele als Leib zu verderben vermag in der Hölle."* (Matthäus 10,28)

Ein- oder zweimal wird noch ein anderer griechischer Wortstamm gebraucht („deilós")[54], der Ängstlichkeit oder sogar Feigheit beschreibt. Jesus sagte: *„Warum seid ihr ängstlich, Kleingläubige?"* (Matthäus 8,26*) und 2. Timotheus 1,7 lehrt uns: *„Gott hat uns nicht einen Geist der*

Verzagtheit gegeben, sondern den Geist der Kraft, der Liebe und der Besonnenheit." In Offenbarung 21,8 ist die Übersetzung „Feiglinge" korrekt, denn dort geht es um eine innere Verwandtschaft mit den Ungläubigen[55], Gräueltätern, Mördern und anderen kapitalen Sündern.

> Wer Gott fürchtet, befürchtet nichts. Der Herr bekräftigt es: *„Folgt nicht dem Beispiel der anderen Völker! Sie mögen vor ungewöhnlichen Himmelserscheinungen erschrecken, ihr sollt das nicht!"* (Jeremia 10,2) Wir würdigen Gott in seiner gewaltigen Größe und seiner Kraft, uns zu erretten. Nichts und niemand hat größere Kraft.

Benaja ging bei Schnee in eine Zisterne und erschlug einen Löwen – ein seltener Fall von Mut (2. Samuel 23,20). Indem er sich dem in die Enge getriebenen, hungrigen Löwen mitten im Winter da stellte, wo es kein Weglaufen gab, erwies sich Benaja als einer von Davids Männern, wie David selbst, ein Mann des Glaubens. Und Jesus? Seine Jünger misstrauten ihm anfangs noch recht oft und wurden nicht nur im Sturm auf dem See recht feige. Jesus war über solchen Unglauben entsetzt – sie mussten es doch besser wissen. Einer von ihnen, Petrus, bekam später sogar mal eine Abfuhr wie der Teufel (Matthäus 16,23). Jakobus schreibt: *„Ordnet euch Gott unter, widersteht aber dem Teufel, und er wird von euch fliehen!"* (Jakobus 4,7*)

Furchtsamer Unglaube

Der größte biblische Anschauungsunterricht für furchtsamen Unglauben und furchtlosen Glauben dauerte 40 Jahre. Das Geschehen wirkt wie ein Schauspiel in 40 Akten zum Thema Glaubens-Bankrott. Wir sehen sie innerlich vor uns, Israels Stämme mit ihren Zelten auf der Wanderschaft. Immer wieder kamen sie dabei nah an die Grenzen des Gelobten Landes. Nicht, dass sie nicht daran glaubten, hineingehen zu können. Sie wussten, dass das ihr Recht war. Denn Gott hatte ihnen das Land gegeben, davon waren sie gründlich überzeugt. So weit war ihr Glaube perfekt. Aber er hatte einen folgenschweren Mangel – der Wurm der Angst saß mittendrin. Ihr Glaube war nutzlos, solange sie sich fürchteten. Darum kamen die meisten von ihnen nie ans Ziel. Sie gerieten in Panik. Sie murrten über ihr Los, hatten aber nicht den Glauben, es zu wenden. Sie stöhnten, statt zu speisen.

Die Geschichte der zwölf Kundschafter[56] ergab zehn ungläubige und zwei mit Glauben erfüllte Männer. Das ist wohl der Durchschnitt. Etwa zwei von zehn Personen glauben und bekommen, was Gott für sie hat – die übrigen haben Wünsche und sterben. Die Marxisten haben den Glauben gern so verspottet (sinngemäß): „Arbeite, bete und lebe auf Heu, der Himmel, der hält dir die Torte schon frei!“[57] Die Wahrheit sieht anders aus: Sie versprachen Torte auf Erden, doch die kam nie. Alle aber, die Torte im Himmel versprochen bekommen und glauben, was Christus gesagt hat, finden heraus, dass Gott ihnen auch jetzt schon Torte gibt, und tun am meisten dafür, dass auch andere Menschen Torte haben.

Depression

Als Jesus sagte: *„Fürchte dich nicht, glaube nur!“* (Lukas 8,50), hatte er die Gefühlslage tief erkannt. Normalerweise sagen wir „Hab' keine Angst, sei tapfer, hab' Mut!“ Jesus aber formulierte nicht: „Hab' keine Angst!“, denn er wusste sehr wohl, dass Furcht ein Teil der menschlichen Beschaffenheit ist. Darum sagte er: *„Fürchte dich nicht, glaube nur!“* Während Phasen der Schwermut, wenn, wie die Schrift sagt, „weder Sonne noch Sterne“ scheinen[58], ist Gottvertrauen der Anker der Seele. *„An dem Tag, da ich mich fürchte, setze ich mein Vertrauen auf dich.“* (Psalm 56,4*) Heute **ist** der Tag zu vertrauen!

Bedauerlicherweise sind manche schon von Natur aus nervös, anfällig für Depression oder gar panische Angst. Es gibt da berühmte Beispiele wie den Komponisten Peter Tschaikowsky, den Schriftsteller Thomas Carlisle, den Kirchenliederdichter William Cowper usw. Sogar der Predigerfürst Charles Spurgeon kannte den Griff der Depression und brachte gern seine Studenten zum Lachen, weil er nach eigener Aussage sonst geweint hätte.

Vielleicht war der Verfasser von Psalm 42 vom Temperament her ähnlich betroffen, aber auch ihm kam wiederum der Glaube zu Hilfe. Er sagt: *„Meine Tränen sind mein Brot geworden Tag und Nacht ... Was bist du so aufgelöst, meine Seele, und stöhnst in mir?“* Er scheint keine vernünftige Erklärung für seine Bedrückung zu haben. Doch er wusste, wo Stärke zu bekommen war, und sprach zu sich selbst: *„Harre auf Gott! Denn ich werde ihn noch preisen für das Heil seines Angesichts!“* (Psalm 42,4.6*)

Glaube ist nicht gleich Gefühl

Die Beispiele veranschaulichen eine wichtige Lektion: Glaube ist nicht identisch mit Gefühl! Wenn sich Gefahr zusammenballt, ist Angst unvermeidbar. Wenn wir drohende Krankheit spüren, wenn wir schweres Leid erfahren und die Umstände bedrückend dunkel sind, wenn wir Schmerz und Schwäche im Haus haben, sind Angst und Alarm natürliche Reaktionen. Was kann der Glaube dagegen ausrichten? Er nimmt uns die Fesseln vom Fußgelenk; wir widerstehen der Umklammerung und gehen einfach weiter. Mit Gott lassen wir uns von der Angst nicht stoppen – wir überwinden sie.

Wenn wir drohende Krankheit spüren, wenn wir schweres Leid erfahren und die Umstände bedrückend dunkel sind, wenn wir Schmerz und Schwäche im Haus haben, sind Angst und Alarm natürliche Reaktionen. Was kann der Glaube dagegen ausrichten? Er nimmt uns die Fesseln vom Fußgelenk; wir widerstehen der Umklammerung und gehen einfach weiter. Mit Gott lassen wir uns von der Angst nicht stoppen – wir überwinden sie.

Wenn wir Gläubige sind, kann nichts unsere Stellung ändern, was immer uns auch prügelt und presst. Jesus sagte, seine Nachfolger sollten sogar ihr Leben für ihn geben, aber *„nicht ein Haar von eurem Haupt wird verloren gehen"* (Lukas 21,18). Du – dein wahres Du – glaubt Gott. Die Wogen schäumen, doch die Tiefen sind ruhig. Der Glaube arbeitet auch ohne emotionale Reaktionen. Still verleiht er uns Gemütsstärke und Geistesfrieden. Wir gehen nicht unter, sondern **auf** … dem Wasser. Der Glaube nimmt uns vom Haken der Angst.

Der Glaube arbeitet auch ohne emotionale Reaktionen. Still verleiht er uns Gemütsstärke und Geistesfrieden. Wir gehen nicht unter, sondern auf ... dem Wasser. Der Glaube nimmt uns vom Haken der Angst.

Der Glaube ist nicht nur für sonntags, sondern fürs Leben. Glaube soll nicht nur Berge versetzen (Matthäus 21,21). Er gilt für den Alltag. Gott gibt uns Gnade zum Leben, wenn wir glauben. Der Gerechte wird durch Glauben leben. Der Glaube ist unser Lebensplus.

Kapitel 23

Glaube und der Teufel

Der Teufel als Kommandeur der Finsternismächte verfügt über eine Menge „Brandpfeile“. Gegen sie hat der Christ eine überlegene Allzweckwaffe – Glauben an Gott. *„Es soll keiner gegen dich geschmiedeten Waffe gelingen!“* (Jesaja 54,17*)

Man kann sich beim Teufel fragen: Hinter was ist er her, was hofft er durch das Böse zu gewinnen? Wohl nicht viel, ob jetzt oder auf lange Sicht. Er ist böse – das Gegenteil von Gott, der gut ist – und tut eben, was er ist! Anfangs hatte er Hoffnungen, die Oberhand zu gewinnen. Wenn wir aber Grundkenntnisse über die Aktivität Satans haben, wissen wir, wie wir seine Absichten durch Glauben wirkungsvoll kontern können.

Satan hatte immer nur ein Motiv – Herrschaft

Gott schuf ihn nicht als Teufel, sondern als glanzvolles Wesen. Satan hat sich selbst zum Teufel, zum Diabolos gemacht[59]. Ursprünglich erhob er sich, weil er Gottes Ehre begehrte (vgl. Hesekiel 28,12-15; Jesaja 14,12-15). Er wollte seinen eigenen Thron errichten und alle Geschöpfe im Himmel und auf der Erde dazu verführen, vor ihm die Knie zu beugen. Viele im Himmel taten dies auch und wurden seine Truppen, seine Heere dunkler Engel.

Der Teufel als Oberbefehlshaber der Finsternismächte verfügt über eine Menge „Brandpfeile“. Gegen sie hat der Christ eine überlegene Allzweckwaffe – Glauben an Gott. *„Es soll keiner gegen dich geschmiedeten Waffe gelingen!“*

Gottes Lösung für das Problem Satan war merkwürdig.

Er machte die Erde und erschuf den Menschen – Mann und Frau. Was für zerbrechliche Kreaturen, nur Fleisch und Blut. Sie wirkten als leichtes Ziel: einfach zu überrumpeln, zu täuschen, zu beherrschen. Und als solche erwiesen sie sich leider auch – rasch verführt und unter Satans Knute. Sie vermehrten sich, und Satan nahm sie in ihrer Ignoranz gefangen, versklavte sie schon zu Beginn der Menschheitsgeschichte. Bald war die Erde von Unrecht und Gewalt erfüllt.

Aber Gott war keineswegs mit seiner Weisheit am Ende. Längst vor diesen Ereignissen stand sein ewiger Plan. Der war so phantastisch, dass das verdorbene Denken des Teufels ihn nie vermutet hätte und wohl bis heute nicht begreifen kann: Gerade diese kurzlebigen Geschöpfe, Männer und Frauen, waren Gottes Meisterplan! Sie sollten nicht zuletzt die Instrumente zur Vernichtung des Satanischen sein. *„Das Schwache hat Gott auserwählt, damit er das Starke zuschanden mache."* (1. Korinther 1,27*)

Als Mittel sollte die Zerbrechlichkeit des menschlichen Leibes dienen. *„Das Lamm war geschlachtet von Grundlegung der Welt an."* (Offenbarung 13,8*) Der Sohn des Menschen kam zur Welt. Er trug einen menschlichen Namen – Jesus. Nach Verletzungen blutete er wie jeder andere Mensch. Dank seiner sanften Unterordnung, *„wie ein Lamm zur Schlachtung geführt"* (Jesaja 53,7*), wurde die Entscheidungsschlacht gewonnen und ein ewig gültiger Sieg errungen. Die Narben, die Christus für immer trägt, sind das Pfand und die Versicherung des Heils für eine nicht länger hoffnungslose Welt.

Satan hatte als Ziel, dass jeder vor ihm die Knie beugen und ihn als Herrn bekennen werde. Es schien so einfach auf diesem Planeten, der bald vor Waffen, zerstörerischer Macht und Krieg starrte. Dann kam dieser Mensch, Jesus. Mühelos wurde er körperlich zerschlagen und zu Tode gebracht. Doch er zeigte sich im Geist als der alles Erobernde, obwohl der Feind zur Hochform auflief. Nicht vor dem Namen Satans, sondern vor dem Namen Jesu beugen sich heute schon tausend Millionen Menschen – und bald wird sich jedes Knie beugen und jede Zunge ihn als Herrn bekennen. Satan hat verloren.

Inzwischen hat Satans rastloser Eifer die Welt mit Übeln überschwemmt. Der losgelassene böse Geist ist im Leben der Menschen wirksam, bis Christus sie befreit. Epheser 2,2 erinnert daran: *„Ihr lebtet gefangen im Lauf dieser Welt und unter dem Fürsten der Lüfte, dem Geist, der jetzt in den Ungehorsamen wirkt."**

Okkultismus

Die Ziele des Feindes bestehen weiter, weil er einfach nicht anders kann. Satan ist voller List. Er befriedigt seine Gier durch Knechtung von Menschenleben. Wie eine Schlange ihr Gift einspritzt, so injiziert er der Welt seinen Geist, den Fluch der Sünde. Das ist die Ursache der hartnäckigen Probleme, mit denen sich Politiker, Staatsmänner, Sozialexperten und wir Übrigen abkämpfen.

Der Teufel hat viele Kampfmethoden. Zu ihnen zählt auch der okkulte Bereich, die materielle Wirksamkeit geistlicher Mächte. Er umfasst Hexerei, Zaubersprüche, Flüche, Besessenheit, übernatürliche Manifestationen und Visionen[60], Geistererscheinungen, Wahrsagerei, Totenbeschwörung und andere Phänomene des Spiritismus.

Wenn Satan auf physikalische Tricks zurückgreift (sie haben nie einen Nutzen, sondern sind immer schädlich) und dabei menschliche Medien benutzt, wird er selbst benutzt. Der Teufel muss sich in menschliche Hände begeben, um seine Magie kundzutun, sein Prestige an grausame Praktiken und wilde Mätzchen des menschlichen Geistes koppeln.

Ich war schon in vielen Gebieten, wo das Okkulte sogar Teil der Kultur ist. Medizinmänner, die mit Zauber und Gegenzauber arbeiten, erhalten dort die gleiche öffentliche Zulassung wie moderne Ärzte. Laut Berichten versucht man in afrikanischen Staaten sogar bei Fußballspielen Flüche auf Torpfosten zu legen.[61] Wie den alten Göttern aus heidnischer Zeit traut man den Geistern nichts Wohltätiges zu. Die Abwehr dieser marodierenden Wesen beschäftigt eine ganze Industrie mit Dingen des Aberglaubens, Fetischen, Verwünschungsmitteln, Amuletten und so weiter. Aber keinem bringt das alles Frieden und Gewissheit.

Dagegen können wir unentwegt feststellen: Die Geschosse des Evangeliums sind *„mächtig durch Gott zur Zerstörung von Festungen“*. (2. Korinther 10,4)

Es gibt eine Theorie, dass Dämonen entkörperte Geister seien, die danach trachten, menschliche Körper zu bewohnen. Ob richtig oder falsch – diese außerbiblische Spekulation soll in unserem Buch keine Rolle spielen. Gottes Wort weist eher darauf hin, dass nur irdische Geschöpfe materielle Körper haben können.

In manchen Ländern gibt es Menschen, die übersinnliche Kräfte suchen und wünschen, dass mächtige Geister von ihnen Besitz ergreifen. Sie nehmen dafür enorme körperliche Strapazen auf sich, haben aber nicht oft Erfolg. Es ist wohl nicht so ganz leicht, dämonisch besessen zu werden. Gott hat die Menschen, so schwach sie auch sind, nicht derart angreifbar gemacht.

Dazu im Widerspruch stehen manche heutigen Lehren. Man sagt Christen, dass sie Dämonen mit sich trügen. Jede denkbare Unpässlichkeit und Schwäche wurde schon als dämonische Manifestation tituliert. Nun, es ist keine große christliche Freudenbotschaft, gesagt zu bekommen, man sei mit Teufeln geplagt! Manche kommen wöchentlich zur Austreibung böser Geister, als ob sie sich Dämonen wie Bakterien gefangen hätten und regelmäßig entseucht werden müssten.

Gegen all diese Gefahren trägt der Christ den kugelsicheren Schild des Glaubens. Wir genießen Immunität gegen teuflische Fremdsteuerung, freuen uns am Sieg und Frieden unserer Errettung. Wir können kühn sein, unangreifbar durch den Glauben an das erlösende Blut Christi.

Dennoch ist es wahr, dass der Teufel wie ein brüllender Löwe ist, der gern die Anfälligen in der Herde zur Strecke bringt und zum Festschmaus macht. Die Gelegenheit versucht den Versucher. Wenn er einer Sache nicht widerstehen kann, dann ist es die Versuchung. Teuflische Besitzergreifung ist eine Bosheit, durch die sich die Mächte der Finsternis eine perverse Befriedigung suchen.

Wenn der Okkultismus ein Land ergreift, zerstört er alle Vernunft. Es beginnt vielleicht mit dummen Faszinationen wie dem Ouija-Brett oder dem Verbiegen von Löffeln und Gabeln. Welchen Nutzen hat das in unserer Welt der leidenden Massen? Im Westen hört man von Spuk, Poltergeistern, Klopfzeichen, Toten-„Botschaften" usw. Fast meine ich, diese gehaltlosen Narreteien seien Produkte von weniger intelligenten Satansdienern. Allerdings sind sie Einstiegsgefahren und öffnen die Sinne für die Faszination böser Mächte.

Gegen all diese Gefahren trägt der Christ den kugelsicheren Schild des Glaubens. Wir genießen Immunität gegen teuflische Fremdsteuerung, freuen uns am Sieg und Frieden unserer Errettung. Wir können kühn sein, unangreifbar durch den Glauben an das erlösende Blut Christi. Ich trage den Kampf direkt ins Lager des Feindes. Dämonische Mächte mögen über Millionen herrschen, aber ich trete den Heeren der Hölle mit dem Kreuz Christi entgegen. Natürlich macht mich das zum Ziel von Flüchen und sonstigen Angriffen. Nackte Zauberdoktoren tanzten einmal die ganze Nacht um mein Hotel, um ihre bösen Geister auf mich zu bringen und Gottes Wort aufzuhalten. Es hatte einen bemerkenswerten Erfolg: Der Angriff lief natürlich ins Leere!

> Ich bin Evangelist, Erntearbeiter Gottes, und halte nicht den Mähdrescher an, um eine Maus zu fangen.

Ich lebe im Glauben des Gottesbundes von Psalm 91:

*„Wer im Schutz des Höchsten wohnt, bleibt im Schatten des Allmächtigen … Du hast den Herrn zu deiner Zuflucht gemacht, den Höchsten zu deiner Wohnung gesetzt; dich trifft kein Unglück und keine Plage naht deinem Zelt … Löwen und Schlangen trittst du nieder.“**

Die Schlange ist der Teufel (1. Mose 3,1.14; Offenbarung 12,9; 20,2).

Nur den Blick aufs Kreuz gerichtet,
wo der Sieg schon längst erkämpft,
und die Feinde sind geflüchtet
und die finstre Macht gedämpft!
Siegreich immer fortgerungen,
achtend nicht des Feindes Wehr,
glaubend, hoffend durchgedrungen!
Vor dem Glauben fliehet er …![62]

Satanisches Ablenkungsmanöver

Aber nach wie vor hat Satan eine Strategie. Okkulte Phänomene sind ein ausgezeichneter Trick, um Christen von ihrer eigentlichen Aufgabe der Weltevangelisation abzulenken. Das Okkulte ist ein Rand-Übel; es gibt in der Welt weit schlimmere Missstände als diesen, dem mit der Verkündigung des Wortes Gottes zu begegnen ist. Das Okkulte ist nicht einmal die Ursache der Weltprobleme. Laut 1. Timotheus 6,10 ist vielmehr Habgier eine *„Wurzel aller Übel“*.

Der Teufel beobachtet, was die Gemeinde Jesu tut. Vor einem Jahrhundert ist sie neu für Weltevangelisation erwacht. Natürlich will er, dass wir lieber auf alle möglichen satanischen Widerstände schauen. Wir haben zwei Weltkriege und widerliche, antichristliche Bewegungen wie Kommunismus und Faschismus erlebt. Weltwirtschaftskrisen haben die Nationen erschüttert. Und jetzt produzieren Säkularisierung und Rationalismus einen zwangsläufigen Anstieg von Kriminalität und sozialen Umbrüchen. *„Der Teufel ist zu euch hinabgekommen und hat große Wut, denn er weiß, dass er nur noch wenig Zeit hat.“* (Offenbarung 12,12*)

> Weder Exorzismus noch Heilung sind das ganze Evangelium. Wir folgen dem Beispiel Jesu. Seine irdische Mission war das Reich Gottes.

Alle Menschen sind mit enormen Schwierigkeiten konfrontiert. Umso mehr gilt: Wer glaubt, soll nicht nur selbst errettet werden, sondern der verzweifelnden Welt auch Rettung bringen. Aber in vielen Regionen geschehen übersinnliche Manifestationen des Teufels, um die Christen abzulenken. Satan zieht ein höllisches Feuerwerk auf, und manche Erntearbeiter Christi halten inne, um hinzuschauen und Dämonen zu jagen. Es ist aber ein Nebenkriegsschauplatz, und wir können uns nicht leisten, solche Ablenkungen zum Zentrum unserer Arbeit zu machen, wie einst Nehemia durch Sanballat vom Mauerbau abgehalten werden sollte (Nehemia 4,1ff.). Wir sind hier, damit jeder, den wir nur erreichen können, das Evangelium kennen lernt.

> Jesus bekräftigte sein Ziel mit einer noch nie da gewesenen Attacke auf die Werke des Teufels. Er hat uns zu Menschenfischern berufen, nicht zu Dämonenjägern.

„Seine Absichten sind uns nicht unbekannt!“ (2. Korinther 2,11*) Paulus und Silas weigerten sich tagelang, in die direkte Auseinandersetzung mit einem Dämonengeist gezogen zu werden. Schließlich hielten sie es für das Beste, den Wahrsagegeist aus der besessenen Frau zu verjagen. Dadurch verkürzte sich ihre erfolgreiche Stadtevangelisation und sie mussten schließlich gehen.[63]

Auch in unseren eigenen Großevangelisationen machen Geister auf sich aufmerksam – immer der gleiche Trick, die Aufmerksamkeit von der Evangeliumsverkündigung abzuziehen. Aber wir unterbrechen die Predigt nicht, um ein paar Austreibungen vorzunehmen. Ich bin Evangelist,

Erntearbeiter Gottes, und halte nicht den Mähdrescher an, um eine Maus zu fangen. Sobald die Betroffenen von der Evangeliumspredigt ablenken, werden sie aus der Versammlung gebracht. Abseits der Menge kümmern sich Mitarbeiter um diese Menschen und treiben die Geister aus.

> Manche Christen scheinen sich mehr der Dämonen als Christi bewusst zu sein. Sie sprechen weit mehr davon, was die Teufel tun, als davon, was Gott tut.

Dämonenaustreibung ist unsere Pflicht, aber nur ein Bestandteil der Evangeliumsverkündigung an die ganze Schöpfung. Weder Exorzismus noch Heilung sind das ganze Evangelium. Wir folgen dem Beispiel Jesu. Seine irdische Mission war das Reich Gottes. Dieses Ziel bekräftigte er mit einer noch nie da gewesenen Attacke auf die Werke des Teufels. Jesus hat uns zu Menschenfischern berufen, nicht zu Dämonenjägern. Manche Christen scheinen sich mehr der Dämonen als Christi bewusst zu sein. Sie sprechen häufiger davon, was die Teufel tun, als davon, was Gott tut. Dämonenaustreibung birgt die raffinierte Gefahr, dass man dauernd stolz erzählt, wie die Geister auf Kommando fliehen. Jesus warnt uns in Lukas 10,20:

*„Freut euch nicht darüber, dass euch die Geister untertan sind; sondern freut euch, dass eure Namen im Himmel verzeichnet sind!“**

Wir müssen nicht alle Methoden der Bosheit aufzählen. Täglich beschäftigen sie die Nachrichten unserer Welt. Aber wenn wir alles im Glauben getan haben, können wir den Kampf bestehen (vgl. Epheser 6,13). Wenn die Welt zerfällt, überleben die Christen. Unser Sieg ist der Glaube.

Unglaube

Paulus gab uns das lebendige Bild von der Waffenrüstung der christlichen Gemeinde: *„Ergreift den Schild des Glaubens, mit dem ihr alle feurigen Pfeile des Bösen auslöschen könnt!“* (Epheser 6,16)

Klar ist: Wenn uns der Glaube vor Satans Pfeilen schützen kann, dann will uns der Feind diesen Schild aus der Hand schlagen. Und wenn er das nicht schafft, versucht er, uns wenigstens zum kurzfristigen Nachlassen in der Glaubens-Wachsamkeit zu verleiten oder uns den Schild zu zerschmettern, sodass nur noch Glaubensreste bleiben. Ohne Glauben aber drohen uns schlimme Treffer – moralisch, seelisch und geistlich.

Bei seiner direkten Begegnung mit dem Teufel in der Wüste zitierte Jesus die Heilige Schrift (Matthäus 4,4). Das ist unser Vorbild, allerdings nicht ohne Glauben. Die Pharisäer und Schriftgelehrten kannten die Schrift auf ihre Weise gut genug, doch Jesus erklärte, dass sie weder die Schriften noch Gottes Kraft wirklich kannten (Matthäus 22,29). Der Grund dafür war, wie wir in Hebräer 4,2 lesen, dass das Wort *„jenen nicht nützte, weil es sich bei denen, die es hörten, nicht mit dem Glauben verband"*. Wenn mit dem Wort kein Glaube an Gott kommt, können wir die ganze Bibel nach dem Teufel werfen, und er wird nur lachen.[64] *„Dies ist der Sieg, der die Welt überwunden hat: unser Glaube!"* (1. Johannes 5,4) Er löscht auch die feurigen Pfeile des Feindes aus.

Wenn uns der Glaube vor Satans Pfeilen schützen kann, dann will uns der Feind diesen Schild aus der Hand schlagen.

Unser Buch ist ganz dem Ziel gewidmet, **Glauben an Gott und sein Wort** zu erzeugen, zu stärken und aufzubauen. Dies ist das dringendste Bedürfnis der Welt, das große Geheimnis ihrer Zukunft. Religion ist, selbst einmal pro Woche und verdünnt, besser als nichts – aber zur Heilung der todkranken Welt wird das Evangelium in voller Qualität dringendst benötigt. Eine verbindliche Beziehung zu dem lebendigen Gott spornt an, formt den Charakter, festigt die Entschlüsse und lässt uns ein Leben über dem Durchschnitt wagen. Der Glaube an Gott ist ein kristallklarer Quell reinigender Güte; er will sich in die Gossen der Gesellschaft ergießen und die Abflüsse menschlicher Verdorbenheit und Bosheit desinfizieren. Glaubensmenschen steigern das allgemeine Niveau mehr als Geschäftsleute oder Genies.

Wenn mit dem Wort kein Glaube an Gott kommt, können wir die ganze Bibel nach dem Teufel werfen, und er wird nur lachen. *„Dies ist der Sieg, der die Welt überwunden hat: unser Glaube!"*

Kampf des Glaubens

Menschen des Glaubens sind die wahren Kämpfer gegen die Verkehrtheiten unserer Welt. Eine Bekehrung von heute kann einen Krieg von morgen verhindern. Man stelle sich vor, Adolf Hitler oder Josef Stalin wären als Jugendliche für Christus gewonnen worden! Glaube bedeutet Ärger für die Herrscher der Bosheit. Malen wir uns einmal eine

Szene im Beratungssaal der Hölle aus, wo der Fürst der Finsternis seinen Unterteufeln Druck macht: „Wir brauchen eine Antwort auf das Problem Nummer eins – den Glauben! Er ist die Superwaffe gegen uns. Wir müssen ihn um jeden Preis durch Sabotage aufhalten. Wir können nie gegen das Reich Gottes aufholen, solange selbst die einfachsten Personen weiter Gott vertrauen ...!" Ja, die Mächte der Finsternis hecken viele Pläne aus, um unsere Maginot-Linie des Glaubens zu überrollen oder zu umgehen. *„Wacht, steht fest im Glauben; seid mutig, seid stark!"* (1. Korinther 16,13*)

„Kämpfe den guten Kampf des Glaubens!" Was heißt das? 1. Timotheus 6,9-12 zeigt es uns. Es bedeutet, die Geldliebe zu meiden, durch die etliche in *„sinnlosen und schädlichen Begierden ... vom Glauben abgeirrt"* sind *„und sich viele Qualen bereitet haben"* und dem Aufruf zu folgen: *„Strebe nach Gerechtigkeit, Frömmigkeit, Glauben, Liebe, Standhaftigkeit und Sanftmut ... ergreife das ewige Leben!"*

Menschen des Glaubens sind die wahren Kämpfer gegen die Verkehrtheiten unserer Welt. Eine Bekehrung von heute kann einen Krieg von morgen verhindern. Man stelle sich vor, Adolf Hitler oder Josef Stalin wären als Jugendliche für Christus gewonnen worden!

Viele unserer Kämpfe kommen gleichermaßen aus der Welt und dem Fleisch wie vom Teufel. Manche wiederkehrende Versuchung entspringt dem Druck der Welt oder unserer eigenen Natur – wir versuchen uns auch selbst. Jakobus 1,14 sagt: *„Ein jeder wird versucht, wenn er von seiner eigenen Begierde fortgezogen und gelockt wird."* Zum Thema Teufel heißt es dann (4,7): *„Widersteht dem Teufel, und er wird von euch fliehen!"* Wie widersteht man dem Teufel? Jakobus sagt uns weiter: *„Reinigt die Hände, ihr Sünder, läutert euer Herz, ihr Menschen mit zwei Seelen! Klagt und trauert und weint!"* (4,8f)

Die gleiche Methode wird uns in 1. Petrus 5 empfohlen: *„Handelt nicht aus Gewinnsucht, sondern bereitwillig ... in Unterordnung, umkleidet mit Demut ... Seid nüchtern und wachsam; euer Widersacher, der Teufel, geht umher wie ein brüllender Löwe und sucht, wen er verschlingen kann. Leistet ihm Widerstand in der Kraft des Glaubens! ... Der Gott aller Gnade aber ... wird euch ... aufrichten, stärken, kräftigen und gründen."* (Verse 2, 5, 8-10*)

Eine verbindliche Beziehung zu dem lebendigen Gott spornt an, formt den Charakter, festigt die Entschlüsse und lässt uns ein Leben über dem Durchschnitt wagen.

Dort ist der Kampf – in uns. Wir überwinden den Teufel, indem wir uns mit dem Schild des Glaubens schützen, unsere Zuversicht auf den Herrn setzen und so dem Teufel keinen Raum in unserem Leben geben. Was nützt uns das Austreiben von Dämonen, wenn wir darauf stolz sind? Ich wiederhole bewusst Jesu Warnung an seine Jünger: *„Freut euch nicht darüber, dass euch die Geister untertan sind; sondern freut euch, dass eure Namen im Himmel verzeichnet sind!“* (Lukas 10,20)

Sollten wir fallen und sündigen, bringt es nichts, einen innewohnenden Dämon zu beschuldigen. Falls wir für unsere Taten nicht verantwortlich sind, gehören wir in eine Nervenheilanstalt. Wenn es um persönliches Versagen geht, erwähnt Paulus nicht Teufel noch Dämonenaustreibung, sondern sagt, dass wir unsere sündigen Gewohnheiten ablegen sollen. Wenn du gestohlen hast, *„stehle nicht mehr“* (Epheser 4,28), halte die Zehn Gebote, gib großzügig, zahle Einkommensteuer! – *„Lasst uns nun die Werke der Finsternis ablegen und die Waffen des Lichts anziehen! Lasst uns anständig wandeln … nicht in Schwelgereien und Trinkgelagen, nicht in Unzucht und Ausschweifungen, nicht in Streit und Eifersucht; sondern zieht den Herrn Jesus Christus an, und treibt nicht Vorsorge für das Fleisch, dass Begierden wach werden.“* (Römer 13,12-14)

Wir überwinden den Teufel, indem wir uns mit dem Schild des Glaubens schützen, unsere Zuversicht auf den Herrn setzen und so dem Teufel keinen Raum in unserem Leben geben.

„Dies ist der Sieg, der die Welt überwunden hat: unser Glaube.“ Wenn geistliche Leiter moralisches Versagen mit Exorzismus statt mit Disziplin, Zurechtweisung und Rat behandeln, weicht das vom Neuen Testament ab. Jeder muss Gott für seine Untaten *„Rechenschaft geben“* (1. Petrus 4,5); denn *„die Seele, die sündigt, soll sterben“* (Hesekiel 18,20). Keine Entschuldigungen, keine Beschuldigung eines Dämons. Manche meinen, Ananias und Saphira seien von einem Dämon gezwungen worden, den Heiligen Geist zu belügen. Der Bericht deutet nichts dergleichen an. Petrus empfahl ihnen auch nicht, Befreiung zu suchen, sondern tadelte sie wegen ihrer Bosheit, und sie starben auf der Stelle (Apostelgeschichte 5,1-10).

Bei Sünde gibt es nur ein Heilmittel: *„Kehrt um und glaubt!"* (Markus 1,15) und auf die Aktivitäten des Teufels nur eine Antwort: *„Sie haben ihn überwunden wegen des Blutes des Lammes und wegen des Wortes ihres Zeugnisses …"* (Offenbarung 12,11).

Teil 8

Glaube und die verschlossene Tür

Was wir bisher besprochen haben, ist in der Bibel reichlich belegt. Gehen wir jetzt einmal der Frage nach, ob Gebet unter gewissen Umständen auch vor verschlossene Türen rennen kann. Eine erstklassige Antwort findet sich in 2. Könige 4, dem Kapitel über die Frau von Schunem[65]. Es heißt, dass sie wohlhabend war, andere übersetzen mit „vornehm" oder „groß".

Groß war diese Frau aber nur aus einem Grund – wegen ihres Glaubens. Ihr Mann dürfte nicht sehr reich gewesen sein; denn er arbeitete auf dem Feld (Vers 18). Beim König und seinem Heerführer war die Frau nicht bekannt; das war nicht ihr Milieu (Vers 13). Sie blickte viel weiter, war viel glücklicher, beim Gottesmann Elisa bekannt zu sein. Er war nach ihrem Geschmack. Sie gehörte zum selben „Verein", wie man die Gläubigen oft nennt. Leute aus dem andern „Verein" zahlen 100.000 €, um mit dem Königshaus am Tisch zu sitzen. Diese edle Frau aber erstrebte nicht einmal des Königs Aufmerksamkeit noch die des hohen Offiziers.

Aus dem gleichen Holz wie sie sind auch heute viele. Sie fahren vielleicht Hunderte Kilometer, um einen begnadeten Diener Gottes zu erleben, schauen aber nicht unbedingt aus dem Fenster, um einen in der soundsovielten Beziehung lebenden Filmstar zu sehen.

Der Glaube hat die Wertmaßstäbe und Interessen dieser großen Frau völlig erhöht. Sie suchte und hatte nur Augen für wahre Größe, die stets von Gott ist, und wurde belohnt. Ihr geistliches Gespür erkannte in Elisa einen Mann Gottes (Vers 9). Ebenso empfand sie eine Scheinheiligkeit bei dessen Diener Gehasi (Verse 26,19-31). Die Frau sah, was Elisa sah – wenn auch viel später.

> Sie schloss die Tür wegen der Realität des Todes und öffnete ihr Herz für die Realität des allmächtigen Gottes. Apostelgeschichte 14,27 nennt so etwas die *„Tür des Glaubens"*.

Die verschlossene Tür

Darin liegt eine Offenbarung über Gott: Er befindet sich *„im Verborgenen"*! Und die Tür des Glaubens ist der einzige Zugang zu ihm.

Gott erhörte den zarten Glauben der Frau (Vers 14) und schenkte ihr einen Sohn (Vers 17). Als Knabe ging dieser mit seinem Vater aufs Erntefeld und erlitt dort wohl einen Sonnenstich. Jemand brachte ihn zurück zu seiner Mutter, doch am Mittag starb er in ihren Armen.

Bei zwei Personen begann nun ein Prozess der Geduld und des Glaubens: bei der Frau und beim Propheten. Zunächst legte sie den Jungen auf das Bett des Propheten, *„schloss die Tür hinter ihm zu"* und verließ das Haus (Vers 21). Wie uns 2. Könige 13,21 berichtet, kam später ein Toter wieder zum Leben, als man seinen Leichnam in Elisas Grab warf. Aber als dieser Knabe aufs Bett des lebenden Propheten gelegt wurde, tat sich nichts. Trotzdem zeigte die Mutter einen lebendigen Glauben, indem sie das tote Kind dort ließ. Die Bibel betont, dass sie abschloss. Sie schloss die Tür wegen der Realität des Todes und öffnete ihr Herz für die Realität des allmächtigen Gottes.

Hier wird nicht nur die Tür jenes Hauses angesprochen, sondern das, was Apostelgeschichte 14,27 die *„Tür des Glaubens"* nennt. Christus selbst weist uns in Matthäus 6,6 auf eine ganz besondere Tür hin:

„Wenn du aber betest, so geh in deine Kammer, und nachdem du deine Tür geschlossen hast, bete zu deinem Vater, der im Verborgenen ist! Und dein Vater, der im Verborgenen sieht, wird dir vergelten."

Darin liegt eine Offenbarung über Gott: Er befindet sich *„im Verborgenen"*! Und die Tür des Glaubens ist der einzige Zugang zu ihm. In Johannes 14,19 sagt Jesus: *„Die Welt sieht mich nicht mehr, ihr aber seht mich"*, und vorher: *„Noch eine kleine Zeit bin ich bei euch, und ich gehe hin zu dem, der mich gesandt hat. Ihr werdet mich suchen und nicht finden, und wo ich bin, könnt ihr nicht hinkommen."* (Johannes 7,33f) Gott wird im Verborgenen gefunden, er sitzt nicht überall und für jeden zufällig Vorbeikommenden erreichbar herum.

Als die Schunemiterin die Tür verschloss, tat sie es im Wissen, dass es einen Weg gab, Gott zu erreichen. Dieser Raum repräsentierte Elisa, und Elisa repräsentierte Gott. Die geschlossene Tür hat für alle Gläubigen dieselbe Bedeutung – sie ist Symbol für einen „verborgenen" Bereich, der sich der ungläubigen Welt entzieht. Gott ist nicht verschwunden. Er wartet hinter der „geschlossenen Tür", und in unserer Hand liegt der Schlüssel, sie zu öffnen – der Glaube.

Die Frau bat ihren Mann, einen Esel zu satteln, damit sie schnell den Gottesmann aufsuchen könne. Nach dem Grund der Reise befragt, antwortete sie: *„Es ist gut!"* (Vers 23*). Gut? Ihr Sohn war doch tot! Wie konnte sie so etwas sagen und ihren Mann nicht einmal richtig informieren? Nun, sie glaubte, er aber tat das nicht und hätte vielleicht den Glaubensprozess behindert. (Hierin steckt eine Lektion.)

Die Frau hatte unendlich mehr Vertrauen zu Gott, den sie nicht sehen konnte, als zu diesem Mann, den sie sah.

Als Elisa sie kommen sah, ließ er durch Gehasi fragen: *„Geht es dir … deinem Mann … dem Kind gut?"* Elisa wusste, wie kostbar der Junge seiner Mutter war. Sie aber wollte Gehasi nichts Genaues sagen. Die Frau hatte unendlich mehr Vertrauen zu Gott, den sie nicht sehen konnte, als zu diesem Mann, den sie sah. Also sagte sie nur: *„Gut!"* (Vers 26) Sie war einfach überzeugt, dass wegen Gott alles richtig lief. Als sie bei Elisa ankam, wollte Gehasi sie wegstoßen. (Der Teufel wird immer versuchen, dich vom Ort deiner Hoffnung wegzustoßen.) Und der Prophet räumte zu ihrem Entsetzen ein, dass der Herr ihm für sie nichts offenbart habe. Es gab anscheinend keinen übernatürlichen Prozess, der auf ein Wunder zulief.

Kampf des Glaubens

Als Elisa wusste, dass der Junge tot war, schickte er Gehasi mit seinem, Elisas, eigenem Stab los, damit er ihn dem Kind aufs Gesicht legte. Das war in etwa so, als würden wir einem Kranken, den wir nicht besuchen können, Taschentücher senden. Im Gegensatz zu Elisa glaubte die Frau nicht, dass das klappen werde. Sie vertraute Gehasi nicht und weigerte sich, Elisa zu verlassen. Schließlich stand der Prophet auf und folgte ihr. Unterwegs trafen sie den zurückkehrenden Gehasi, der erzählte, dass auch nach dem Auflegen des Stabs kein Lebenszeichen erfolgt und der Knabe nicht aufgewacht sei. Offensichtlich war es zu spät.

Endlich erreichte Elisa das Haus und sah das Kind *„tot auf seinem Bett liegen"*. Er ging hinein und – auch er *„schloss die Tür"* hinter sich und dem Kind zu. Dann betete er. Das Bett und der Stab hatten kein Wunder gewirkt. Was nun? Er machte einen neuen Versuch und legte sich auf den Jungen, bis dessen kalter Leib warm wurde. Aber die natürliche Wärme brachte noch kein Leben. Nicht Elisa, sondern nur Gott konnte sein Leben dem Jungen übertragen. Als Nächstes stand Elisa auf und ging, weiter betend, auf und ab. Doch da war immer noch nichts.

Er hatte alles Mögliche versucht. Was sollte er noch tun? Die Tür wieder aufschließen und sagen: „Tut mir Leid, liebe Frau, aber es scheint zwecklos, ich habe alles gemacht, was normalerweise wirkt, aber der Herr hat Ihren Jungen zu sich genommen!"? Ja? Nein, keineswegs! Elisa tat einfach, was er zuvor getan hatte, und streckte sich noch einmal über das Kind – *„da nieste es siebenmal und öffnete die Augen."* (Vers 35)

Die geöffnete Tür

Bis dahin ließ Elisa niemanden hinter die verschlossene Tür. Nun aber rief er Gehasi, und Gehasi rief die Mutter. *„Da kam sie, fiel ihm zu Füßen und warf sich zur Erde nieder. Und sie nahm ihren Sohn und ging hinaus"* (Vers 37*) – das heißt, hinaus aus der Todeskammer und aus dem Zimmer des Propheten.

Gott vertrauend weigerte sich die Frau, den Tod ihres Sohns hinzunehmen. Er war auf Elisas prophetisches Wort hin geboren worden (Verse 15-17) und konnte ihr doch nicht genommen werden! Sie hatte eine Glaubensbasis, als sie ihn tot daliegen sah. Andererseits wollte sie den toten Jungen nicht mehr anschauen – sie *„schloss die Tür"*, bis er wieder lebendig in ihren Armen war, wie sie es im Voraus geglaubt hatte.

Diese Frau hatte einen herzhaften, schier unfassbaren Glauben, selbst als das Kind auf ihrem Schoß starb. Elisa wiederum erwartete eine rasche Erhörung – der Glaube war bisher immer etwas Positives gewesen. Weder für Elisa noch für die Schunemiterin war es mit einem routinemäßigen Glaubensakt getan, nach dem Motto: „Ich habe das Gebet des Glaubens gesprochen!" Entschieden taten sie hinter jener verschlossenen Tür alles Erdenkliche, bis Gott antwortete.

Wie viele Gebete werden nicht erhört, weil man sie zu schnell abbricht? Die Leute machen einen oder zwei experimentelle Anläufe, ohne groß ein Resultat zu erwarten. Wenn nicht gleich die Antwort sichtbar wird, wollen sie sich nicht mehr damit abgeben und holen sich an Stelle von Gott irgendeine andere Hilfe. Der Grund, warum man in den Gemeinden so viele ältere Leute findet, ist der: Über lange Zeit haben sie entdeckt, dass es keinen anderen Helfer gibt und nur eine Tür – eine einzige.

Es gibt einen Weg zu Gott – Christus, die Tür. Diese Tür öffnet sich selbst bei der Glaubensberührung eines Kindes. Gleichzeitig gilt aber auch Offenbarung 3,7f*: *„Was er öffnet, kann niemand schließen, und was er schließt, kann niemand öffnen … Siehe, ich habe vor dir eine offene Tür platziert, die keiner schließen kann!“* – es sei denn, er besitzt den Schlüssel des Glaubens.

> Bete weiter, der Herr ist nah,
> bete weiter, er hört dich ja;
> die Verheißung bleibt ewig steh'n,
> bete weiter, es wird gescheh'n![66]

Kapitel 25

Glaube und mein Gott

Man kann den Glauben mit einem Stromnetz vergleichen. Er ist nicht selbst die Energie, verbindet uns aber mit dem Kraftwerk des Himmels.

Kraft für alle

Noch etwas anderes fällt auf: Man kann den Strom einschalten – ganz gleich, wer man ist. In unseren Wohnungen knipsen wir z. B. das Licht an oder nehmen Haushaltsgeräte in Betrieb. Niemand kommt zum Kontrollieren: „Wer sind Sie? Welches Recht haben Sie, unseren Strom zu benutzen?" Geistlich ist es ebenso. Gottes Kraft, Segen und Verheißungen stehen allen offen, ohne Fragen nach Status, Qualifikation oder dergleichen. Das Einzige, was wir brauchen, ist Glaube.

Der Glaube ist nicht selbst die Energie, verbindet uns aber mit dem Kraftwerk des Himmels.

Eine Frau wurde von Blutfluss geheilt (Lukas 8,43f), indem sie Christus heimlich berührte und seine Heilungskraft auslöste. Er wusste nicht, wer ihn anrührte. Als sie sich zeigte, sagte er ihr: *„Dein Glaube hat dich gesund gemacht!"* (Vers 48*) Jesu Heilung steht einfach jedem zur Verfügung, der den Glaubenskontakt herstellt.

Genau das musste auch Petrus noch lernen, als er schon drei Jahre mit Jesus zusammen war – nämlich, dass Gottes Vereinbarung mit der Menschheit eine herrliche Antidiskriminierungs-Klausel enthält: Außerhalb von Israel traf Petrus auf einen römisch-italischen Soldaten und dessen Bekanntenkreis. Als strenger Jude war er völlig überrascht, dass Gott die Gebete dieses Mannes erhört hatte, und bekannte: *„Wahrhaftig, jetzt begreife ich, dass Gott nicht auf die Person sieht, sondern dass ihm in jedem Volk willkommen ist, wer ihn fürchtet und tut, was recht ist."* (Apostelgeschichte 10,34f)

Es gehört zu den wunderbaren Merkmalen des christlichen Glaubens und des Herrn selbst, dass er selbst Außenseitern zugänglich ist. Jesus

> Der Glaube ist Pass, Visum und Eintrittspreis für das Reich Gottes und seine Reichtümer.

sagte auch Fremden: *„Hab' keine Angst, hab' Glauben!"* (Markus 5,36*) Außerdem ist der Zutritt zu Gottes Reich und all seinen Vorzügen frei. Das Evangelium ruft und umarmt einen jeden.

Elitäres Gehabe

Der Glaube ist Pass, Visum und Eintrittskarte für das Reich Gottes und seine Reichtümer. Er besteht nicht in Regeln irgendeiner Organisation. Keiner hat das Recht, Gläubigen selbst gemachte Regeln überzustülpen oder sie durch eigene enge Pforten in „Segnungen" zu pressen, indem man ihnen diktiert, wie ihr Leben auszusehen habe. Es ist auch unnütz. Glaube allein ist der Türöffner, nicht die Anpassung an anderer Leute Vorstellungen von dem, was falsch oder richtig ist. Manche praktizieren eine bedrückende Kontrolle und stellen sie als Fürsorge hin. Jeder von uns ist für sein eigenes Leben verantwortlich und kann nicht Lob oder Tadel auf jemand anders schieben, der uns Vorschriften machte.

Religiöse Gruppen, die Gleichförmigkeit und persönliche Unterwerfung gegenüber dem Leiter fordern, sind keine Kirchen, sondern Sekten. Gemeinde Jesu umfasst Menschen unterschiedlichster Wesensart und geistlicher Reife. Der einzige „Druck" sollte sein, dass zur Beherzigung von Gottes Wort aufgerufen wird. Wenn Gemeindeglieder anfangen, sich den persönlichen Anordnungen eines Leiters zu beugen, droht die Abgötterei wie ein schleichender Tod. Es ist gefährlich, Personen hochzuheben, als hätten sie eine „übernormale" Beziehung zu Gott. Jesus sagt: *„Ihr alle seid Brüder!"* (Matthäus 23,8)

Sekten stehen im Widerspruch zum Wesen des Christentums. An die Stelle von Glauben setzen sie Leistung, Pflicht, Menschengebote und Untertänigkeit. Christi Geschenk an die Menschheit aber ist die Freiheit! Eine Sekte ist elitär, während Jesus mit seinem Evangelium ausnahmslos alle sucht und einbezieht.

Zweimal sagt Jesus: *„Einer ist euer Meister – Christus!"* (Matthäus 23,8.10) Er als der wahre Meister mischte sich aber nie in die Alltagsentscheidungen seiner Nachfolger, sondern überließ das Praktische ihrem Sachverstand. Christus gab keine Befehle, war kein Diktator. Er sagte nicht, wo sie wohnen und arbeiten, wohin sie wann gehen, was sie mit ihrem Geld oder Besitz tun und wen sie heiraten sollten. Jünger Jesu dienen ihm mit Liebe. Sie würden alles für ihn tun, aber er nimmt es nicht für selbstverständlich und nutzt es nicht aus. Er sah sich nicht zum irdischen *„Richter oder Erbteiler eingesetzt"* (Lukas 12,14).

Das eigentliche biblische Wort „Jünger" bedeutet Lernender, Nachfolger. Zwar heißt es englisch „disciple" (aus lateinisch „discipulus"), hat im Kern aber nichts mit Disziplin, Reglementierung, Vorschriften und Befehlen zu tun. Jesus lehrte seine Jünger nur, er „disziplinierte" nicht, arbeitete nicht mit Strafen, Druck, Rauswurf aus der Gruppe. Seine ganze Regel bestand darin: *„Wer nicht mit mir ist, ist gegen mich."* (Lukas 11,23) Disziplin allein ist dem Ideal Christi fremd – ihm geht es nur um Glauben.

Sekten stehen im Widerspruch zum Wesen des Christentums. An die Stelle von Glauben setzen sie Leistung, Pflicht, Menschengebote und Untertänigkeit. Christi Geschenk an die Menschheit aber ist die Freiheit! Eine Sekte ist elitär, während Jesus mit seinem Evangelium ausnahmslos alle sucht und einbezieht.

Über den Toren des christlichen Glaubens steht ein bedingungsloses „Willkommen" an die Gebeutelten, im Geiste Zerbrochenen, zu kurz Gekommenen. Hier legen sich Gottes Arme um die, die aufgegeben haben oder aufgegeben wurden und einfach nicht begreifen: *„Wenn du glaubst, wirst du die Herrlichkeit Gottes sehen."* (Johannes 11,40)

Christus schafft es mit uns, die wir es sonst nie schaffen würden. In den Evangelien offenbart er sich mit offenem Antlitz und offenen Armen. Nullen, Gesindel, Asoziale gab es für ihn nicht. Er kam für verlorene Schafe. Frauen, die damals meist (und oft auch heute) als Untermenschen behandelt wurden, gab Christus Rang und Würde.

Jesus sagte: *„Ich tue immer, was dem Vater gefällt."* (Johannes 8,29*) Was gefiel dem Vater? Was sah Jesus ihn tun? Der Vater hatte sich einst zu den schrecklich leidenden Stämmen Israels in Ägypten herabgebeugt, hatte diese Namenlosen, Überflüssigen aufgehoben und groß gemacht. Jesus tat Ähnliches: Er wählte sich Fischer, nicht Prinzen als Botschafter. Immer wieder widmete er sich den Unerwünschten und schuf

Jesus sucht die Verlorenen und Letzten. Die Verlorenen findet er, und den Letzten sagt er: *„Die Letzten werden Erste sein.“*

ihnen Raum. Wie er den Abgeschriebenen half, ist ein bewegender Teil der Evangeliumsgeschichte. Jesus sucht die Verlorenen und Letzten[67]. Die Verlorenen findet er, und den Letzten sagt er: *„Die Letzten werden Erste sein.“* (Matthäus 20,16*)

Die andere Seite der Medaille

Wir sprachen über Kraftstrom und darüber, dass jeder ihn einschalten kann. Das stimmt, aber bei Christus ist „jeder“ ein Individuum, wie wir sogar bei dem einen Verbrecher am Kreuz sehen. Christus hat die Menschen nie als Masse behandelt. Die irdischen Elektrizitätswerke behandeln uns alle anonym. Wir sind nur unbekannte Kunden oder „Verbraucher“. Wenn wir einschalten, flimmert nur der Stromzähler leicht. Es ist sozusagen eine unpersönliche Verbindung.

Die Heiden bewachen ihre Götzen, doch Gott bewacht sein Volk.

Wenn man durch den Glauben geistliche Kraftquellen anzapft, ist das keine unpersönliche Verbindung. Wir alle können kommen, werden aber sofort namentlich erkannt. *„Ich habe dich bei deinem Namen gerufen, gab dir einen Ehrennamen.“* (Jesaja 45,4*) Jesus sagt von sich, dem guten Hirten: *„Er ruft die eigenen Schafe einzeln beim Namen.“* (Johannes 10,3*) Manche Leute erklären ihre Liebe zur Menschheit, hassen aber den Menschen nebenan. Jesus hingegen kam, um die Welt zu erretten, und liebte jeden, sogar seine Feinde.

Diese Tatsache ist uns allen bekannt, aber es gibt hier noch eine weitere Besonderheit zu entdecken, wie wir später sehen werden.

Die Heilige Schrift zielt darauf ab, die Nationen der ganzen Welt zu verändern – doch dabei berichtet sie hauptsächlich von Gottes Handeln mit Einzelpersonen wie Abraham, Jakob, Josef, Mose, David, den Königen oder den Propheten. So auch bei Jesus: Er predigte nicht in der Hoffnung auf eine gute allgemeine Wirkung, sondern suchte sich Leute, die Gottes Auftrag konkret umsetzen würden. Die Evangelien beleuchten viele ganz gewöhnliche, manchmal sogar namenlose Leute, die zu Schlüsselpersonen göttlicher Offenbarung wurden.

Der springende Punkt ist: Gott beschäftigt sich nicht nur mit uns als Einzelnen, sondern er erwählt uns! Er „liest" uns heraus, wie er es mit Israel tat. Dies und alles, was Gott tut, ist wichtig und nie seicht oder zufällig. Bis hin zu den tanzenden Atomteilchen bewegt sich alles in der Natur nach einem letzten Plan; die ganze Schöpfung ist eine Umsetzung des göttlichen Willens. Wenn wir erwählt werden, ist es also das direkte Eingreifen Gottes und Teil seiner ewigen Zielsetzung – welche Tragweite! Wir haben einen wesentlichen Platz in Gottes Wirken, und der Glaube lässt ihn uns einnehmen.

Israel wurde aus allen anderen Nationen erwählt. Diese suchten sich ihre Götter, verehrten Baal, Astarte, Moloch oder Amun. Jahwe aber erwählte Israel, nicht sie erwählten ihn. Die Götter gehörten zu den jeweiligen Völkern, aber die Völker gehörten nicht zu ihren Göttern. Israel hingegen war Gottes Volk und gehörte ihm.

Diese Tatsache wurde in Jesus Christus lebendige Wahrheit. Sie ist eine Kernwahrheit. Jesus sagt: *„Ihr habt nicht mich erwählt, sondern ich habe euch erwählt."* (Johannes 15,16) Er hat uns zuerst geliebt und sich uns zugeneigt. Wir gehören zu ihm, wenn er uns ruft und wir ihm glauben. Christus macht deutlich: *„Meine Schafe hören meine Stimme, und ich kenne sie ... und niemand wird sie aus meiner Hand rauben. Mein Vater, der sie mir gegeben hat, ist größer als alle, und niemand kann sie aus der Hand meines Vaters rauben."* (Johannes 10,27-29) Die Heiden bewachen ihre Götzen, doch Gott bewacht sein Volk. Jesaja spricht davon, dass die Heiden ihre Götzen umhertragen, stellt dem aber Gottes Ausspruch entgegen: *„Bis zu eurem grauen Haar werde ich selbst euch tragen. Ich habe es getan und ... werde tragen!"* (Jesaja 46,4)

Diese Gedanken nähren nicht nur liebliche Gefühle. Dahinter steckt auch etwas geradezu Elektrisierendes.

Wenn wir erwählt werden, ist es das direkte Eingreifen Gottes und Teil in seiner ewigen Zielsetzung – welche Tragweite! Wir haben einen wesentlichen Platz in Gottes Wirken, und der Glaube lässt ihn uns einnehmen.

Erstens: Wenn wir glauben, knüpfen wir mit Gott einen lebenswichtigen Kontakt. Im Herzen Gottes gibt es die einfachen, aber wundervollen Gebiete der Vergebung, Wiederherstellung und Errettung. Aber jeder Einzelne bekommt seinen unverwechselbaren, einmaligen Kontakt. Jeder, der Gott vertraut, kennt ihn so wie niemand sonst. Gott ist unbegrenzt und die Bandbreite seines Wesens unendlich. Wir können nicht all seine unergründlichen Tiefen kennen. Aber jede Person ist unterschiedlich, und wir alle stammen von Gott, nach seinen Wünschen geformt und heranreifend – besonders durch die neue Geburt – *„zu seinem Ebenbild"*[68]. Wir können Gott jetzt nur in geringem Maß erkennen, sind mit etwas in seinem Wesen verbunden, das unserem Wesen entspricht. Im Ozean „Gott" gibt es einen privaten Ankerplatz für jeden von uns allein und niemanden sonst.

> Wenn wir glauben, knüpfen wir mit Gott einen lebenswichtigen Kontakt.

Es fällt Menschen schwer, andern zu beschreiben, was Gott für sie ist. Gottes Größe kann nicht durch ein einziges Menschenleben dargestellt werden – da werden unser aller Leben benötigt. Wir alle „müssen" glauben. Wenn wir nicht alle unseren Glauben nach Kräften aktivieren, wird Gottes Güte nur in begrenzter Weise erkennbar. Durch die Gemeinde zeigt sich der vielfältige Reichtum Gottes, ihm zum Lob und Ruhm. Gott möchte nicht nur einen Gläubigen, sondern die Millionen, damit seine ganze Größe hervorströmen kann. Gottes Güte ist ein gigantisches Juwel mit Millionen einzelner Facetten, die funkeln und leuchten. Alle Gläubigen sind gleichwertig, ein jeder berührt den Teil von Gottes Herz und Sinn, für den er geschaffen ist – aber alle zusammen präsentieren wir die Wunder seiner Gnade.

> Im Ozean „Gott" gibt es eine private Anlegestelle für jeden von uns allein und niemanden sonst.

Zweitens: Durch Glauben entdecken wir unsere göttliche „Bestimmung". Nicht nur, dass Gott sich durch jeden von uns ausdrückt – auch wir selbst entfalten unser volles Leben nur, indem wir ihn im Glauben kontaktieren! In Gott gibt es etwas ganz speziell für mich, wenn ich glaube. Ich wurde von ihm und für ihn gemacht – nicht in einem weitläufigen, allgemeinen Sinn, sondern in einer innigen, persönlichen Weise.

Gott ist mein Gott. Er war der Gott Abrahams, der ihm nahe stand, aber in einer anderen Art als Isaak, und Isaak stand ihm wieder anders nahe als Jakob. Man könnte die ganze Bibel durchgehen und würde sehen, wie Menschen Gott für sich selbst entdeckten bzw. wie Gott diese oder jene Seite seines Charakters dieser und jener Person offenbarte. Gott war in einem sehr persönlichen Sinn ihr Gott.

Er schuf uns, das zu sein,
was wir sind,
mit einem Bedürfnis, das
nur in Gott zu stillen ist.

In jedem von uns gibt es ein gewisses Etwas, das nur zufrieden gestellt werden kann, wenn wir zu Gott kommen. Die Quelle unserer Identität ist in ihm. Er erreicht die Tiefen und Grundlagen jedes Herzens. Durch nichts anderes werden wir je Frieden finden. Wir können Gott nicht ersetzen. Er entwarf uns zum Austausch mit ihm. Er schuf uns, das zu sein, was wir sind, mit einem Bedürfnis, das nur in Gott zu stillen ist. Er ist „mein Gott" – für jeden von uns. Jeder Mensch hat eine unterschiedliche Natur mit unterschiedlichen Gedanken, doch Jahwe ist der Herr für die Persönlichkeit eines jeden Einzelnen.

Keine Langeweile in Gott

Gott bleibt sich immer treu. Aber er ist kein toter Berg, kein Monolith, sondern eine lebendige Quelle. Da ist immer Frische, immer ein Geheimnis zum endlosen Entdecken und Entzücken. Monotonie gibt es bei Gott nicht. Wer immer ihn sieht, bekommt eine neue Sicht. Jeder von uns kann entdecken, dass alles, was wir sind, in Gott ein Echo findet; denn wir kommen von ihm, gehören zu ihm wie ein Kind zu seinem Vater und rufen: „Abba (Papa), Vater!" Das erkennen wir aufgrund unserer neuen, wiedergeborenen Natur, die nicht von irdischer Elternschaft stammt, sondern von Gott ist. In ihm finden wir unser Zuhause. Unser tiefes inneres Empfinden spricht auf sein Wesen an. Es geht nicht mehr nur darum, dass er

Wenn wir nicht alle
unseren Glauben
nach Kräften aktivieren,
wird Gottes Güte nur in
begrenzter Form erkennbar.
Durch die Gemeinde
zeigt sich der vielfältige
Reichtum Gottes,
ihm zum Lob und Ruhm.
Gott möchte
nicht nur einen Gläubigen,
sondern die Millionen,
damit seine ganze Größe
hervorströmen kann.
Gottes Güte ist ein
gigantischer Juwel mit
Millionen einzelner Facetten,
die funkeln und leuchten.
Alle Gläubigen
sind gleichwertig,
ein jeder berührt den Teil von
Gottes Herz und Sinn,
für den er geschaffen ist –
aber alle zusammen
präsentieren wir
die Wunder seiner Gnade.

uns liebt, sondern dass er mich liebt und sich für mich hingegeben hat. Ich bin jener wichtige „Jeder" von Johannes 3,16[69]. Jesus krönt dies mit der Verheißung an jeden Glaubens-Überwinder: *„Ich werde ihm einen weißen Stein geben und auf dem Stein steht ein neuer Name, den nur der kennt, der ihn empfängt."* (Offenbarung 2,17)

Glaube an meinen Gott

Wenn wir uns gläubig zu Gott aufmachen, ist es wie ein Nachhausekommen. Wir erzwingen uns da keinen Weg auf fremdes Territorium - nein, alles hat nur auf uns gewartet und ist bereit, in Aktion zu treten, sobald wir glauben.

Ein ganzes eigenes Ressort in Gottes Handlungsvermögen setzt sich in Bewegung, wenn jemand zu glauben beginnt; denn jeder Einzelne vertraut Gott auf seine ureigene Weise. Wenn wir nicht glauben, gibt es einen Bruch in Gottes Kette. Wir sind keine Fremden, die ein Visum für Gottes Reich erhalten, und auch keine aufdringlichen Gäste. *„Das Reich ist euch bereitet seit Erschaffung der Welt!"* sagt Jesus in Matthäus 25,34*. Der Herr ist nicht nur **ein** Gott oder **der** Gott oder auch **Abrahams** Gott – er ist **mein Gott**! Er zeigt sich jedem von uns in seiner individuellen Persönlichkeit. Wenn wir uns gläubig zu Gott aufmachen, ist es wie ein Nachhausekommen. Wir erzwingen uns da keinen Weg auf fremdes Territorium – nein, alles hat nur auf uns gewartet und ist bereit, in Aktion zu treten, sobald wir glauben.

Es gibt keine allgemeine Beziehung zu Christus. Jeder Mann und jede Frau kann zu Christus nur eine Spezialbeziehung haben, die niemandem sonst zugänglich ist.

Die Bibel ist kein weiteres Geschichtsbuch nationaler Ereignisse. Sie beschreibt Gottes Umgang mit Einzelpersonen wie David, Daniel, Nathanael, Lazarus, Nikodemus und – Simon Petrus: *„Simon … liebst du mich?"* (Johannes 21,15) Es gibt keine allgemeine Beziehung zu Christus. Jeder Mann und jede Frau kann zu Christus nur eine Spezialbeziehung haben, die niemandem sonst zugänglich ist. Es ist eine Glaubensbeziehung. Jeder lebt sie auf seine Weise; so hat es Gott gewollt. Wir sehen Gott auf unsere Art und glauben entsprechend an ihn. Man sollte besser nicht versuchen, ein Paulus, Zinzendorf, Wesley, Wigglesworth zu sein. Gott wirbt nur darum, dass wir glauben, vertrauen und unter seiner Leitung Schritte wagen. Probleme sind seine Sache, unsere Sache ist das Gehen.

Kapitel 26

Glaube und Gottes Gegenwart

„Ich bin das Alpha und das Omega, spricht der Herr, Gott, der ist und der war und der kommt, der Allmächtige."
Offenbarung 1,8

Die Textworte *„der kommt"* werden gewöhnlich auf Christi Wiederkunft bezogen. Tatsächlich beinhalten sie auch diese herrliche Hoffnung. Jesus kommt wieder – Preis sei Gott! Wir erwarten *„seinen Sohn aus den Himmeln"*. (1. Thessalonicher 1,10*) Dies ist der große Tag seines Kommens; denn er ist genau *„derselbe Jesus, der … weggegangen ist"* (Apostelgeschichte 1,11*). Wir haben seinen ersten Besuch verpasst, aber den zweiten verpassen wir nicht, wenn wir ihn erwarten. Es fällt uns leicht zu glauben, dass er damals, wie von der Schrift angekündigt, kam, und auch, dass er zurückkehren wird. Die Christenheit hat das stets geglaubt und in Bekenntnissen, Liederbüchern, Schriftlesungen und sogar Kirchenfenstern ausgedrückt. Aber dann wollen wir auch Glauben für heute haben!

Stunde um Stunde hab' in ihm ich Ruh',
fließt seine Kraft und sein Leben mir zu,
wart' ich auf Jesum, bis dass er erschein',
Stunde um Stunde, o Herr, bin ich dein![70]

Vorherrschende Winde

Die Wetteransager sprechen von „vorherrschenden Windrichtungen". Oft wechseln die Winde ja, aber es gibt doch eine normale oder hauptsächliche Richtung, zum Beispiel von Westen. Die Luftströmungen fließen überwiegend aus jener Richtung. Es gibt auch einen vorherrschenden Wind vom Himmel. Tag und Nacht bläst der Heilige Geist pure, frische Herrlichkeit zu uns her. Wir sprechen gern davon, dass Gott sich auf unser Gebet hin „bewegt". Das tut er auch. Aber darüber hinaus bewegt er sich ständig auf uns zu, mit „vorwiegenden Strömungen" des Segens und der Kraft.

> Es gibt auch einen vorherrschenden Wind vom Himmel. Tag und Nacht bläst der Heilige Geist pure, frische Herrlichkeit zu uns her.

Gott kommt nicht per Zufall, in Böen. Sein Wille wirkt ganz und gar anders, wie wir der Bibel entnehmen können: Gott ist nicht heute eine Macht und morgen schwach; wir brauchen für ihn weder Barometer noch Thermometer. Er ist nicht nur einige Male, sondern jedes Mal gut für Erweckung und Heilung – es liegt an uns, nicht an Gott. Er ändert sich nie, hat keine „Stimmungen".

Viele sagen, der Geist wehe nur still und geheimnisvoll. Das stimmt nicht, auch wenn es bei uns erregbaren Leuten manchmal so sein mag. Der moderne Pfingstaufbruch hat die Vorstellung von einem Gott mit Erweckungs-„Zuckungen" verändert. Er ist der Gott konstanter Erweckung! Gott betritt das Feld nicht – er hat es nie verlassen.

> Gott kommt nicht per Zufall, in Böen. Sein Wille wirkt ganz und gar anders.

Diese Pfingsterkenntnis ist zur neuen Reformation, zur Wiederentdeckung von Glaubensgütern geworden und verwandelt den Zustand der Gemeinde ähnlich wie Luthers „Rechtfertigung aus Glauben". Sie ist „der Heilige Geist aus Glauben". Der Geist ist gekommen, um zu bleiben. Er kommt und geht nicht mysteriös. Jesus sprach vom beständigen Wind, vom Geist, der *„weht"* (Johannes 3,8) und nicht nur kurz da ist. Gott hat keine Unsicherheitsfaktoren, unser Glaube schon eher. Am Pfingsttag wehte der Wind im Obersaal und hat damit nicht mehr aufgehört. Alle, die ihre Glaubenssegel setzen, müssen nicht wie Seeleute in der Flaute „nach Wind pfeifen". Bei Gott gibt es keine Flauten.

Die Parusie

Beim „Kommen" Christi, dem beständigen wie dem zweiten, gibt es etwas, was mich und hoffentlich auch meine Leser fasziniert:

Im Neuen Testament erhält Christi Kommen den speziellen Begriff „Parusie", z. B. in Matthäus 24,3 oder 1. Korinther 15,23. Unsere Bibelübersetzungen geben es mit Jesu „Ankunft" wieder. Aber das griechische Wort „Parousía" bedeutet eigentlich „Gegenwart"[71]. Christus wird gegenwärtig werden. Die „Gegenwart Gottes" wird bei seinem Kommen die ganze Erde erfüllen – ein ganz bemerkenswerter Vorgang: Kein Blitz, mit dem es dann getan ist, sondern die ganze Erde wird wie der Obersaal zu Pfingsten werden. Dann gibt es kein Flüchten, Vergessen oder Ignorieren mehr.

Im hebräischen Alten Testament wird das Wort „Gegenwart" nicht verwendet. Dafür verwendet es andere Begriffe wie „Angesicht", zum Beispiel in Psalm 4,7: *„Erhebe, Herr, über uns das Licht deines Angesichts!"* Man dachte mehr an Gottes Erhabenheit oder himmlische Größe als an seine Ankunft und Nähe. Er leuchtete über ihnen vom Himmel her. Anscheinend haben sie seine Gegenwart nicht so in ihr Leben integriert wie die Christen heute, obwohl sie glaubten, er könnte auf ihrer Seite sein, vielleicht vertreten durch einen Engel.

> Am Pfingsttag wehte der Wind im Obersaal und hat nicht mehr damit aufgehört. Alle, die ihre Glaubenssegel setzen, müssen nicht wie Seeleute in der Flaute „nach Wind pfeifen". Gott hat keine Flauten.

Von der „Parusie" Christi bei seinem zweiten Kommen haben wir zwar erst eine nebelhafte Vorstellung, aber die Gegenwart des Herrn ist schon mit uns, wenn er, wie versprochen, bei zwei oder drei Versammelten ist (Matthäus 18,20). Die dabei manchmal besonders stark empfundenen Segnungen und Freuden helfen uns, auch fest mit der großen Vollendung des Glaubens zu rechnen, wenn Gottes Gegenwart Erde und Himmel völlig erfüllt.

Gott teilte Mose mit, dass er sein Angesicht, also die Herrlichkeit seiner Gegenwart, nicht sehen könne. Dennoch sprach Mose mit Gott *„von Angesicht zu Angesicht, wie ein Mann mit seinem Freund redet"* (2. Mose 33,11). Wie immer das gewesen ist, es war nicht Gottes volle Herrlichkeit. Als Mose Gott darum bat: *„Lass mich doch deine Herrlichkeit sehen!"* (2. Mose 33,18), erwiderte ihm der Herr, dass es für einen Menschen unmöglich sei, sich in

> Die „Gegenwart Gottes" wird bei seinem Kommen die ganze Erde erfüllen – ein ganz bemerkenswerter Vorgang: Kein Blitz, nach dem es dann getan ist, sondern die ganze Erde wird wie der Obersaal zu Pfingsten werden.

dieser Gottesgegenwart aufzuhalten. Gleichwohl haben wir inzwischen die *„Herrlichkeit Gottes im Angesicht Jesu Christi"* gesehen (2. Korinther 4,6), wenn auch noch *„wie durch ein trübes Glas, aber dann von Angesicht zu Angesicht"*. (1. Korinther 13,12*) Eine der letzten großen Verheißungen Gottes, Offenbarung 22,4, kündigt denn auch an: *„Sie werden sein Angesicht schauen!"* Damit erfüllt sich Christi Verheißung endgültig: *„Glückselig, die reines Herzens sind; denn sie werden Gott schauen."* (Matthäus 5,8)

Dies ist die große Hoffnung. Sie besteht nicht nur darin, dass wir für immer leben oder dass die Erde unser Paradies sein wird. Wer wollte denn schon eine Million Jahre in den Schweizer Bergen oder anderen schönen Gegenden leben? Unsere Erwartung ist, das herrliche, leuchtende Antlitz unseres Herrn Jesus Christus zu sehen, was Mose damals nicht möglich war. Wir werden ihn in seiner Herrlichkeit schauen.

Wir sehen sein liebliches Angesicht
an jenem, dem goldenen Morgen.

Strahlungsgebiet

Heute ist Gottes Gegenwart ein „Strahlungsgebiet": nicht strahlenverseucht, radioaktiv, sondern „Auferstehungs-aktiv" – eine in uns strömende, lebensfördernde Energie. Wir sind ständig in seiner Gegenwart, nicht nur, wenn wir beten. Das hat der Herr klargestellt, indem er versprach: *„Ich werde dich nicht aufgeben und dich nicht verlassen!"* (Hebräer 13,5*) Noch ist es nicht die zukünftig vollendete Herrlichkeit, aber schon eine unvergleichliche Gegenwart. Oftmals bin ich mir der direkten Nähe Jesu Christi enorm bewusst, wenn ich in unseren Großevangelisationen in seinem Auftrag spreche. Es ist mir dann, als sähe ich ihn von der Plattform in die Menge gehen, zu allen, die sich nach ihm ausstrecken. So tat und tut er Wunder der Errettung, Wiederherstellung und Heilung.

Wenn unser Glaube aktiv wird, haben wir ein Gespür für Gottes Gegenwart, die kein menschlicher Kontakt übertreffen kann. Ein Freund mag bei uns sein und uns sogar umarmen. Aber die Gegenwart Christi bedeutet, dass er sich selbst über uns und in uns hinein ergießt und unser ganzes Sein kraftvoll durchdringt, ob wir es fühlen oder nicht.

Gott kommt nie zu Besuch

Jesus redet hierbei nie von „Besuch“. Hören wir ihn: *„Wo zwei oder drei zu meinem Namen hin versammelt sind, da bin ich in ihrer Mitte.“* (Matthäus 18,20) Er sagt nicht: „da werde ich sein“, sondern: „da bin ich“, wobei er den großen Gottesnamen „Ich bin“ gebraucht und damit die unveränderliche Fortdauer noch unterstreicht. Wir brauchen nicht auf ihn zu warten. Er ist aktiv da und wartet auf uns. Gott kommt nie als Besucher, etwa nach der Devise: „Oh, ich sehe da ein paar betende Gläubige. Dann will ich mal hingehen und bei ihnen sein.“ Er kommt nicht zu uns. Wir kommen zu ihm.[73]

> Heute ist Gottes Gegenwart ein Strahlungsgebiet: nicht strahlenverseucht, radioaktiv, sondern Auferstehungs-aktiv – eine in uns strömende, lebensfördernde Energie.

Wir gebrauchen den Ausdruck „Heimsuchung Gottes“ oft in einer Weise, als käme er wie ein Wirbelsturm über uns oder schaute mal eben abrupt bei uns rein. In der Schrift finde ich das nicht. Gott spricht und verspricht nie so etwas. Vielmehr sagte Jesus, dass der kommende Heilige Geist bei uns *„bleiben“* werde (Johannes 14,17), gleichsam wie die immer scheinende Sonne, und stets auf dem Gipfelpunkt. *„Hier ist der Herr“* – Jahwe Schammah (Hesekiel 48,35).

Aber was sind das für Erfahrungen, bei denen es scheint, als „käme“ er zu uns? Vermutlich trügt dieser Schein, denn der Herr ist da; aber es kann durchaus sein, dass wir versuchen, uns vor ihm zu verstecken.

Wir errichten einen Windschutz, blockieren den Zufluss seines Geistes. Wir haben Wünsche, die mit Gottes Willen kollidieren. Viele sprechen vom Ringen mit Gott um die Erkenntnis seines Willens. Das ist aber nicht nötig. Sie ringen nur mit sich selbst und ihrer Hoffnung, dass Gottes Wille sich mit ihrem Willen identisch zeigen werde. Sie ringen mit Gott um Zustimmung zu ihren Wünschen.[74]

Betrachten wir einmal folgenden bekannten Schriftvers (Offenbarung 3,20*): *„Siehe, ich stehe an der Tür und klopfe an; wenn jemand meine Stimme hört und die Tür öffnet, werde ich zu ihm hineingehen und mit ihm essen, und er mit mir.“* Der griechische Text für *„werde ich zu ihm hineingehen“* enthält das vielseitige Wort „pros“. So, wie es hier steht,

In Gott gibt es vollkommene Harmonie und Ausgewogenheit von Ewigkeit zu Ewigkeit. Genau diese Ewigkeit aber überflutet uns „Erdlinge" und trägt uns in seine immer währende Freude.

drückt es die Bewegung zum Ziel aus und kann sogar „mit" bedeuten. Das würde heißen: Wenn wir Christus an der Tür hören und ihm unser Leben öffnen, kommt er mit uns.

Im berühmten ersten Vers des Johannesevangeliums heißt es: *„Das Wort war bei Gott."* Wieder finden wir hier die eben erwähnte Präposition „pros". Daher kann man auch übersetzen: Das Wort war mit Gott. Die daraus abzuleitende Botschaft ist, dass es in Gott eine ständige Bewegung hin zur aktiven Gemeinschaft gibt – auf ihn gerichtet und unbegrenzt in ihn fließend.

Es ergibt sich das Bild von Gott als lebendiger Persönlichkeit – Vater, Sohn und Geist. Wir benennen es, verstehen es aber nicht, bis wir ihn selbst sehen werden. Es muss etwas unbeschreiblich Schönes und Wundervolles sein. Man könnte sich zwei herrliche Licht-Fontänen vorstellen, die mit unaufhörlichen Kaskaden ineinander stürzen, sich ineinander verlieren. Wir sollten sogar von drei Fontänen sprechen, denn auch der Heilige Geist gehört zu dieser immer währenden, dreifachen Lebensquelle. In Gottes Gegenwart zu wohnen ist des Glaubens letzte Belohnung. Wir glauben daran und werden sie schließlich auch bekommen.

Was Gott war und tat, entziffert seinen Willen auch für die Gegenwart und Zukunft. Unser Glaube soll ihn erfassen, entsprechend handeln und Gottes wunderwirkende Kraft in der Welt wieder zum Tragen bringen. Gottes Vergangenheit sagt die Gegenwart voraus – wenn wir glauben.

Davon also sprechen wir, wenn wir sagen, Gott sei „mit uns". Der biblische Leitgedanke heißt „Gemeinschaft". Jesus betete: *„Sie sollen alle in uns eins sein … so, wie wir eins sind."* (Johannes 17,21f*) Der biblische Begriff „Gemeinschaft" – eins mit ihm – meint eine Wechselwirkung, ein liebendes Eins-Sein, wie das des Vaters und des Sohnes, durch den Heiligen Geist. Derselbe Geist, der wohl das Band in der Gottheit ist, kommt, um uns mit dem Vater und dem Sohn zu verbinden.

Auch in Johannes 14,18 sagt Jesus: *„Ich komme zu euch."* Aufgrund der hier stehenden Präsensform könnte man die Aussage fast auch so wiedergeben: „Ich bin dabei, zu euch zu kommen" – das geschieht ständig. Jesus geht aber noch weiter, indem er den Vater und den Heiligen Geist einbezieht (Vers 23): *„Wenn jemand mich liebt, werden wir zu ihm kommen und Wohnung bei ihm machen."* Dieses stets gegenwärtige Kommen geschieht überall in der Welt – der Heilige Geist fällt unablässig, im Früh- und im Spätregen zugleich (Joel 2,23). Der wahre Glaubenslohn ist nicht, von Gott Geld oder materielle Zuwendungen zu erhalten, sondern eins mit ihm zu sein und seine Herrlichkeit zu sehen!

Göttliche Präzedenzfälle

Was Gott über sich erzählt, ist auch eine Prophetie über das, was er noch tun wird. Alle Gottestaten sind Musterfälle oder Probeläufe für regelmäßige Aktionen. Was Gott uns aus spontaner eigener Initiative gezeigt hat, soll unseren Glauben zum Bitten und Vertrauen ermutigen.

Alle Gottestaten sind Musterfälle oder Probeläufe für regelmäßige Aktionen. Was Gott uns aus eigener spontaner Initiative gezeigt hat, soll unseren Glauben zum Bitten und Vertrauen ermutigen.

Nehmen wir ein biblisches Beispiel: Jeder der beiden Wunderpropheten Elia und Elisa erweckte den Sohn einer Mutter vom Tod (1. Könige 17 und 2. Könige 4). Das waren zwei herausragende Heilungswunder im Alten Testament. Etwa 700 Jahre später ging Jesus in das gleiche Gebiet und tat eine gleiche Handlung, indem er den toten Sohn einer Mutter am Ortseingang von Nain auferweckte (Lukas 7).

Beachten wir nun ein auffallendes Detail bei diesen Wundern: Elia, Elisa und Jesus brachten die Söhne nicht nur wieder zum Leben, sondern gaben sie ihren Müttern zurück. Das war eine Art Marke oder Fingerabdruck. Einen Sohn aufzuerwecken und ihn der Mutter zurückzugeben, zeigt, dass derselbe Herr in der gleichen Weise am Werk war. Sieben Jahrhunderte brachten keinen Unterschied, und auch 20 weitere Jahrhunderte haben keinen Unterschied gebracht. Der Herr wirkt Wunder auf Erden, weil er sich damit auf vertrautem Territorium bewegt, und tut, was er schon immer getan hat.

Kommen wir auf die Rolle des Glaubens zu sprechen: Er steht nicht einsam da und ist immer nur der Glaube. Nein, er setzt Dinge in Gang und entzündet sich an Geschehnissen. Er öffnet die Tür, setzt die Segel, macht alles startklar und bahnt Gott den Weg. Es ist nicht so, dass Gott eines Tages aufwacht und meint, etwas tun zu müssen. Nein, er wartet darauf, dass wir in seinem Namen gläubig verwirklichen, was er bereits an Zusagen und Güte kundgetan hat. Jesus konstatiert (Johannes 5,17): *„Mein Vater wirkt bis jetzt – und ich wirke."*

> Was Gott über sich erzählt, ist auch eine Prophetie über das, was er noch tun wird.

Was Gott war und tat, entziffert seinen Willen auch für die Gegenwart und Zukunft. Unser Glaube soll ihn erfassen, entsprechend handeln und Gottes wunderwirkende Kraft in der Welt wieder zum Tragen bringen. Gottes Vergangenheit sagt die Gegenwart voraus – wenn wir glauben.

In Gott gibt es vollkommene Harmonie und Ausgewogenheit von Ewigkeit zu Ewigkeit. Genau diese Ewigkeit aber überflutet uns „Erdlinge" und trägt uns in seine immer währende Freude.

Kapitel 27

Glaube und Aktion

Wir erwähnten es schon: Der Glaube ist wie ein Stromnetz. Er soll unserem Leben Kraft zuführen. Und wie sehr brauchen wir sie! Das Stromnetz transportiert Kraft, erzeugt sie aber nicht. Ähnlich ist es beim Glauben – er transportiert die Kraft nur. Glaube an sich ist nicht die Kraft, verbindet uns aber mit der Kraftquelle. Ohne Glauben gibt es keine Verbindung zu Gottes Kraft.

Keine Kraft-Automaten

Die Quelle aller Kraft ist Gott im Himmel. *„Denn dein ist das Reich und die Kraft und die Herrlichkeit in Ewigkeit! Amen."* (Matthäus 6,13)

Beim ersten christlichen Großeinsatz des Neuen Testaments stellte sich der Evangelist Philippus gegen den Magier Simon (Apostelgeschichte 8,9ff): *„Der trieb Zauberei und brachte das Volk von Samaria außer sich, indem er von sich selbst sagte, dass er etwas Großes sei; dem hingen alle an … und sagten: Dieser ist die Kraft Gottes, die man die große nennt!"* Verblüfft über die Wunder, die Philippus im Namen Jesu tat, bekannte Simon seine Errettung, wurde getauft und hielt sich zu Philippus.

Dann kamen Petrus und Johannes nach Samaria. Als sie unter Handauflegung für die Neubekehrten beteten, empfingen diese den Heiligen Geist so stark, dass Simon es wahrnahm. Da begehrte er auch die Fähigkeit zur Geistvermittlung und bot den Aposteln Geld an. Petrus aber wies ihn scharf zurecht, dass er Gottes Gabe für käuflich hielt. Seither ist „Simonie" ein Fachbegriff für den Kauf kirchlicher Ämter.

Aber in dieser Begebenheit steckt noch mehr: Nicht nur Simon strebte nach Kraft, und sei es durch Magie oder Geld. Diese Wünsche sind überall verbreitet, und man versucht sie auf vielerlei Weise zu erfüllen. Zum Beispiel beabsichtigen New-Age-Gruppen mit tausend Theorien und Praktiken irgendwelche Kraftquellen anzuzapfen: Gedankenkraft, kosmische Kraft, Erdkraft, okkulte Kraft usw. Auch manche christlich Gläubigen suchen Gottes Kraft mit Hilfe zweifelhafter Vorgehensweisen.

Verschiedene Beispiele

Manche meinen, Kraft könne durch religiöse Übungen wie etwa Beten und Fasten oder Absonderung erzeugt werden. Je länger man bete und faste oder „die Dinge der Welt“ meide, desto stärker sei die Kraft. Sie erwarten eine Kraftzufuhr im direkten Verhältnis zur aufgewendeten Gebetszeit; demnach brächten zwei Stunden Gebet zweimal so viel Kraft wie eine Stunde. Man glaubt also an eine Krafterzeugung durch Leistung – je größer die Arbeit, desto stärker der „Strom“. Kraft steht dann gleichsam im kommerziellen Verhältnis zur Stundenzahl: Wie viel zahlt uns Gott pro Stunde? So wird die Kraft zum Statussymbol für Christen. Je mehr Kraft, desto bewundernswerter die Person – auf der Basis von Ursache und Wirkung.

In Jesu Lehre finden wir nichts dergleichen. Er sagte, wir sollten nicht meinen, aufgrund des *„vielen Redens“* erhört zu werden (Matthäus 6,7). Wir können die Effizienz von Gebeten nicht danach berechnen, wie viel oder wie lange wir mit Gott sprechen. Natürlich sind wir zeitliche Geschöpfe und müssen auch Zeiten im Gebet verbringen, und bei manchen Gelegenheiten mag es auch stundenlang dauern, bis wir innerlich mit etwas „durch“ sind. Jedoch ist Beten nach der Uhr, um der Länge willen, ein Werk des Fleisches, nicht des Glaubens. Ohne Glauben bewirkt das Gebet von einem Monat weniger als fünf Minuten mit Glauben!

Eine von der Heiligen Schrift losgelöste Offenbarung ist der Weg des falschen Propheten.

Kein Maß an Zeit kann den Mangel an Glauben ausgleichen. Es geht um Glauben, nicht um Zeit!

Manche verweilen in stiller Meditation, um Stärke zu gewinnen. „Tu nichts, denk nichts, öffne nur dein Gemüt für das, was kommen mag!“ Das ist kein Gebet, sondern Mystik, die darauf „wartet“, dass einem irgendwelche Eindrücke ins Bewusstsein strömen – eine Stimme, Offenbarung, Vision – oder dass man geistliche Schwingungen aufsaugt. Eine solche Offenheit hat keine Garantie, ob das Empfangene auch von Gott kommt.

Nein, das ist nicht die biblische Richtung. Eine von der Heiligen Schrift losgelöste Offenbarung ist der Weg des falschen Propheten. Immer wieder behaupten Leute, Gott hätte innerlich zu ihnen gesprochen. Ja, er kann und tut das, aber nicht automatisch, auf unseren Wink oder Befehl! Die These von der mystischen Erkenntnis und subjektiven Führung hat zu allen Zeiten Verwirrung gebracht und, im Neuen Testament nachlesbar, schon die Apostel stark beschäftigt. Auf solchem Boden sind auch Buddhismus, Islam, Mormonentum und andere Glaubensrichtungen entstanden.

Der Anspruch geistlicher Kraft muss sich am Wort Gottes prüfen lassen.

Halten wir fest: Der Anspruch geistlicher Kraft muss sich am Wort Gottes prüfen lassen.

Oft erwarten Menschen Kraft von heiligen Orten und Dingen. Sie besuchen „heilige“ Schreine und Reliquien, bemühen sich um eine körperliche Berührung mit Gottesmenschen. Dabei glaubten jene Persönlichkeiten nie, dass ihre Knochen je Menschen heilen könnten oder sollten. Die Heiligkeit solcher Heiligen hat ihre Kleider nicht mit wohltätiger Wirkung durchtränkt, und ihre menschlichen Überreste strahlen weder Gnade aus noch helfen sie den Lebenden in den Himmel. Darum sind auch „Gnadenwallfahrten“ ö. ä. dem Neuen Testament fremd.

Die frühen Christen dachten nicht im Traum daran, dass sie derartige Kräfte übertragen könnten. Außerdem wären es Kräfte aus zweiter Hand, eine Art Ersatzgarnitur der frommen Toten. Warum nicht die Kraft aus erster Hand wollen? Wenn wir tun, was die Apostel taten, bekommen wir auch, was die Apostel bekamen! Petrus erlebte, dass Gott dem Haus des Kornelius die gleiche Gabe gab wie den Aposteln am Pfingsttag (Apostelgeschichte 11,17). *„Euch und euren Kindern gilt die Verheißung und all denen in der Ferne, die der Herr, unser Gott, herbeirufen wird!“* (Apostelgeschichte 2,39)

Segen färbt nicht durch körperlichen Kontakt auf uns ab. Der Heilige Geist „überträgt“ sich nicht auf uns wie bei einer Ansteckung. Er kommt selbst zu uns und macht in uns Wohnung. Der Geist kommt, wenn man ihn gläubig, im Namen Jesu und direkt bei Gott sucht.

Segen färbt nicht durch körperlichen Kontakt auf uns ab. Der Heilige Geist „überträgt“ sich nicht auf uns wie bei einer Ansteckung. Er kommt selbst zu uns und macht in uns Wohnung. Der Geist kommt, wenn man ihn gläubig, im Namen Jesu und direkt bei Gott sucht.

Nicht in mystischen Sphären finden Gläubige ihre Kraft. Sie ist auf Erden erhältlich. Gottes Geist macht unsere Leiber zu seinen Tempeln; er schwimmt nicht in einem Superbewusstsein unserer Persönlichkeit herum. Er ist eigenständig, real und nicht nur identisch mit unserem inneren Bewusstsein, ob nun Unter- oder Überbewusstsein.

Die Kraft kommt mit der Wahrheit aus Gottes Wort.

„Die Glaubensgerechtigkeit aber spricht: Sag nicht in deinem Herzen: Wer wird in den Himmel hinaufsteigen? … Was sagt sie denn? Das Wort ist dir nahe … Gemeint ist das Wort des Glaubens, das wir verkündigen.“ (Römer 10,6.8*)

Durch Christi Sühnetod und triumphale Auferstehung ist uns alle göttliche Kraft und Hilfe verfügbar gemacht, die wir jemals benötigen könnten. Jesus hat schon 2.000 Jahre lang alles gehalten, was er über sein Wesen und Tun voraussagte. Wenn wir bittend zu ihm kommen und nicht in einem alten Steinhaus sitzen, um Vibrationen zu spüren oder Verbindung mit einem anderen Wesen aufnehmen zu wollen, erfüllt er auch sein Versprechen, uns mit Kraft auszustatten.

Die grundlegende Sünde der Menschheit ist, dass wir uns mit eigenem Licht, eigener Kraft und Ehre neben Gott stellen und uns einbilden, niemanden zu brauchen.

Eine gewisse religiöse Untätigkeit wird in der Bibel überhaupt nicht unterstützt. Der Herr sendet uns aus, sein Werk zu tun, und dabei bekommen wir Kraft, Stärke und alles, was wir sonst brauchen.

Die Kraft kommt mit der Wahrheit aus dem Wort Gottes. Es gibt keine Kraft ohne das Wort. Wenn unser „Becher überlaufen“ soll, brauchen wir Zufuhr aus dem „Gefäß“ des Wortes – es ist keine frei umherschwirrende, in tiefer Meditation aufzusaugende Energie.

Die Mystiker reden von der „Wolke des Unwissens“ und von der „dunklen Nacht der Seele“. Jesus aber sagt, wir sollten Erkenntnis gewinnen und nicht in der Dunkelheit wandeln. Ganz gewöhnliche Sterbliche kennen Jesus. Sie erfassen Christus nicht durch abgehobene Spiritualität, sondern durch ihren einfachen Glauben. Wenn wir ihn aufsuchen, begegnet er uns auf unserer menschlichen Ebene als Wesen aus Fleisch und Blut, nicht als bloßen Geistern – und er stößt uns nicht hinaus.

Nehmen wir zum Beispiel Petrus. Er bekam eine Offenbarung, also eine Form von Kraft. Betrachten wir uns deren Art und Inhalt: Sie war keine vage Erleuchtung, sondern betraf konkret Jesus. Petrus benötigte dafür auch nicht den Buddhasitz. Die Offenbarung war da, und er erkannte die Identität Christi. Jesu Kommentar war: *„Glückselig bist du, Simon Bar-Jona, denn nicht Fleisch und Blut haben dir das offenbart, sondern mein Vater in den Himmeln!“* (Matthäus 16,17*) Der Heilige Geist vermittelt uns all das Gute aus Christi Reichtum: die Zusicherung des Heils, das Gespür für Jesu Gegenwart, das Flüstern des Heiligen Geistes tief in unseren Herzen, geistliche Gaben wie das Wort der Erkenntnis, der Weisheit und der Prophetie usw. So eindeutig antwortet Gott auf unseren Glauben!

> Gott selbst ist die Quelle der Kraft und kann nur durch Glauben an Christus gefunden werden. Jesus ist zugleich unser Führer und Weg. Er ist der *„einzige Mittler zwischen Gott und Menschen“*.

Gott spielt mit uns nicht Verstecken. Christus hat gesagt: *„Ich bin der Weg und die Wahrheit und das Leben; niemand kommt zum Vater außer durch mich.“* … *„Wer an den Sohn glaubt, hat das ewige Leben.“* (Johannes 14,6; 3,36) Gott ist nicht der große Unbekannte, sondern der, der Jesus sandte und möchte, dass wir ihn kennen lernen. Wir brauchen seine Stärke, Befähigung, Schubkraft – und darum offenbart er sich uns. Jesus ist nicht irgendeine fremde, aus dem Jenseits tönende Stimme. Wenn wir zu ihm rufen, antwortet er und handelt. Er rettet, leitet, heilt. Wenn wir uns auf seine Verheißungen werfen, sind seine offenen Arme schon bereit, uns zu empfangen.

Menschlicher Stolz begehrt Kräfte ohne Christus und den Rang von Göttern[75]. Beispielsweise glauben die nach Erdkräften Suchenden, Teil der Göttin Gaia bzw. des Planeten Erde zu sein und Erdenergien in sich aufzunehmen. Die grundlegende Sünde der Menschheit ist, dass wir uns mit eigenem Licht, eigener Kraft und Ehre neben Gott stellen und uns einbilden, niemanden zu brauchen.

Die Quelle der Kraft

Gott selbst ist die Quelle der Kraft und kann nur durch Glauben an Christus gefunden werden. Jesus ist zugleich unser Führer und Weg. Er ist der *„einzige Mittler zwischen Gott und Menschen"* (1. Timotheus 2,5*). Für dieses Amt zahlte er den allerhöchsten Preis. Er kennt den Weg, weil er ihn beschritten hat. Christus hat jeden Zentimeter vom Himmel zur Erde und von der Erde zum Hades erforscht. Wir können ihn nicht ignorieren. Sich einen eigenen Pfad zur Quelle des Lebens zu bahnen, ist weder nötig noch erfolgreich. Der allgenügende Christus öffnet ihn uns und sagt: *„Glaube nur!"*

Der Hebräerbrief gebraucht dafür ein wunderbares Bild. Er deutet den von Peitschen und Nägeln zerfetzten Leib Christi als zerrissenen Schleier: *„Wir haben also Zuversicht* [Glauben], *durch das Blut Jesu ins Heiligtum einzutreten. Er hat uns den neuen und lebendigen Weg erschlossen durch den Vorhang hindurch, das heißt durch sein Fleisch."* (Hebräer 10,19f*) Das ist ein Hinweis auf den jüdischen Tempel in Jerusalem. Das „Allerheiligste", auch als Wohnort Gottes bezeichnet, lag hinter einem zehn Meter breiten und zentimeterstarken, gestickten Vorhang. In dem Moment, als der gekreuzigte Christus starb, zerriss eine unsichtbare Hand diesen Vorhang von der Decke bis zum Boden, wie uns das Evangelium berichtet (Matthäus 27,51). Damit stand das Allerheiligste weit offen. Jeder konnte hineinschauen und sehen, wo Gottes Herrlichkeit einst weilte.

Welch herrliche christliche Wahrheit! Die Tür zu Gott ist nicht mehr verschlossen. Wir müssen uns nicht länger abmühen, die Himmelsweiten absuchen, hoffen und bangen. Jesus sagt: *„Bittet, so wird euch gegeben!"* (Matthäus 7,7) Läute Gottes Torglocke, dann öffnet sich sofort die Haustür und Gott sagt: „Willkommen!" Er ist nicht schwerhörig oder schwer zu finden. Gott hat seinen Namen und seine Adresse bekannt gegeben.

Die Welt versucht krampfhaft, ihre eigene Spiritualität zu erzeugen, aus eigenen Quellen Kraft zu sammeln. Aber hohe Lebensqualität findet sich nur an der Quelle – bei dem Gott, der uns erschuf. Darum sagt Christus: *„Ich bin gekommen, damit sie Leben im Überfluss haben"* (Johannes 10,10*), und Johannes bezeugt: *„In ihm war Leben"* (Johannes 1,4).

Gott hat selbst einen Weg gebaut – den Weg: Christi Auftrag war es, gegen Satan Krieg zu führen und das Böse zu zerstören[76], das uns von Gottes Lebenskräften abschneidet. Am Kreuz hat er diese gewaltige Aufgabe erfüllt. Sein letzter Ausruf war: *„Es ist vollbracht!“* (Johannes 19,30) Das griechische Wort (tetélestai) bedeutet nicht „beendet“, sondern signalisiert die grundsätzliche Ausführung, die Erledigung. Das Bauwerk war fertig, der letzte Pfeiler eingesetzt.

Christi Auftrag war es, gegen Satan Krieg zu führen und alles Böse zu zerstören, das uns von Gottes Lebenskräften abschneidet. Diese gewaltige Aufgabe hat er am Kreuz erfüllt.

Christus stieg ins Totenreich hinab, um dem Tod gegenüberzutreten und ihn zu entmachten. Aus dieser Erfahrung ist er siegreich hervorgegangen und auferstanden. Zeugen haben ihn lebendig gesehen, ein Beweis für seinen siegreichen Kampf am Kreuz. Dann ist er für uns hinaufgestiegen – *„zur Rechten der Kraft“*(!). Wenige Tage nach seiner Himmelfahrt ergossen sich des Himmels Segnungen auf Männer und Frauen und gestalteten sie völlig um.[77] Der Glaube an den siegreichen Jesus verwandelte die Jünger von ängstlichen, gejagten Gestalten zu kühnen Evangeliumsverkündigern und unerschrockenen Wahrheitskämpfern.

Am Pfingsttag wurden die „Turbinen“ für Christi weltweites Wirken eingeschaltet.

Ihr Glaube galt der Verheißung Christi. Sie warteten auf die angekündigte Kraftausrüstung. Zwar hatten sie keine Vorstellung, woraus sie bestand und wie sie kommen würde, aber sie saßen dort mit offenen Herzen und der Gewissheit, dass Christus sie nicht im Stich lassen würde. Gehorsamer Glaube! Wie eine Hochspannungsleitung beförderte dieser Glaube die Schübe göttlicher Herrlichkeit in ihre Seelen. Am Pfingsttag wurden die „Turbinen“ für Christi weltweites Wirken eingeschaltet.

In der Elektrizität wie auch im Geistlichen gibt es gute „Leiter“ und gute „Isolatoren“. Das normale Kabelmaterial ist Kupfer. Dagegen ist die Leitfähigkeit von Blei beinahe „tot“; sein „Widerstands“-Faktor ist 19 gegenüber nur 1,72 bei Kupfer. Die Bibel aber vergleicht den Glauben mit Gold: *„Die Bewährung eures Glaubens soll viel kostbarer befunden werden als die des Goldes.“* (1. Petrus 1,7*) Gold ist auch ein guter Leiter. Diese Tatsachen nehme ich als Illustration:

Glaube ist der goldene „Leiter" für geistliches Leben; er liefert sofortigen Kontakt. Unglaube ist wie Blei: grau, leblos und schwer – er lässt nichts Himmlisches durch. Der Unglaube segnet niemanden, leitet weder Nutzen noch Wohltaten weiter und verändert nichts zum Guten.

Ein Musterbeispiel für die Leitfähigkeit des Glaubens wird uns in Apostelgeschichte 10 geschildert. Kornelius, ein „italischer" Offizier der römischen Besatzungsmacht, war ein „Gottesfürchtiger", also ein Ausländer, der sich zur jüdischen Religion hielt, soweit das einem heidnischen Bekehrten gestattet war. Kornelius besaß viele Tugenden: Freigebigkeit, Gebet, Frömmigkeit, Gerechtigkeitsliebe, guten Einfluss und Ruf.

Auffälligerweise fehlt eine Eigenschaft in der Liste – Glaube. Ähnlich wie die Rabbiner meinte Kornelius wohl, das Seelenheil sei eine Sache der Leistung – ein Leben mit vielen summierten Gebeten und Almosen würde hoffentlich die göttliche Gunst erlangen. Religion bestand nur aus guten Werken.

Der Glaube an den siegreichen Jesus verwandelte die Jünger von ängstlichen, gejagten Gestalten zu kühnen Evangeliumsverkündigern und unerschrockenen Wahrheitskämpfern.

Dann betrat ein direkt vom Himmel kommender Bote sein Haus. Der mutige Soldat war geängstigt, doch der Engel sagte: *„Deine Gebete und deine Almosen sind hinaufgestiegen zum Gedächtnis vor Gott!"* (Apostelgeschichte 10,4) Gott wusste um all das, und hatte das im Himmel zur Kenntnis genommen.

Aber Kornelius brauchte weit mehr als das, und Gott hatte auch weit mehr für ihn. Der Himmelsbote sagte schlicht: *„Schicke nach einem gewissen Simon Petrus!"* – Petrus hatte nämlich die „Schlüssel" zum Reich Gottes. Der Apostel kam und benutzte seine Schlüssel, indem er Kornelius und einer von ihm zusammengebrachten stattlichen Schar die gute Nachricht von Christus verkündete.

Dieses Erlebnis brachte Petrus eine Reihe von Offenbarungen. Schon zu Anfang bekannte er: *„Wahrhaftig, jetzt begreife ich, dass Gott nicht auf die Person sieht, sondern dass ihm in jedem Volk willkommen ist, wer ihn fürchtet und tut, was recht ist."* (Apostelgeschichte 10,34f) Bei Gott „willkommen", akzeptiert – aber wofür? Nur aus göttlicher Wertschätzung?

Das ist die entscheidende Frage …

Statt sich mit Christi Werk zu vernetzen, werfen viele Menschen lieber ihre eigenen kleinen Generatoren an. Dabei könnten die mächtigen Himmelsturbinen den gesamten Energiebedarf ihres Lebens decken.

Kornelius erklärte, dass man zusammengekommen sei, *„um all das anzuhören, was dir vom Herrn aufgetragen worden ist“* (Vers 33). Genau das tat Petrus – er sprach die Worte, die Gott den frommen Offizier hören lassen wollte, und gab den Anwesenden einen Bericht über Christi Werk, Dienst, Tod, Auferstehung und ewige Autorität – was nach wie vor die Botschaft der Kirche an die Völker ist. Damit hatte der Apostel den Schlüssel ins Schloss gesteckt; schließlich drehte er ihn herum, indem er sagte: *„Von ihm bezeugen alle Propheten, dass jeder, der an ihn glaubt, durch seinen Namen die Vergebung der Sünden empfängt.“* (Vers 43)

Schon bis dahin hatten die Zuhörer jedes Wort aufgesogen, aber erst, als Petrus das Wort „glaubt“ erwähnte, öffnete sich die Tür des Himmelreichs: *„Der Heilige Geist kam auf alle herab, die das Wort hörten … Die mit Petrus Gekommenen hörten sie in Zungen reden und Gott preisen.“* (Verse 44 - 46*)

So erlebte Kornelius den alles entscheidenden Faktor: nicht, was wir Gott geben, sondern was er uns gibt. Der Glaubenskontakt war hergestellt, der Stromkreis geschlossen – und sofort floss die Kraft des Heiligen Geistes.

Jesus sagte einmal: *„Doch ihr wollt nicht zu mir kommen, um das Leben zu haben.“* (Johannes 5,40*) Er bezog sich auf solche, die andere Wege ausprobierten. In der konkreten Situation waren es Menschen, die meinten, das Brüten über den Schriften würde ihnen die Belohnung des ewigen Lebens einbringen. Sie hofften, sich den Zutritt ins Reich Gottes dadurch erarbeiten zu können, dass sie mit den heiligen Schriftrollen der Synagoge umgingen. In ihren Händen hielten sie täglich über 6.000 Verheißungen Gottes, und doch brachte es ihnen nichts.

Es ist eine altbekannte Geschichte: Statt sich mit Christi Werk zu vernetzen, werfen viele Menschen lieber ihre eigenen kleinen Generatoren an. Dabei könnten die mächtigen Himmelsturbinen den gesamten Energiebedarf ihres Lebens decken.

Glaube und Tun

Jetzt schauen wir uns noch ein paar in der Heiligen Schrift erwähnte „gute Werke“ an. Sie können uns tieferen Einblick in die Geheimnisse von Glauben und Handeln geben:

Gebet. Jakobus 1,6f*: „*Wer bittet, soll im Glauben bitten und nicht zweifeln; denn wer zweifelt, … bilde sich nicht ein, dass er vom Herrn etwas erhalten wird.*“ Jesus sagte: „*Alles, worum ihr betet … glaubt!*“ (Markus 11,24)

In Hebräer 6,1 und 9,14 werden „tote Werke“ erwähnt – das sind gute Werke, die nicht dem Glauben entspringen. Beispielsweise waren Jerusalems große Tempelzeremonien zu toten Werken verkommen, zu einer Routine, die wenig mit Glauben zu tun hatte. Hinsichtlich göttlicher Kraft waren sie negativ.

Hören auf Gottes Wort. Hebräer 4,2: „*Doch hat ihnen das Wort, das sie hörten, nichts genützt, weil es sich nicht durch den Glauben mit den Hörern verband.*“

Gott suchen. Hebräer 11,6: „*Wer zu Gott kommen will, muss glauben …*“

Anbetung. Anbetung ist laut Bibel nicht nur etwas, was einmal wöchentlich in der Kirche getan wird. Das Wort bedeutet auch „Gott dienen“. Ihn an einem bestimmten Ort anzubeten, ist Teil dieses Dienstes, aber aller Dienst muss eine Glaubenshandlung sein; denn: „*Ohne Glauben ist es unmöglich, Gott zu gefallen.*“ (Hebräer 11,6*)

Gebote halten. Johannes 6,29: „*Das ist das Werk Gottes, dass ihr an den glaubt, den er gesandt hat!*“

Zehnten geben. In Lukas 18,9-14* beschreibt Jesus zwei Menschen. Der eine, ein aktiver Pharisäer, beanspruchte Gottes Aufmerksamkeit aufgrund von Verdiensten und erzählte beim Beten von sich selbst, z. B.: „*Ich verzehnte alles, was ich erwerbe!*“ Der andere, ein Zolleinnehmer, wusste, dass er sündig war, und betete um Erbarmen. Jesus beurteilte die Situation so: „*Dieser kehrte als Gerechter nach Hause zurück, jener nicht.*“ Wie der Pharisäer können wir den Zehnten auch im Unglauben geben.

Positiv und Negativ

> Wenn du dich nie in eine Lage begibst, wo du dich auf Gott verlassen musst, ist dein Glaube bedeutungslos. Dein Vertrauen mag sehr positiv sein, aber es ist leblos, wenn du nicht danach handelst. Taten werden durch den Glauben lebendig, und der Glaube wird durch Taten lebendig.

In Hebräer 6,1 und 9,14 werden „tote Werke" erwähnt – das sind gute Werke, die nicht dem Glauben entspringen. Beispielsweise waren Jerusalems große Tempelzeremonien zu toten Werken verkommen, zu einer Routine, die wenig mit Glauben zu tun hatte. Hinsichtlich göttlicher Kraft waren sie negativ.

Wenn wir Prediger über „tote Werke" sprechen, erzählen wir gern von jener Frau, die immer erst das Ende vom Braten abschnitt, bevor sie ihn in den Ofen schob. Eines Tages kam ihre Mutter auf sie zu und fragte nach dem Grund dieser Methode. Die Antwort war: „Weil du das so getan hast!" – „Stimmt", lächelte die Mutter, „aber nur, weil der Bratentopf zu klein für das ganze Stück war!" Hier lag ein „totes Werk" vor, eine Gewohnheit, deren Grund nicht einmal bekannt war.

Natürlich zeigt uns Jakobus 2,26 auch die andere Seite: *„Der Glaube ohne Werke ist tot."* Es ist unsinnig zu sagen: „Ich glaube, der Herr ist mit mir", wenn man nirgendwohin geht. Wenn du dich nie in eine Lage begibst, wo du dich auf Gott verlassen musst, ist dein Glaube bedeutungslos. Dein Vertrauen mag sehr positiv sein, aber es ist leblos, wenn du nicht danach handelst. Taten werden durch den Glauben lebendig, und der Glaube wird durch Taten lebendig.

Glaube entwickelt sich unmerklich in Herz und Sinn, bis er eine Handlung auslöst. Gottes Kraft wird tätig, wenn wir im Glauben tätig werden. Das berühmte 11. Kapitel im Hebräerbrief wurde geschrieben, um dies aufzuzeigen; denn jene Glaubensväter haben vertraut und gewagt. Natürlich gibt es dafür in der Schrift noch viele weitere Beispiele.

Der Hebräerbrief liefert uns auch die Schlussworte für dieses Kapitel: *„Da uns eine solche Wolke von Zeugen umgibt, wollen wir alle Last und die uns leicht umstrickende Sünde abwerfen. Lasst uns mit Ausdauer in dem uns aufgetragenen Wettkampf laufen und dabei auf Jesus blicken, den Urheber und Vollender des Glaubens."*[78]

Glaube kontra Zweifel

Unglaube und Atheismus

Unglaube und Atheismus haben in der Welt kein bisschen Gutes zustande gebracht, vielmehr füllten sie die Geschichte mit Elend und Schrecken. Statt Aufheiterung bringen sie der menschlichen Seele Schaden, zerstören Hoffnungen und führen massenhaft zu Exzessen mit Drogen, Alkohol oder ähnlichen Versuchen des Tröstens und Vergessens. Ihr Zynismus verdirbt die Inspiration des Wunderbaren, Geheimnisvollen, Schönen, während sich ihr Beitrag für eine bessere Welt und gelindertes Elend, verglichen mit dem Wirken der Christen, als unbedeutend erwies.

Christen stellen fest, dass die westliche Welt auf christlichen Prinzipien basiert, nicht auf griechischen Idealen. Wer die christlichen Grundanschauungen attackiert, bekämpft die Stabilität im Lande. So etwas ist Verrat. Und man fällt in die selbst gegrabene Grube. Die Gottlosigkeit sickert von den Intellektuellen bis zu den weniger Gebildeten und zeigt sich in Exzessen und Verbrechen. Die Vorgaben des Glaubens an Gott sind der Schutzschild einer Gesellschaft.

Was Jesus Christus sagte und tat, war noch nie Auslöser für irgendeine böse Handlung. Allerdings haben schlechte Menschen ihn verleugnet und „in seinem Namen" furchtbare Dinge verübt, für die Christus sie am Tag des Gerichts zur Rechenschaft ziehen wird.

Wenn es keinen Gott gibt, warum sollte man sich dann für eine Zukunft einsetzen, die doch auf ein immer währendes Nichts hinausläuft? Der englische Philosoph Bertrand Russell räumte als 90-Jähriger selbst ein, dass Atheisten nur auf ein Fundament der Verzweiflung bauen können.

Glaube an Gott lieferte, mehr noch als die romantische Liebe, stets die größte Inspiration für jederlei große Werke auf unserer Erde.

Dass sich Christus, Gottes Sohn, der verbrecherischen Kreuzigung nicht widersetzte und dann vom Tode auferstand, ist so unerhört, dass niemand es predigen würde, wenn es nicht wahr wäre. Aus dieser Botschaft konnte nur deshalb die bedeutendste Weltreligion werden, weil alle verkündeten Ereignisse wirklich geschehen sind. Normalerweise hat solch eine Glaubenslehre in der spöttischen Welt keine Chance. Niemand hätte sie erfunden oder ihr einen erdumspannenden Siegeszug zugetraut – dieser Geschichte über einen Juden, erzählt von Juden, also nicht gerade den angesehensten Leuten. Doch die Geschichte eroberte die Welt, weil sie wahr ist.

> Nicht was wir von Natur aus sind, zählt. In der Beziehung zu Christus liegt die wahre Identität.

Es beginnt schon bei der Jungfrauengeburt: Warum sollte jemand solch eine unwahrscheinliche Geschichte lehren, wenn sie nicht stimmt? Evangelienberichte waren längst im Umlauf und Tausende Menschen zum Glauben gekommen, bevor Maria, die Mutter Jesu, starb. Die Leute wussten offenbar, dass die Geschichte echt war, sonst wäre sie nicht als Bestandteil eines Evangeliums akzeptiert worden, das auch Marias Bekannte lasen.

Viele meinen, dass die Menschen zu biblischen Zeiten unwissend und leichtgläubig waren und z. B. die Sache mit der Jungfrauengeburt für bare Münze nahmen, weil sie nicht unsere heutigen Kenntnisse hatten. Aber das ist Unsinn. Sie hatten genauso viel Anlass zu zweifeln wie wir, und etliche taten es auch. Sie wussten, Wissenschaft hin oder her, so gut wie wir, dass jungfräuliche Mädchen keine Kinder bekommen können. Aber was sollte Gott, als er sich entschied, Mensch zu werden, daran hindern, es auf diese Weise zu beginnen? Ist er Gott oder nicht? Der Unglaube ist nicht modern, wir haben nur moderne Entschuldigungen.

Kommen wir zu den Wundern. Keiner kann behaupten, dass keine Wunder geschähen. Niemand hat das volle Wissen. So gescheit können wir nicht sein. Dafür benötigte man eine totale Kenntnis der natürlichen und göttlichen Realitäten, sämtlicher Geheimnisse und Geschichtsfakten. Ein schottischer Philosoph sagte, er würde nicht an Wunder glauben, weil sie einfach nicht geschähen! Logisch? Woher wollte er solch ein Universalwissen haben? Kannte er jeden entfernten Winkel, jeden Menschen auf der Erde und alles, was je geschehen war, um beurteilen zu können, was ein Wunder war und was nicht? Vor 100 Jahren sagten „die" Wissenschaftler, Wunder seien unmöglich. Aber das sagten sie noch von vielem andern – und irrten. In ihren Köpfen war auch Fernsehen unmöglich. Bekanntlich hat Einstein anfangs gesagt, die Kernspaltung könne nie zur Energiequelle werden – die Realität ist anders. Wir schnappen uns Stimmen, Musik und Bilder aus der Luft, vom andern Ende des Ozeans oder Millionen Kilometer entfernt aus dem All – phantastisch und lächerlich? Jene Forscher wussten einfach nicht genug, um die Unmöglichkeit von Wundern behaupten zu können. Aber Skepsis ist die Einbildung der Neunmalklugen.

Die Wissenschaft hat Gott und die Bibel nicht widerlegt. Wissenschaftler sind sogar eher gläubige Menschen als die Vertreter irgendeiner anderen Berufsgruppe. Leute, die sagen, sie könnten wegen der Wissenschaft nicht glauben, haben gewöhnlich keine Ahnung von Wissenschaft! Sie leben immer noch im 19. Jahrhundert, haben Standpunkte aus frühen Welterklärungsversuchen übernommen und begnügen sich mit längst überholten Meinungen, als seien sie unfehlbar. Ein gegen Gottes Kraft verschlossenes Denken ist wie ein geschlossener Fallschirm – man hüpft zu einer hastigen Schlussfolgerung.

> Glauben heißt,
> dass jeder, unabhängig
> von seinem Status,
> die volle Chance bekommt.

Die antigöttlichen Museen des Stalinismus in Russland erschienen Atheisten sehr überzeugend, ihre einseitige Naivität aber brachte die Christen zum Lachen. Im „Redner-Eck" des Londoner Hyde-Parks verstieg sich ein Atheist zu folgenden Worten: „Ich fordere Gott heraus, mich innerhalb einer Minute zu töten!" 60 Sekunden lang umfasste er seine Uhr und tönte dann: „Hier habt ihr es! Es gibt keinen Gott!" Da ließ sich eine ältere Dame vernehmen: „Verzeihen Sie – sind Sie verheiratet, haben Sie eine Familie, einen Sohn?" Der Mann bejahte alle drei Fragen. „Und wenn Ihr Sohn Sie auffordern würde, Sie zu bekämpfen und zu töten – würden Sie das tun?" Er verneinte. „Und dann meinen Sie, Gott wolle Sie töten?"

Gott lernt man kennen, indem man ihm vertraut. Elektrizität lernt man nicht durch Theorien, sondern durch ihren Gebrauch kennen. Beginne einfach, Gott zu glauben, und handle danach – dann verschwinden die Zweifel. Lebe so, als gäbe es Gott, und du wirst erfahren, dass es ihn gibt.

Glaube an Gott ist unsere natürliche Fähigkeit und der Heilige Geist will sie aktivieren. Vertrauen aufzubringen heißt, vom Heiligen Geist geleitet zu sein. Gott ist nicht identisch mit meinem Glauben an ihn, aber er kommt zu mir, wenn ich bereit bin, ihm zu vertrauen. Ein Baby bekommt Kraft zum Gehen, indem es geht. Wir bekommen Glauben, indem wir glauben. Er ist nicht etwas, was man hat, sondern was man tut.[79]

Jesus unterstreicht dieses Prinzip in bekannt widersprüchlicher Form: *„Wer hat, dem wird gegeben werden, und wer nicht hat, von dem wird selbst, was er zu haben meint, genommen werden."* (Lukas 8,18) Wenn man mürrisch herangeht und hofft, dass der Glaube offensichtlich nichts bewirkt, dann wird er auch nichts bewirken. Gott wird einem den Gefallen tun und nicht handeln, wenn man das insgeheim wünscht, und man wird eine armselige Belohnung erhalten. Wenn man sich selbst bemitleidet und sagt, Gott sei unfair und tue nichts für einen, dann wird es so eintreffen: Was man hat, wird man verlieren; der letzte Funke erlischt.

Wir sind, was wir glauben

Anton Tschechow hat gesagt: „Der Mensch ist das, woran er glaubt." Wenn Menschen sagen, dass sie an nichts glauben, wären sie also nichts!? Wenn wir an nichts glauben, leben wir für nichts und kommen nirgendwohin. Aber jeder glaubt irgendetwas, wie wir bereits im zweiten Kapitel erwähnten. Ein Mensch ist das, woran er glaubt, und unser Glaube zeigt sich an dem, was wir tun.

> Wenn wir ein Geschäft mit Gott abwickeln wollen, heißt die Währung „Glaube".

Hat Tschechow Recht (hat er?), dann sind wir etwas, wenn wir an etwas glauben. Glaube an den Sport macht uns zu Sportfans, wofür immer das gut sein mag. Glaube ans Geld lässt uns vielleicht einiges im gegenwärtigen Weltsystem werden, aber nicht bei Gott. Der Glaube an Christus macht uns zum Größten, was wir jemals sein können – Söhne und Töchter des lebendigen Gottes, von ihm selbst geboren. Durch Glauben bringen wir uns unter die Wertschätzung Gottes, der uns als Lohn des Blutes Christi ansieht. Er hat uns teuer erkauft. Wir sind ihm teuer.

Seelenkunde eines Gläubigen

Entsprechend ist die seelische Verfassung eines Christen: Der Gläubige ist demütig, aber nicht kriecherisch. Er hat eine ewige Bestimmung. Kein Christ hält sich für einen Nebel, einen Dunst, der bei Sonnenaufgang verschwindet, wie es die Psalmisten andeuten. Sie schrieben, bevor Christus kam. Er hat *„Leben und Unvergänglichkeit ans Licht gebracht durch das Evangelium"*. (2. Timotheus 1,10*) Nichts gibt unserer Zuversicht größeren Auftrieb, als zu glauben, wer wir in Christus sind – erwählt, mit seinem wunderbaren Geist ausgestattet und in Zusammenarbeit mit ihm.

Gleichzeitig hält uns auch nichts demütiger, als zu wissen: Wir mit unsern Sünden hätten ewigen Tod verdient, doch Jesus starb dafür. Wir, die Unwürdigen, wurden erwählt! Geld, Grips, Erziehung können das Ego stärken, aber der Gläubige weiß, dass er eine Persönlichkeit ist. Er ist groß, jedoch ohne Grund zu prahlen. Gott *„hat Niedrige erhöht"* (Lukas 1,52), wie Maria im Vorausblick auf die Geburt ihres Sohnes Jesus jubelte.

Wahre Persönlichkeit entsteht nur durch Christus. Von Geburt können wir reich, intelligent, durchsetzungsfähig, erfolgreich sein oder aber arm, schwerfällig, unterlegen, unbekannt. Das ist nur vorläufig und kann sich ändern. Rudyard Kipling ist der halben Welt als einzigartiger Schriftsteller bekannt, aber im Alter musste er andere fragen, wie er hieß. Nicht was wir von Natur aus sind, zählt. In der Beziehung zu Christus liegt die wahre Identität. Glauben heißt, dass jeder, unabhängig von seinem Status, die volle Chance bekommt.

Manche großen Gottesmenschen, die der unwürdigen Welt Gutes erwiesen, zählten in ihr nichts. Bill Bray etwa war ein geradezu exzentrisch wirkender einfacher Arbeiter aus Cornwall, aber hundert Jahre nach seinem Tod gilt er weltweit als ein Aristokrat im Reich Gottes.

Die Evangeliums-Erweckung in Lateinamerika bewirkt auch, dass Menschen aus sozial elenden Verhältnissen zu Einfluss und hohem bürgerlichen Ansehen kommen. Da ist z. B. jener ungebildete, in Alkoholismus und tiefen Eheproblemen steckende Mann, der erlebt, wie sein früherer Kumpel jetzt völlig verwandelt ist und einer tausendköpfigen

Kirchengemeinde vorsteht. Auch er erkennt seinen Wert, durch das Blut Christi erlöst und erkauft zu sein, bekehrt sich und beginnt ein Leben, das zählt.

Millionen solcher Menschen verlassen ihre knechtische Existenz als „Niemande“ und verändern sich innerlich, werden zu Persönlichkeiten mit Charakter und Bedeutung. Onesimus war ein entlaufener griechischer Sklave, der in Rom seine Identität abstreifen wollte, nun aber vor der Todesstrafe stand. Als Paulus bzw. Gott ihn fand, wurde er erhoben und war *„nicht länger Sklave, sondern … geliebter Bruder“*. (Philemon 16*) Wir sind, was wir glauben. Jakobus 2,5 sagt: *„Hat nicht Gott die vor der Welt Armen auserwählt, reich im Glauben und Erben des Reiches zu sein, das er denen verheißen hat, die ihn lieben?“*

Lasst uns sein, was wir glauben

Was wir sind, ist daran gekoppelt, was wir über Gott denken. Christen wissen, dass Gott wie Jesus Christus ist. Der Glaube an ihn hat Auswirkungen und lässt uns wie er werden, natürlich im Rahmen menschlicher Schwäche und Schwankungen. Etwas in uns strebt danach, diese Ebene zu erreichen. Aber ganz gleich, wie weit wir damit gekommen sind – immer wissen wir uns hoch geschätzt von dem Einzigen, der zählt, unserem Gott und Retter Jesus Christus.

An Christus zu glauben bringt in uns das Höchste und Beste hervor und drängt den Eigensinn in den Hintergrund. Glauben wir an irgendetwas anderes, ob Geld, Sport, Wissen oder Humanismus, taucht das Ego immer vorne auf. Sogar an eine Religion zu glauben kann nur zum fragwürdigen Wohl des eigenen Ichs dienen, z. B. bei den „heiligen Männern“ im Osten. Aber wenn wir Gott sehen, wie Christus ihn uns gezeigt hat, beginnt die Ichbezogenheit zu sterben. Unser bis dahin erstes Interesse wird nicht mehr die Nummer Eins sein.

Weisheit und überhaupt alles, was ein gutes Leben ausmacht, wird zwischen den Deckeln des einen Buches, der Bibel, beschrieben. Jedoch heißt der Grundton dazu: *„Verlass' dich auf den Herrn!“* (Psalm 118,8*) Ein neutestamentlicher Schreiber stellte eine Liste der ehrbarsten biblischen Menschen zusammen, die der Welt bleibenden Nutzen brachten, und merkt dazu an: *„Durch den Glauben haben die Alten ein gutes*

Zeugnis erlangt!" (Hebräer 11,2*) Das Geheimnis ihres Lebens war immer gleich – Glaube.

Auch andere Menschen haben große Dinge geleistet, aber letztlich zur eigenen Ehre. Gott ehrt alle, deren Bemühungen dem Glauben an ihn entsprangen. Ohne die Abhängigkeit von Gott hätten sie ihre Taten nie vollbracht. Sie wuchsen über sich hinaus. Der Glaube an Gott machte sie zu dem, was sie waren. Natürlicherweise hätten sie all das nie erbringen wollen oder können. Die größten Glaubenswunder sind nicht wissenschaftlich, sondern im Vertrauen auf Gott erfahrbar!

Nicht großer Glaube ließ diese Vorbilder übers Normalmaß hinausgehen. Sie waren gewöhnliche, alltägliche Leute mit schlichtem Glauben – Glauben, der auch mal mit nägelkauendem Zweifel zu kämpfen hatte, sie aber in Aktion setzte. Statt ihre Zeit in heiliger Kontemplation auf Wolke Neun zu verbringen, haben sie ihre Umgebung ganz praktisch verändert.

Was sind „anvertraute Pfunde"?

Wenn wir ein Geschäft mit Gott abwickeln wollen, heißt die Währung „Glaube". Jeder hat einen Vorrat an diesem „Geld". Das Gleichnis von den Talenten (Matthäus 25,14-30) zeigt uns investierenden Glauben. Jesus beschreibt verschiedene Knechte mit gewissen Geldsummen; beim einen waren es fünf, beim nächsten zwei und beim dritten ein „Talent". Ihr Herr ging auf Reisen, und als er zurückkam, hatte der Fünf-Talente-Mann sein Kapital verdoppelt, ebenso der Zwei-Talente-Mann; der dritte Knecht aber hatte sein Talent nur bewahrt, vergraben, und nichts damit angefangen. Die beiden ersten Knechte erhielten eine vielfache Belohnung, doch dem andern nahm der Arbeitgeber auch das eine Talent und übertrug es dem, der zehn hatte.

> Bei einer guten Taschenlampe kann man den Strahl verengen und z. B. auf das Schlüsselloch der Tür richten; er kann aber auch verbreitert werden und Licht über den ganzen Flur werfen. Der Glaube hat zunächst eine kleine und begrenzte Reichweite, aber mit wachsender Zuversicht umfasst er dann auch ein größeres Gebiet, glaubt für mehr und größere Dinge.

Im Brennpunkt des Gleichnisses steht der Mann, der sein Talent vergrub. Jesus spricht nicht über die Fähigkeit, Klavier zu spielen oder gut handarbeiten zu können. Es geht ihm um Glauben und um jenen Knecht, der seinen Glauben einbüßte. Der Mann „behielt" den Glauben – das war alles, was er tat, und am Ende verlor er alles. Dagegen bringt investierter Glaube Zinsen und Wachstum. Menschen mit großem Glauben sind ja nicht eines Morgens aufgewacht und fanden ihn, wie beim Weihnachtsmann, im Strumpf. Sie setzten das ein, was sie hatten, und es wuchs und gedieh. So ist das Prinzip immer! Moses erstes Wunder war nur, dass sich sein Stab in eine Schlange verwandelte. Bis er eine ganze Nation in die Wüste führte und mit ihrer Versorgung durch Gott rechnete, absolvierte er manche weiteren Glaubensschritte.

Werfen wir einen Blick auf die Jünger. In Matthäus 8,26 sagt Jesus: *„Warum habt ihr solche Angst, ihr Kleingläubigen?"* Es ist ein interessanter Name, den hier Jesus seinen Jüngern gibt: „Kleingläubige".

Nach seiner Auferstehung ist Ähnliches zu vernehmen (Markus 16,14*): *„Später offenbarte er sich den Elfen selbst, als sie zu Tisch lagen, und schalt ihren Unglauben und ihre Herzenshärtigkeit, dass sie denen, die ihn auferweckt gesehen, nicht geglaubt hatten."*

Wir sind so groß wie unser Glaube

Verblüffenderweise waren es diese „Kleingläubigen", die die Welt verändert haben. Selbst als sie Jesus lebendig sahen, waren sie zunächst noch hartnäckig ungläubig – aber dann kam es zum Glaubensdurchbruch. An einem gewissen Punkt hatten sie Jesus einst um Hilfe gebeten (Lukas 17,5f*): *„Und die Apostel sprachen zu dem Herrn: Mehre uns den Glauben! Der Herr aber sprach: Wenn ihr Glauben habt wie ein Senfkorn, so könntet ihr zu diesem Maulbeerfeigenbaum sagen: Entwurzele dich und pflanze dich ins Meer! Und er würde euch gehorchen."*

Offenbar korrigierte Jesus damit ihre Ideen über den Glauben: Ein Senfkorn ist bloß ein winziger Punkt. Jesus stellt aber fest, dass wir durchaus Glauben haben, wenn nur der Punkt da ist!

Ein Freund beanstandete bei der Bank, dass man seine Schecks durch den bereits aufgedruckten Namen „personalisierte". Stattdessen wurde schließlich per Computersystem etwas anderes ins Namensfeld gebracht – nur ein Punkt. Das System erkennt und anerkennt den Punkt. Er ist die Besonderheit.

Der Glaube kennzeichnet uns auch dann, wenn er nur ein Pünktchen ist. Größe spielt nicht die Rolle. Was anwächst, sind nicht Stärke oder Größe unseres Glaubens, sondern sein Umfang. Der Glaube wird danach bemessen, was er umfasst. Wenn man eine gute Taschenlampe hat, kann man ihren Strahl verengen und z. B. aufs Schlüsselloch der Tür richten; er kann aber auch verbreitert werden und Licht über den ganzen Flur werfen. Der Glaube hat zunächst eine kleine und begrenzte Reichweite, aber mit wachsender Zuversicht umfasst er dann auch ein umfangreicheres Gebiet, glaubt für mehr und größere Dinge.

Menschen können, z. B. wenn sie krank sind, Glauben für eine Heilung haben, aber gilt das auch für die anderen Lebensbereiche? Vertrauen sie Gott auch dann, wenn sie nicht geheilt werden? Vielleicht besteht für Einzelne der Triumph des Glaubens nicht darin, Menschen von ihren Rollstühlen zu befreien, sondern selbst vom Egoismus oder Jähzorn befreit zu werden. Der Glaube triumphiert auch, wenn wir für Geplagte beten, auf Irrtümer hinweisen oder selbst Korrektur annehmen (vgl. Jakobus 5,19f) und wenn wir uns durch nichts von der festen Verbindung zu Gott abbringen lassen.

Der Apostel Paulus war ein Mann von beneidenswertem Vertrauen zu Gott. Er heilte Kranke, trieb Dämonen aus, erweckte Tote und legte Menschen die Hände zur Erfüllung mit dem Heiligen Geist auf. Paulus predigte in Kraft und Erweisung des Geistes. Wir lesen von alledem, aber der größte Teil seiner Worte beschreibt die Auswirkungen des Glaubens in ihm selbst – das, was der Glaube für seine Seele getan hat.

In 2. Korinther 12 „prahlt" Paulus mit seiner Erfahrung und Apostelwürde; er erwähnt *„die Merkmale des Apostels … in Zeichen, Wundern und Machttaten"* (2. Korinther 12,12*) – aber nur, weil die Korinther solch einen Wert auf solche Dinge legten. Doch die wahren Kennzeichen seines apostolischen Dienstes bestanden in dem, wozu Gott ihn hatte werden lassen. *„Durch Gottes Gnade bin ich, was ich bin!"* (1. Korinther 15,10) Er hatte Gott (vermutlich) um Heilung angefleht und war nicht erhört worden, aber er lebte gläubig damit und entfaltete auf seinem ganzen Weg den Charakter Christi – durch Glauben. Seine Leitlinie war: *„Was ich jetzt lebe …, lebe ich im Glauben an den Sohn Gottes, der mich geliebt und sich selbst für mich hingegeben hat."* (Galater 2,20)

Kleiner Glaube, großer Gott

Nicht das Format deines Glaubens, sondern das Format Gottes, an den du glaubst, bestimmt das Format der Ergebnisse. Zu viele haben einen zu kleinen Gott – einen Jesus, sanft und mild und zahm, einen harmlos guten Opa-Gott, einen angenehmen Kirchgangs-Gott o. ä. Die Nazis wiederum ließen nordische Götter aufleben – und zertrümmerten Europa.

Es würde zu langatmig, all solche Götter auch nur aufzulisten samt den Schrecken, die ihre Nachfolger anrichteten, um ihnen zu gefallen. Christen wurden auf Grillplatten geröstet, um die römischen Gottheiten zu befriedigen. Aber auch pervertierte Anschauungen über Christus selbst, den Inbegriff aller Liebe, haben zu massenhaften Morden wie z. B. Kreuzzügen, Inquisition, Pogromen gegen die Juden usw. inspiriert. Was diese bösen Menschen glaubten, hat nicht im Entferntesten mit dem Neuen Testament oder dem Christus von Golgatha zu tun. Sie haben Christi Kreuz verlästert, indem sie es zu einem Symbol von Zwecken machten, die gerade das Gegenteil bedeuten.

> Nicht das Format deines Glaubens, sondern das Format Gottes, an den du glaubst, bestimmt das Format der Ergebnisse.

Und doch – weltweit wissen Abermillionen Menschen, dass der Glaube an Christus sie revolutioniert und an die Aufgabe gestellt hat, jedermann von ihm zu erzählen und auch zur Verbesserung des Lebens in unserer Welt beizutragen.

Wir alle glauben, und der Glaube ist eine starke Kraft. Gott, der Gott von Matthäus, Markus, Lukas, Johannes und Paulus, hat sich in Jesus Christus offenbart, der sein Leben für uns alle hingab und wieder nahm, als er aus dem Grab erstand!

Acht ausgewiesene Fakten

- Wer an den Jesus der Evangelien glaubt, kann keine Gräueltaten begehen, nicht einmal an Feinden.

- Wer den biblischen Christus liebt, ist kein Niemand, auch wenn die Welt nur die Weltlichen ehrt.

- Glaube an Jesus ist jene reine Kraft, die die geringste Person groß und Mächtige zu Niemanden macht.

- Glaube ist weniger eine nette Schachtel Pralinen, sondern Lebenskraftstoff – und die weltweit größte Macht zum Wohl der Allgemeinheit.

- Die größte Gefahr für Personen oder Völker ist, an das Falsche zu glauben.

- Jedem gläubigen Christen eröffnen sich herrliche Betätigungsfelder.

- Gewöhnlicher Glaube ist das Mittel, durch das gewöhnliche Menschen außergewöhnlich werden.

- Großer Glaube ist nur – Großes, durch einfachen Glauben getan.

Ich glaube daran zu glauben.
Ich glaube daran, Gott zu glauben.

> Keiner wird zuschanden, welcher Gottes harrt.[80]
> Sollt' ich sein der Erste, der zuschanden ward?
> Nein, das ist unmöglich, du getreuer Hort!
> Eher fällt der Himmel, eh' mich täuscht dein Wort.

Fußnoten

Kapitel 1: Glaube vom Minus zum Plus

[1] Englisches Wortspiel: Faith is a **venture** that turns life into an **adventure**.

[2] In einem alten Lied heißt es: „Der Unglaub' hat noch nicht gedroschen, da isst der Glaube schon sein Brot ..." usw.

[3] Johannes 14,17

Kapitel 2: Glaube – der 6. Sinn?

[4] Natürlich gibt es beim christlichen Glauben auch ein Wachstum und individuelle Zuteilungen (vgl. Römer 1,17 und 12,3), aber nicht in messbaren Übungs- oder Leistungsstufen.

[5] Gott nicht mit Augen sehen können: Ein kleines Panorama der Ursachen, Varianten und Aussichten erhalten wir aus folgenden Schriftstellen: 1. Mose 3,22-24; 2. Mose 33,20; Johannes 12,45; Johannes 5,37f; Johannes 1,14.18; 1. Johannes 1,1ff; 1. Johannes 3,1ff.

[6] Der deutsche Nobelpreisträger Heinrich Böll räumt ein: „Selbst die allerschlechteste christliche Welt würde ich der besten heidnischen vorziehen, weil es in einer christlichen Welt Raum gibt ... Liebe für die, die der heidnischen wie der atheistischen Welt nutzlos erschienen und erscheinen. Und ich empfehle es der Nachdenklichkeit ... der Zeitgenossen, sich eine Welt vorzustellen, auf der es Christus nicht gegeben hätte. Ich glaube, dass eine Welt ohne Christus selbst die Atheisten zu Adventisten* machen würde." (*Menschen, die Christus erwarten) [H. Böll, Eine Welt ohne Christus, in: K. Deschner (Hg.), Was halten Sie vom Christentum? München 1957, 22f.]

Kapitel 4: Von Glaube zu Glaube

[7] Dynamik und Bewegung des Glaubens: Das NT kennt verschiedene Qualitäten, Intensitäten und Dauerhaftigkeiten, Stufen und Phasen des Glaubens, die sprachlich auch entsprechend ausgedrückt werden. Sie näher zu behandeln ist aber nicht Aufgabe dieses Buches.

[8] Natürlich handelt das „Hohelied" von einer Liebesbeziehung zwischen einem Menschenpaar. Aber mit biblischer Inspiration verweist diese Lyrik zugleich auf ihre höchste Erfüllung in Gottes Liebe – vgl. Epheser 5,31f.

Kapitel 5: Glaube in drei Zeitzonen

[9] Kein Widerspruch zum „unveränderlichen Willen Gottes" ist dies: Seit Beginn der Welt zeigt sich Gott aber auch als Meister häufiger „Improvisation". Aus Missratenem will er Gutes gestalten. Er geht auf Gebetsinitiativen von Menschen ein (1. Mose 18,23-33; Psalm 2,8; Matthäus 7,7; Offenbarung 8,3). Er ändert Pläne (Jeremia 18,1-11; Jona 3,10), beschleunigt Dinge (1. Petrus 3,12) usw. – Sein Herz, Wesen, Gesamtziel wird damit aber nicht beeinträchtigt; denn alle Faktoren zusammen bilden den Willen Gottes – ein wunderbar tiefes Geheimnis (Römer 11,33).

[10] Mögliche andere Übersetzung: „Ihr glaubt an Gott, glaubt auch an mich!"

Kapitel 7: Durchbruch im Glauben

[11] oder: „im Glauben **des** Sohnes Gottes"

[12] Bitten ist eine Sache, unnötiges Betteln eine andere.

[13] The loss of wealth is much / the loss of health is more. /
The loss of faith is such / that nothing can restore.

Kapitel 8: Glaube und Erkennen

[14] Psalm 14,1*; 2. Thessalonicher 2,12*

Kapitel 9: Glaube und Verheißungen

[15] und auch die Bibel, vgl. Jesu Wort über Mensch und Sabbat (Markus 2,27f)

[16] Wir reden hier nicht speziell von Anbetung.

Kapitel 10: Glaube – alt und neu

[17] vgl. Lukas 15,32; Johannes 3,18; Johannes 5,24; Johannes 11,25

[18] vgl. Hebräer 11,6 „Wer Gott naht, muss glauben, dass er ist ..."

[19] Unterschiedliche Phasen und Qualitäten im Glauben differenziert auch der griechische Text des Neuen Testaments durch verschiedene Präpositionen, Wort- und Zeitformen. Ein Beispiel-Paar: a) „an" Jesus glauben (griech. „epí" = „an", also Oberflächen-Phase): Matthäus 27,42; b) „an" Jesus glauben (griech. „eis" = „hinein in", also Tiefenwirkung): Johannes 3,16.

Kapitel 11: Abrahams Glaube (1)

[20] Agnostiker lehnen jede Erkenntnismöglichkeit ab, die Stoiker forderten ein radikal vernunftbetontes Leben.

Kapitel 12: Abrahams Glaube (2)

[21] So verstehe ich die Szene am See.

[22] Dabei steht Gottesliebe nicht gegen Menschenliebe, aber als deren gesunde Quelle hätte sie im Entscheidungsfall Vorrang.

Kapitel 13: Glaube und Gottes Charakter

[23] Im englischen Original: „Oh, East is East and West is West and never the twain shall meet, Till earth and sky stand presently at God's great Judgement Seat."

[24] Deismus: Glaube an Gott aus Vernunft, nicht Offenbarung.
Gott habe die Welt geschaffen, dann aber sich selbst überlassen.

[25] Das Wortspiel ist englisch noch markanter: „Glaube" heißt **faith**, „voll Glaubens" heißt **full of faith**, „Treue" heißt **faithfulness**. Der Zusammenhang ist offensichtlich.

Kapitel 14: Glaube und die Namen Gottes

[26] Original: „How sweetly doth ‚My Master' sound!"

[27] Andere übersetzen: „Ich bin der ‚Ich-bin-da'."

[29] Jahwe, der dich heiligt (2. Mose 31,14)

Kapitel 15: Glaube und Gottes „Ich will"

[30] Anm.: An vielen solcher Bibelstellen ist auch einfach die Zukunfts-, Gegenwarts- oder sogar Vergangenheitsform zu übersetzen; also statt „Ich will ..." ein „Ich werde ...", „Ich (tue)", „Ich habe ..." (z. B. 1. Mose 9,9; 9,11 oder Jesaja 41,15). Im Englischen wird für „Ich werde" ohnehin oft das gleiche Wort wie für „Ich will" gebraucht: „I will ..."

Kapitel 16: Glaube und Gottes „Ich"

[31] Englisch: „On Christ the solid Rock I stand, all other ground is sinking sand."

[32] In deutschen Übersetzungen (z. B. Elberfelder) steht auch: „Ich bin ... es ..."

[33] vgl. auch Kapitel 14, speziell über die Namen Gottes.

[34] siehe auch die Wirkung der Jesusworte „Ich bin('s)!" in Gethsemane (Johannes 18,5f)

Kapitel 17: Glaube in der Nacht

[35] siehe Kapitel 18 und 19

[36] wörtl. „Abend"; vgl. Lukas 24,29 „Bleibe bei uns; denn es ist gegen Abend ..."

[37] vgl. „Theorie"

Kapitel 19: Glaube und Licht

[38] In Kap. 4 behandelten wir Johannes 9 schon kurz unter anderem Blickwinkel.

[39] Nach „Übertragung aus dem Hebräischen" von Prof. N. H. Tur-Sinai, Jerusalem, 1954. – Anm.: „Der Ewige" steht für Jahwe (HERR).

[40] In einigen wichtigen Handschriften steht sogar: „... der uns gesandt hat."

[41] Siehe unser gleichnamiges Kapitel 1

[42] Matthäus 11,25

[43] Wörtlich: „Sohn des Menschen" (nur in wenigen wichtigen Handschriften „Sohn Gottes") – aber dies ist ein verhüllter, gleichwertiger Titel für den Messias (vgl. Daniel 7,13), siehe auch die Gegenfrage des geheilten Blinden: „Wer ist es?"

Kapitel 20: Glaube im Namen Jesus

[44] Apostelgeschichte 3,15; Hebräer 2,9

[45] Matthäus 1,21

[46] Lukas 24,25-27; 7,20; vgl. Micha 5,1 u. a.

[47] auch: in seiner Autorität, Vollmacht

[48] Sprüche 18,10; vgl. Psalm 144,2

[49] vgl. Hebräer 10,20. Zum Stichwort „Weg": Im Griechischen heißt der Begriff dafür „pístis" (vgl. Piste). Dies war auch eine Bezeichnung für den christlichen Glauben am Anfang der Kirchengeschichte – „der Weg"(!): Apostelgeschichte 9,2; 19,9.23; 24,14.22. Glaube und Weg praktisch: Wege entstehen auch, indem man zu gehen beginnt.

Kapitel 21: Glaube und Gebet

[50] Selbst wenn solche Gebete dem richtigen Motiv entspringen, Gottes Wirken zu fördern, indem man sein eigenes Herz öffnet und Gottes Gegenwart mit einer ausdrücklichen Einladung unterstreicht, sind sie in den genannten Zusammenhängen eigentlich unangebracht.

[51] eigentl. „(Gnaden-)Gaben der Heilungen" (vgl. 1. Korinther 12,9)

[52] Sein Wille umfasst ja unsere Ebenbildlichkeit, Erlösung, Freiheit, ihm ähnlich werden, Partnerschaft, Geben und Nehmen, unser Glück – aber eben auf dem Weg dankbarer Hingabe und gehorsamer Liebe.

Kapitel 22: Glaube und Furcht

[53] z. B. Markus 5,36

[54] Als Adjektiv (deilós), wie zitiert, in Matthäus 8,26 und Offenbarung 21,8. Der zitierte Vers 2. Timotheus 1,7 verwendet das aus demselben Wortstamm gebildete Substantiv (deilía); das Verb (deiliáo) taucht in Johannes 14,27 auf.

[55] Gemeint ist entschiedener Unglaube oder Treulosigkeit als Haltung, nicht situationsbedingtes Nichtglauben oder temporäres Zweifeln.
[56] 4. Mose 13f
[57] Englisch: „Work and pray, live on hay, You'll get pie in the sky when you die."
[58] vgl. Apostelgeschichte 27,20

Kapitel 23: Glaube und der Teufel

[59] Diábolos (griech.) = Durcheinanderwerfer (vgl. Matthäus 4,1);
Schatán, Satan (hebr.) = Feind, Widersacher (vgl. 1. Samuel 29,4; Offenbarung 12,9; 20,2);
Luzifer (lat.) = Lichtträger (vgl. Hesekiel 28,13f).
[60] Satan äfft dabei gern die guten geistlichen Wirkungen Gottes nach und verfälscht sie.
[61] Auch anderswo in der Welt und selbst hierzulande grassieren da zumindest abergläubische Praktiken.
[62] Englischer Text ähnlichen Inhalts: „Victory! Victory. Precious blood-bought victory! / Victory! Victory! Victory all the time! / As Jehovah liveth, strength Divine He giveth. / Unto those who trust Him victory all the time!"
[63] Apostelgeschichte 16,16ff. Die Befreiung dieser Frau war natürlich gut und dann bekehrte sich der Gefängnisaufseher, aber eigentlich waren andere Umstände und Durchschlagskraft wünschenswert. Vgl. auch Jesu Redeverbot für Dämonen (Markus 1,34).
[64] Folgender biblischer Befund unterstreicht das: Glaube an Gottes Wort ist dann lebendig, wirksam, der Situation angemessen und vor Kraftlosigkeit wie vor Entgleisung geschützt, wenn er im gesamten Wort (griech. „Logos", z. B. Lukas 5,1) das aktuelle Reden Gottes (griech. „Rhema", vgl. Matthäus 4,4)) heraushört und mutig umsetzt. Er „antwortet" also nur auf wirklich „gesagtes", passendes Wort Gottes. So widerstand Jesus auch der „Bibelauslegung" des Versuchers (Matthäus 4,6f).

Kapitel 24: Glaube und die verschlossene Tür

[65] Ein weiterer Abschnitt ihrer faszinierenden Geschichte steht in Kapitel 8,1ff.
[66] Ein englisches Lied beschreibt solch eine offene Tür: „When all things seem against me / To drive me to despair / I know one door is open / One ear will hear my prayer."

Kapitel 25: Glaube und mein Gott

[67] Engl. Wortspiel: „lost" ... „last" (Verlorene ... Letzte)
[68] vgl. 1. Mose 1,27; Römer 8,29
[69] Johannes 3,16: „So sehr liebt Gott die Welt ... auf dass **jeder**, der an ihn glaubt ..."

Kapitel 26: Glaube und Gottes Gegenwart

[70] Refrain eines Lieds von Daniel W. Whittle (1893): „Moment by moment I'm kept in His love", übersetzt von Hedwig v. Redern
[71] vgl. Philipper 2,12 Paulus' Gegenwart (parousía)
[72] Engl. Zitat: „We shall see His lovely face, some bright golden morning."
[73] Thematik auch schon angesprochen in Kapitel 21 (Glaube und Gebet)
[74] Anders sind die guten Gebets-, Fürbitte- oder Notkämpfe zu werten, vgl. Abraham und Sodom; Mose und Israel; Jesus, Paulus u. a. – Bei so etwas geht es um mitarbeitendes Ringen zur Verwirklichung von Gottes Willen in irdischen Situationen. Und da lässt Gott überaus gern „mit sich reden".

Kapitel 27: Glaube und Aktion

[75] Beides ist sogar zweitklassig gegenüber dem Evangelium: Christi Kraft ist stärker, aufbauend, gut. Und mit dem allergrößten Wunder, der Wiedergeburt aus dem Heiligen Geist, schenkt Gott die Aussicht, sogar ihm gleich zu werden (vgl. u. a. Titus 3,5ff; 1. Johannes 4,4; 1. Johannes 3,1ff).
[76] vgl. 1. Johannes 3,8
[77] vgl. Markus 14,62; Apostelgeschichte 1,3; 2,1ff
[78] Hebräer 12,1f*

Anhang: Glaube kontra Zweifel

[79] Kleiner Exkurs zum Thema Glaube und Zweifel: Es besteht ein Unterschied zwischen dem gefährlichen, üblen Zweifel und einem berechtigten Prüfen o. ä. Auf ehrliche Fragen gibt der Herr gern und oft sogar besonders weitreichende Antworten, z. B. bei Thomas (!) und Philippus in Johannes 14,5-9. Das Urteil von Markus 16,16 gilt daher auch keineswegs für temporär „**nicht** Glaubende", sondern für die tief „**Un**gläubigen" (griech. Grundwort: **a**pistéo, auch in Johannes 20,27: „Sei nicht **un**gläubig, sondern gläubig!"; im Deutschen ist „zweifeln" auch eine andere Dimension als „**ver**zweifeln"). Menschen nach Gottes Herzen (Apostelgeschichte 13,22) sind wir, wenn wir ihm im Herzen glauben, selbst wenn unser Verstand an Details zweifeln sollte (vgl. Maria: Lukas 1,34.38). Diese Herzensbeziehung offenbart auch der deutsche Begriff „glauben": er hat die gleiche Wurzel wie „geloben" (vgl. „verloben"!)
[80] Liedtext (1. Strophe) von Gustav Knak

Weitere Bücher vo

Wenn das Feuer fällt ...

312 Seiten • ISBN 3-935057-02-4

Dieses Buch ist voll von den Dingen, die Gott mich gelehrt hat und mich über die Jahre hat erfahren lassen. Ich schreibe nur aus einem einzigen Grund – ich möchte andere inspirieren, sie ermutigen und dafür gewinnen, „das Werk eines Evangelisten zu tun" (2. Timotheus 4,5).

Der Leser findet in diesem Buch all die Prinzipien, die es zu beachten gilt, um erfolgreich in der Kraft des Heiligen Geistes zu wirken. Er wird entdecken, dass Gott durch jeden wirken kann, der bereit ist, seinem Plan zu folgen.

Reinhard Bonnke

Als Lehrprogramm auch auf Audio- und Videokassetten erhältlich.

Manifestationen

Die Gaben und Kraft des Heiligen Geistes

296 Seiten • ISBN 3-87482-050-8

Geistesgaben sind keine Ehrenabzeichen für verdiente Christen, sondern Kriegswaffen im Glaubenskampf. Untermauert durch Beispiele und Erlebnisse aus Reinhard Bonnkes langjährigem weltweitem Dienst als Evangelist bietet diese biblische Auslegung von 1. Korinther 12 mehr als nur Theorie.

„Ich habe dieses Buch nicht geschrieben, um blind zu wiederholen, was bereits gesagt wurde. Sicher haben schon andere vor mir gesehen und gesagt, was in diesem Buch enthalten ist; doch alles entstammt einer erneuten Prüfung des Wortes Gottes. Das Buch ist eine „frisch geprägte Münze", die eine originale und unabhängige Prüfung der Heiligen Schrift bietet; es enthält sich jeder Spekulation. Das war der Leitgedanke, dem ich gefolgt bin."

Reinhard Bonnke

366 Andachten
für jeden Tag des Jahres

Jeden Tag neue Kraft durch sein Wort

420 Seiten • ISBN 3-935057-61-X

... enthält eine sorgfältig zusammengestellte Auswahl dynamischer Andachten für jeden Tag aus den Veröffentlichungen des Evangelisten Reinhard Bonnke. Seine klaren, biblisch fundierten Texte, gespickt mit persönlichen Beispielen, helfen dem Leser bei der Bewältigung seines Alltags und in der Erfüllung seiner göttlichen Berufung. Jedes Tagesthema ist durch eine Fülle von Bibelstellen untermauert. So ist dieses Werk gleichzeitig ein wertvolles Studienbuch.

Rob & Vanessa Birkbeck: No eye has seen

100 Seiten • ISBN 0-9536488-3-4

Dieser Bildband ist nur in englischer Sprache erhältlich!

Christus für alle Nationen ist bekannt für Fotos, auf denen riesige Menschenmengen zu sehen sind; aber nur wenige unserer Freunde und Missionspartner hatten je die Gelegenheit, bei einer dieser Evangelisationen live dabei zu sein. Dieser Bildband portraitiert die Ernte-Saison 2002/2003 und öffnet dem Betrachter einen Blick hinter die Kulissen.

Ein attraktiv und professionell gestalteter Geschenkband.

Christ for all Nations has become synonymous with images of huge crowds yet few have had the opportunity to see what goes into the making of such an event. This book is a collection of photographs which portray the 2002/2003 CfaN Great Gospel Crusade season from behind the scenes.

Wonderfully presented and deal gift.

More than the feeling that you've been just "watching" a Great Gospel Crusade … now you can actually see the workings of what is considered to be some of the largest Open Air Gospel Crusade meetings in the world today. It is a superb selection of images that will provide you with a rare personal glimpse of the ministry mechanism that is prayerfully and carefully assembled for one purpose … preaching the Gospel and winning the lost.

... gegen die Zeit

Die Botschaft vom Kreuz erobert die Welt!

240 Seiten • ISBN 3-935057-09-1

Die Hölle plündern und den Himmel bevölkern – dies ist eine Herausforderung ... gegen die Zeit!

Dieses Buch entstand aus einer Vortragsreihe, die Reinhard Bonnke an der Regent Universität in den USA hielt. Wer könnte besser über dieses Thema reden und schreiben als er, der seit über 25 Jahren Millionen von Menschen auf allen Kontinenten das Evangelium verkündigt? Allein in den letzten 6 Jahren hörten mehr als 30 Millionen Menschen seine Botschaft.

Das Buch ist eine klare Herausforderung an jeden Einzelnen, seine Prioritäten zu überprüfen, dem Ruf Gottes zu folgen, die Gute Botschaft zu verkündigen und Menschen vor der ewigen Verdammnis zu bewahren.

Der Herr, dein Arzt

24 Seiten • ISBN 3-935057-31-8

Es ist Gottes erklärte Absicht, zu heilen. Er heilt auch heute noch. In unseren CfaN-Evangelisationen erleben wir, wie Tausende Heilung erfahren und danach völlig geheilt bleiben. Dieses schlichte und doch tief schürfende Büchlein beantwortet viele kritische Fragen und stärkt unseren Glauben. Wir schauen weder auf Kirchenführer noch auf Heilungsspezialisten und auch nicht auf Reinhard Bonnke, um geheilt zu werden, sondern allein auf Jesus. Er wird antworten!

Heilsgewissheit

24 Seiten • ISBN 3-935057-32-6

Zum wichtigsten Faktor im Glaubensleben eines jeden Neubekehrten zählt zweifellos die Gewissheit, wirklich errettet zu sein. Sie ist das wichtige Verbindungsstück zwischen Errettung und Jüngerschaft. Anhand biblischer Beispiele gibt dieses Buch Ratschläge für die ersten Glaubensschritte neubekehrter Christen.

Die Taufe im Heiligen Geist

24 Seiten • ISBN 3-935057-30-X

Die größte Gewissheit für die Realität des Heiligen Geistes kommt aus einer persönlichen Berührung mit den Kraftwirkungen Gottes. Die biblischen Aussagen zu diesem Thema werden hier sachlich und verständlich erklärt. Allgemeine Irrtümer werden ausgeräumt, und der Leser wird dazu ermutigt, persönlich die Geistestaufe zu empfangen.

Wie empfange ich ein Wunder?

24 Seiten • ISBN 3-935057-34-2

Das wahrscheinlich größte Hindernis, göttliche Wunder anzunehmen, ist unsere Unfähigkeit, Gottes Wirken zu verstehen. Die Auslöser der Wunderwirkungen sind Gottes Wort, Vertrauen und Gehorsam. Wo diese drei eingesetzt werden, geschehen Wunder. Dieses Büchlein öffnet die Türen ungläubiger Herzen und befähigt sie, von Gott Wunder zu erwarten.

Der Kommende

28 Seiten • ISBN 3-935057-73-3

Die Welt sucht nach einem großen globalen Leiter. Das Gefühl, dass es einen einzigen Kopf geben sollte, der die Nationen anführt, ist wie ein Instinkt, der in uns verborgen liegt. Wie auch immer, es gibt einen solchen mächtigen Leiter: den Herrn Jesus Christus, der bald mit Kraft und Herrlichkeit wiederkehren wird.

Fürbitte

24 Seiten • ISBN 3-935057-33-4

„Evangelisation ohne Fürbitte ist wie Dynamit ohne Zünder", lautet eine bekannte Aussage Reinhard Bonnkes. Christen müssen ihren Anspruch an die Welt geltend machen und sie für Gott gewinnen.

Gebet und Fürbitte vertreibt den eingedrungenen Feind, zerstört seine Festungen und nimmt verlorenes Gebiet wieder in Besitz.

Dieses Buch beschreibt klar und präzise den Fürbitteauftrag. Es ermutigt Christen, die Waffe des Gebets wieder zu entdecken und wirkungsvoll einzusetzen.